国家社科基金
后期资助项目
GUOJIA SHEKE JIJIN HOUQI ZIZHU XIANGMU

传播学场理论

The Field Theory of Communication

程郁儒　著

中国社会科学出版社

图书在版编目（CIP）数据

传播学场理论／程郁儒著 . —北京：中国社会科学出版社，2017. 5
ISBN 978 - 7 - 5161 - 9396 - 9

Ⅰ . ①传… Ⅱ . ①程… Ⅲ . ①传播学—研究 Ⅳ . ①G206

中国版本图书馆 CIP 数据核字（2016）第 288122 号

出 版 人	赵剑英
选题策划	刘 艳
责任编辑	刘 艳
责任校对	陈 晨
责任印制	李寡寡

出 版	中国社会科学出版社
社 址	北京鼓楼西大街甲 158 号
邮 编	100720
网 址	http://www.csspw.cn
发 行 部	010 - 84083685
门 市 部	010 - 84029450
经 销	新华书店及其他书店

印刷装订	北京君升印刷有限公司
版 次	2017 年 5 月第 1 版
印 次	2017 年 5 月第 1 次印刷

开 本	710 × 1000 1/16
印 张	18
字 数	323 千字
定 价	68.00 元

国家社科基金后期资助项目

出 版 说 明

　　后期资助项目是国家社科基金设立的一类重要项目，旨在鼓励广大社科研究者潜心治学，支持基础研究多出优秀成果。它是经过严格评审，从接近完成的科研成果中遴选立项的。为扩大后期资助项目的影响，更好地推动学术发展，促进成果转化，全国哲学社会科学规划办公室按照"统一设计、统一标识、统一版式、形成系列"的总体要求，组织出版国家社科基金后期资助项目成果。

全国哲学社会科学规划办公室

目　　录

自　　序

当今如果有人企图改写某一学科的理论，这种企图总让人怀疑。

《传播学场理论》的写作就有这种令人怀疑的企图。

1987年，笔者求学于复旦大学新闻系。那时，传播学刚译介到中国。其相较于新闻学的学理性、对应于现实的真切性，都令人耳目一新。时过30年，笔者经历了报社记者、电视台主持人、电影厂管理者这些职业角色后回到大学。吃惊的是，当下大学的传播学理论和30年前并无二致。

唯物主义绝不相信会有什么绝对真理。但是，西方传来的传播学似乎成了某种不可逾越的高峰。当然，不只笔者看到这样的现实，相信也有学者试图改变。由于各种纵向科研项目大致都采用了"家有千般事，先就急处说"的评审标准，纯理论的研究难以立项。人是要吃饭的，知识分子也难免俗。静下心来，抛开名利去做纯理论的研究算是一种"病"。

可是，这一切让笔者有了强烈的撕裂感。

首先，这种撕裂感是因为学生无法学以致用。新闻传播专业的学生在"象牙塔"里学到的，到了现实中往往使不出来。理论和实践是无法黏合的"两张皮"。

其次，这种撕裂感来自于传播学理论版图的学派分立。我国的传播学教材多采用的是经验学派的理论，对批判学派和技术学派的理论仅限于介绍。三个学派各执一端，互不理会。可以算是一种学术的冷暴力。

最后，这种撕裂感来自于"行道于邦"与"真理至上"的抵牾。"行道于邦"与"真理至上"之间的争论一直没有停止。如果把这个争论转译为是"为祖国做研究"还是"为人类做研究"，这个争议就成了知识在不同时空中的功能性差异的命题。这个命题近来确乎有了答案。抛开争议，无论是为祖国还是为人类，科学研究都必须立足于学理性。缺乏学理性的研究当然就没有任何功用。

从业界到学校，笔者成了年轻的老同志。入教育行不长，因此算年轻；年龄又不小，当然是老同志。一个在业界打拼多年的人，要回来大学做学术，难免让人怀疑。

这本书的写作基本上来自于一些基于常识性的思考。笔者将其称为三个回归。

其一，学术回归常识。阅读一些论文和著作，常惊叹于它们在玄妙的词汇和深邃的语句之下表述出的一些有违常识的判断。简单地将社会文化现象归结为单一的传媒因子是一种；大而无当的政治、经济、文化归因分析是另一种；当然，还有各种"正确的废话"所表达的"建议"。当学术研究与常识抵触时，我们更希望研究可以改写常识。可悲的是，研究总在常识之下显得荒诞。

其二，学术回归实践。大学被称为象牙塔。学者做的工作很大一部分在于自圆其说。如果研究成果完全不能对应现实，那又有何意义？传播学传入、沿袭、发展了这么多年，现在的基本框架和主要理论都无法对应现实：第一个现实叫中国情境，第二个现实叫互联网情境。中国传媒实践的复杂性及其可资研究的价值一直被低估。学习者和研究者还把套用西方理论验证中国情境和互联网情境作为主要的学术贡献。那些引用和转载的因子都拱卫了这种研究的权威性。

其三，学术回归理性。传播学三大学派理论的分立态势如此明显；我们的教科书在采信某些理论时的功利主义态度如此明显；前互联网时代的理论体系在解释现实中的无力感如此明显；西方语境下的基本概念和中国传媒实践的差异性如此明显，以致我们根本不需要科学哲学，只要回归基本的理性就可以产生改写的冲动。因此，整合传统理论，对应现实和时代就是基本的理念和方法。

本书的研究方法非常简单，用 20 年去业界做实践，再用 10 年来研究文献和理论，把过去的实践经验力所能及地理论化，写一点来自实践又可以回归实践的东西。

当然，真理是相对的。笔者相信这部著作当中的许多观点和结论乃至整个的理论框架和体系，都会被或认同或批判，被或证实或证伪。

儿时喜欢朝湖里丢进一粒石子，看着湖面平静的状态被打破。石子终归沉入水底，不再看见。可喜的是，它曾激起一些涟漪。

导　　论

　　所有学术著作的导论，大抵不外乎是研究背景、意义价值、方法路径、文献综述之类的格式化论述。本书的导论也没有超出上述范畴，只不过将相关的内容重新界定并分散在了一些条目中。抛掉格式的目的之一，是为了让论述更有重心，让内容的关联性得以呈现；目的之二，是让学术著作活泛一些，让文字易读一些。

一　理论与结构

　　传播学场理论是对西方传播学经验学派、批判学派和技术学派这三大分立的不同学术体系的一种批判式融合与整体性重建。这一理论发生的客观动因有二：一是中国的传播学实践及其特殊性必然要纳入传播学研究的学术背景，可以称之为中国化；二是互联网的产生和发展必然导致对创生于20世纪早期的西方学理论体系的改写，可以称之为时代化。

　　传播学场理论中的"场"，是一个基于现代自然科学和社会科学相关的场理论创造出的新概念。

　　场概念最早来自于物理学对物质存在状态的描述，后被引申到社会场和心理场。所有这些场都有一个最基本的特征，那就是在一个特定的时空中存在着某种对立统一的力的动态平衡关系。这种动态平衡关系既是内生的，也是外在的，内外因素有着广泛的联系。

　　从场的一般特征出发，传播学场理论中的场，指的是权力关系在社会时空中所形成的具有动态平衡特征的客观实在。它既不同于自然科学中作为物质的场，亦不同于一般社会科学基于时空或心理的场，而是更加强调权力关系矛盾运动的客观性。这里的场的时空从来都是发散的、无边界的。每个最小的场无不介入了最大时空范围的权力关系。连接场与场的基本介质是信息。不同的传播场域联系在一起构成了整体的社会传播生态。

传播学场理论中的场当然也包括了心理场的意涵。但它不囿于人的主观心理活动范畴。它甚至将心理活动看成是客观存在观照于人的主体性和心理特质的反应。

传播学场理论认为人类的传播活动并非发生在"传—受"关系的封闭管道之中，而是发生在许多大小不同的传播场中。这些传播场加总在一起构成一个有机的社会传播生态，乃至社会文化生态。传播学场理论可以分为微观场理论和宏观场理论两个部分。这两个部分互为因果。微观场理论是宏观场理论的依据；宏观场理论是微观场理论的生发。

微观场理论主要考察了职业传播行为中的社会力学关系。微观场理论将传播活动发生的最简单场域看作是社会权力关系复杂作用的客观社会存在，并发现了这个最小场中的微妙而复杂的基本动力学特征。在实做层面，微观场理论将职业传播者的经验理论化和系统化，可用于指导职业传播者和专业高等教育，从而提升现有的和未来的职业传播者的理论素养。微观场理论是可验证的，因此它与实做有高度的关联性，在一定程度上可以解决职业需求和专业教育脱节的问题。在理论层面，微观场理论提供了一个批判地审视现有传播学理论版图的视角。同时，微观场理论还可以消解诸多相互矛盾的传播效果理论所带来的困惑，进而洞悉意识形态在传播过程中的发生机制。

宏观场理论主要解决了开放的传播场域中的传播学框架问题。如果说微观场理论打破了"传—受"关系的封闭系统，将传播放置在了更大的社会场域中的话，那么宏观场理论就是在漫无边际的社会场域中，锚定了一个考察传播过程和传播行为的基本框架。宏观场理论将传播看成是文本场（text filed）、受众场（pro-sumer filed）、意义场（meaning filed）和文化场（culture filed）这4个场域在社会场境中受到意识形态影响所形成的复合场域。如果经验学派的研究要素可以归结为2——传者与受者，批判学派的研究要素可以归结为N——漫无边际的社会因素，技术学派的研究要素可以归结为1——传媒，那么传播学场理论的研究要素就可以表述为"4 + 2"。"4"就是文本场、受众场、意义场和文化场；"2"就是社会场境和意识形态。宏观场理论力图通过这个模型来划定传播学的边界，提供一个兼容中国情境和互联网背景的理解当下传播实践的理论框架。

从以上表述可以看出，传播学场理论将传播研究放置在了文本场生产以后的过程，原因有三。一是因为从信源到文本的研究，在以往的传播学理论研究和实践研究中已成蔚然大观。传播学场理论承认这些研究的学术价值，并以此为基础来建构自己的理论。二是充分考虑到从文本到信宿研究的不完备性。传媒文本对受众如何产生影响这个问题在以往的传播学理论中均没有得到完满的解答。经验学派的宏观传播效果理论各执一词且相互矛盾。批判学派的传播效果研究全然没有套路，纷繁庞杂，莫衷一是。传播学宏观场理论就是基于上述不完备性所提供的一个新的解释体系。三是不得不观照传媒文本的社会化生产和网络化背景。当下的传媒活动已然社会化了。传播经济化和文化资本化是传媒活动走向社会大众的重要动因。网络则消除了各种障碍，给人们提供了前所未有的文本生产和参与的可能性。因此，今天 producer 和 consumer 已经合二为一，成为 pro-sumer，由此受众就成了文本生产的带有决定性的力量。基于受众的崛起这一基本事实，宏观场理论重点在理论上建构了受众参与传播过程和传播经济化过程的基本理论架构。

在结构方面，本书除了对微观场理论和宏观场理论两个理论框架进行叙述，还加入了理论在实践中的应用和理论反思中的功能。

微观场理论的实践应用主要从电视媒体着眼，为电视摄像师、记者、主持人提供了在共同工作场境中的可以共享的理论体系。

当下的专业教育，播音主持、编导和记者的培训被分置于三个不同的专业当中，它们均着眼于技术层面的专业训练，缺乏可资应用的专业理论。在适用理论的采信方面，三个学科基本处于功利化的拿来主义状态——从西方传播学理论中选取能为自己所用的片段来提升技术培训的学理性。这显然十分荒谬。实际上，在职业传播活动中，播音主持、编导和记者处于同一个工作场境，他们要协同工作就必然享有相同的思维模式、职业理念乃至专业理论。只不过业界的这个共享的理论体系还没有被提升凝练出来。微观场理论正是基于业界的实践的一种理论升华，它提供了所有在同一场境中工作的不同分工的人员一致化的理念和理论。这个理论经历了一线从业人员的检验、验证、反馈和修正，得到了业界中、高级工作人员的认可，被认为是一个可以提高从业人员理论素养的、有用的理论体系。基于此，微观场理论可以为高等院校传播学相关专业提供学科理论支撑，从而建构中国化的传播学的专业理论。

宏观场理论的主要功用在于对当下传播学版图的批判思考，为各个不同舆论场建立理论关联，为意识形态的发生机理提供新的解说，为传播效果的产生提供一个基于受众的动力解释，以及基于中国语境和互联网背景对传播实践和理论的认知提供一个理论工具。

当下来自于西方的传播学版图的基本特征是三大学派分立。因此，宏观场理论致力于经验学派、批判学派、技术学派理论的相互借鉴补充和融合。主要目的是融合。可以说，宏观场理论采信了三大学派的有价值的部分，并将它们纳入了一个可以相互对话的论域。在这个论域中，不同学派的理论不再自说自话，而是有了比照、印证、交流、升发的可能。在这里，挣脱了经验学派"传—受"关系管道的束缚，使批判学派漫无边际的外延有了一个归属于传播学的边界。在汲取技术学派技术主义分析优长的同时，避免了用单一原因解释一切的偏颇。

　　意识形态究竟在传播过程中是如何发生作用的？经验学派给定了许多基于文本生产所得出的结论。这些结论都注重到一些有形的因素，如把关人、意见领袖；又如加密、免名、优势观看地位、分类、接种等。也就是说，先前的理论认为，是职业传播人花样百出的策略将意识形态隐藏于文本当中，而受众（所谓"文化傻瓜"）就这样毫无察觉地被意识形态同化了。这些结论最大的可疑之处就在于完全无视受众的能动性，偏颇显而易见。批判学派对意识形态的发生机制研究有许多无法验证的结论，各种不成体系的只言片语式的结论充斥着这个学术场域。于是乎，一切变得似是而非。宏观场理论（包括微观场理论的部分结论）并不把意识形态的发生机制看作是某种职业传播的诡计，而是将意识形态看作是一种弥散化的存在。在传播过程中，它不是潜伏在文本中，而是通过职业传播活动本身所提供的仪式化的场境，潜移默化地塑造着人们对强势权力的认同和敬畏。受众的话语体系所型构的意义场无时无刻不在和被权力加持的意识形态发生着交流与碰撞。每个人的意识形态也不是单一化的，它对主流意识形态可能既认同又反对；可能某个局部认同，另个局部反对；可能此一场境认同，彼一场境反对。

　　传播效果研究是经验学派的重要领域。在这个领域中形成了各种各样的相互矛盾的宏观效果理论——从早期的"子弹论"、"有限效果论"，到后期的"议程设置理论"、"沉默螺旋理论"、"培养理论"、"知沟理论"、"第三人效果理论"、"使用满足理论"。这些理论放在一起互相抵消、彼此矛盾、相互否定。从总体上看，研究结论是从媒体向度出发的，受众依然是被动的。即使注意到受众的能动性，但也没有提供一个受众影响传播效果的机制解释。宏观场理论从"文本—受众—意义—文化"和"文化—意义—受众—文本"两个向度解说了受众参与文化资本生产和金融资本生产的过程，并且在一多对应、多多对应的复合共振模式中提供了受众影响传播效果的解释框架。

二　版图与前沿

传播学理论发源于西方，形成了三个主要的学派，即经验学派、批判学派和技术学派。经验学派和批判学派在传播学中的主体地位得到了学界的广泛确认，至于是否还存在第三个学派，答案是有争议的。[①] 这里所说的技术学派也被称为"技术主义范式"和社会学芝加哥学派。

经验学派也被译为实证主义学派。其思想发轫于 20 世纪初期的美国，成熟于 20 世纪中叶，之后在全球传播理论中占据了近 30 年的主导地位。经验学派深受实用主义哲学的影响。实用主义认为"真理就是效用"，社会科学研究必须立足于社会现实生活，解决社会实际问题。因此，经验学派坚信，如果脱离了传播学赖以发端的自然科学理论，舍弃了量化研究的基础，那么传播学本身也就没有了意义。因此，这一学派非常推崇科学、实践、传播技术与功能的发展，强调量化研究的重要性。

批判学派也被称为欧洲批判学派。与经验学派不同的是，批判学派更加注重从宏观上研究传播与社会制度、政治经济结构的关系，关注人文、思想，对资本主义体制下的传播持批判态度。这一学派兴起于 20 世纪 60 年代。其理论渊源主要有两个：其一是法兰克福学派，其二是西方马克思主义。实际上，批判学派并非一个统一的整体，而是包含了许多不同的派别，这些派别各执一说，自成体系，但它们都有一个共同的特点，就是反对美国的经验学派。批判学派认为，把社会科学研究的对象当成实验的对象是非常肤浅的。它们坚持用马克思主义的观点对资本主义的社会结构、文化意识形态的领域进行分析和批判，认为大众传媒在本质上是少数垄断资本对大多数人实行统治的意识形态工具。批判学派的研究视角是媒介在社会中的角色。因此，批判学派对传播的社会控制作用与研究集中在"谁在控制"、"为什么存在着支配与控制"以及"为了谁的利益进行控制"等方面。

经验学派和批判学派的差异性可以通过表 0 - 1 得到基本的了解。

---

① 参见王勇《"双峰并峙"还是"三足鼎立"——传播研究学派刍议》，《新闻界》2007 年第 4 期。

表 0 - 1   经验学派与批判学派比较表①

学派 / 对比项	经验学派	批判学派
哲学倾向	科学文化	人文文化
思想传统	多元社会观	阶级支配观
媒介背景	商业体制	公共体制
关注点	媒介如何控制受众	意识形态如何控制媒体
视域	微观的、"传—授"关系的	宏观的、社会场域的
方法	定量、归纳法、实证	定性、演绎法、理证

经验学派和批判学派的差异性，首先是哲学文化的差异。英国作家斯诺在《两种文化》一书中指出，当代存在着两种对立的文化——科学文化与人文文化，知识阶层也由此分裂成两个集团。② 经验学派沿袭了科学文化的哲学理念；而批判学派则继承了人文文化的哲学理念。进而两个学派的差异还表现在思想传统上。美国的经验学派追求多元主义的社会观。他们认为，资本主义社会是一个由多元利益相互竞争、相互制衡的社会。而欧洲批判学派所持的是阶级支配的社会观，他们认为资本主义社会中的阶级支配问题是社会文化中的一个根本问题。因此，双方在电视传媒的研究中，采取了不同的关注点。经验学派关注的是媒介如何控制受众，而批判学派则更加关注意识形态对媒体的控制。尽管重点都是"控制"，但是控制的对象不同。两个学派的差异还来自于不同的媒介背景。美国的电视传媒采用的是商业体制，而欧洲的电视传媒采用的是公共体制。因此，美国的电视研究者把受众看作是一个媒介或信息指向的、带有已知"社会—经济"特征的消费群体。他们更加关注受众的结构及其结构方式，着力探究媒介与民主之间的关系，客观上为媒介提供超越受众差异、追求资本效益最大化的策略。而欧洲的批判学派，注重思考大众社会支配与被支配的权力关系，反思霸权话语生产与流行的机制，努力在社会文化批判中建构受众。③ 在研究视域方面，经验学派侧重于微观的研究，主要聚焦于"传—

---

① 本表素材来自梅琼林《方法论：传播学批判学派与经验学派的比较分析》，《中国社会科学院研究生院学报》2007 年第 3 期；高金萍《西方电视传播理论评析》，中国传媒大学出版社 2008 年版。

② 参见［英］斯诺《两种文化》，纪树立译，上海三联书店 1994 年版，第 1—50 页。

③ 参见高金萍《西方电视研究范式的价值分析》，《国际新闻界》2007 年第 10 期。

受"关系和传播效果分析；而批判学派的研究视域更加宏观，把论域推衍到了广泛的社会场域之中。在方法上，经验学派用的是定量的和归纳的方法；批判学派则采用的是定性的和演绎的方法。具体的分析方法上，经验学派注重实证，而批判学派注重理证。

技术主义学派是指帕克、伊尼斯、麦克卢汉、梅罗维茨等知名作家所形成的技术主义的传播学研究范式。这一学派常被冠之以"社会学芝加哥学派"和"技术主义范式"等称谓。国内学者胡翼青、陈卫星、陈力丹等重估了这一学派的理论价值并提出将这一学派与经验学派和批判学派相并立。当然，也有学者持不同态度。他们认为，技术主义学派无论是学术成果还是其社会影响都无法与经验学派和批判学派相提并论。[1] 本书无意于对上述争论作评价，为了较为明晰地描述电视传播理论的学术版图，这里还是将技术主义学派作为主要的部分加以关注。

技术主义流派主要研究了传播之于人的符号互动理论，大众传播对于解决美国等民主社会所面临社会问题的可能，以及电视对于儿童的影响等方面的论题。[2] 其理论特征是强调传播技术对人类心智进化与社会发展方面的极端重要性，并对传播技术给人类社会带来的后果持乐观态度。[3] "片面地强调技术，使芝加哥学派在传播技术研究的层面丢失了该学派实事求是的实用主义态度，也丢失了符号互动论中对人主体性的精彩概括，从而陷入了抽象的技术决定论泥潭。"[4] 技术学派的主要缺憾在于其绝对性和片面性。其研究结论忽视了创造和维系社会的非媒介、非传播因素，忽视了传播技术的使用者及社会情境对传播效果的影响，在传播技术的使用特征及其社会功能的研究方面也比较缺乏。

在批判学派中还有两个值得关注的分支——文化研究和传播政治经济学。文化研究是一个广泛的领域，其丰硕的成果对传播学在内涵、外延、理论、方法、范式、理念等方面都产生了巨大影响。而传播政治经济学研究采用的是向纵深方向发展的向度，它是一个单一理论在实践中的运用和发展。

---

① 参见王勇《"双峰并峙"还是"三足鼎立"——传播研究学派刍议》，《新闻界》2007 年第 4 期。

② 参见［美］罗杰斯《传播学史——一种传记式的方法》，殷晓蓉译，上海译文出版社 2005 年版，第 207—208 页。

③ 参见胡翼青《试论社会学芝加哥学派与传播学技术主义范式的建构》，《国际新闻界》2006 年第 8 期。

④ 胡翼青：《试论社会学芝加哥学派与传播学技术主义范式的建构》，《国际新闻界》2006 年第 8 期。

　　批判学派第一个重要分支是文化研究。这里说的文化研究不是一般意义的泛称，而是作为专门术语，特指 20 世纪 50 年代产生于英国的研究领域。

　　文化研究是一个非常宽泛的研究领域，要给它下一个定义是非常困难的。

　　英国著名文化研究专家汤尼·本尼特（T. Bennet）曾给文化研究下了一个不是定义的"定义"："一个适用于大批大相径庭的理论与政治立场的术语。"文化研究的学科性质、研究对象与研究方法都是变化不定的。

　　从研究对象上看，据格罗斯伯格（L. Grossberg）等人编选的论文集《文化研究》（*Cultural Studies*，1992）"导言"的归纳，文化研究的内容包括：文化研究自身的历史、性别问题、民族性与民族认同问题、殖民主义与后殖民主义、种族问题、大众文化问题、身份政治学、美学政治学、文化机构、文化政策、学科政治学、话语与文本性、重读历史、后现代时期的全球文化等①。同时指出，"文化研究只能部分地通过此类研究旨趣的范围加以识别，因为没有任何图表排列能够硬性地限定文化研究未来的主题"，"传统的界定一门学科的方式，常常是通过厘定其研究对象与研究范型；但是这两者都不适用于文化研究"。② 澳大利亚墨尔本大学教授杜灵（S. During）在其编选的《文化研究读本》（*The Cultural Studies Reader*，1993）的"导言"中说："文化研究是正在不断流行起来的研究领域，但是它不是与其他学科相似的学院式学科，它既不拥有明确界定的方法论，也没有清楚划定的研究领域。"③ 有的学者甚至认为，文化研究不仅是跨学科的，而且有意识地打破科学界限。澳大利亚昆士兰大学文化研究者特纳（G. Turner）曾说："文化研究的动力部分地来自对于学科的挑战，正因为这样，它总是不愿意成为学科之一。"④ 与传统的正规学科不同，文化研究并不拥有也不寻求建构一种界限明确的知识或学科领域，它是在与不同的机构化学术话语（尤其是文学的、社会学的、历史学的话语，以及语言学、符号学、人类学和心理分析学的话语）的持续碰撞中，也是在机构化

---

① 参见［美］格罗斯伯格等编《文化研究》，转引自陶东风《文化研究：西方话语与中国语境》，《文艺研究》1998 年第 3 期。

② 同上。

③ 参见［澳］杜灵《文化研究读本》，转引自陶东风《文化研究：西方话语与中国语境》，《文艺研究》1998 年第 3 期。

④ ［美］格罗斯伯格等编：《文化研究》，转引自陶东风《文化研究：西方话语与中国语境》，《文艺研究》1998 年第 3 期。

话语的边缘、交叉处开花结果的。有人认为，迄今为止，与文化研究关系比较紧密的几种理论话语是马克思主义、精神分析、女权主义、民族志、后结构主义与后现代主义。①

　　著名文化理论家霍尔（S. Hall）曾经指出：“在福柯的意义上说，文化研究是一种话语的型构（discursive formation），它并没有什么单一的起源，虽然当它最初以文化研究命名时，我们中的一些人持有某种立场。在我看来，文化研究从中产生的许多工作已经存在于别人的工作中……文化研究拥有多种话语，以及诸多不同的历史，它是由多种型构组成的系统；它包含了许多不同类型的工作，它永远是一个由变化不定的型构组成的系统。它有许多轨迹，许多人都曾经并正在通过不同的轨迹进入文化研究；它是由一系列不同的方法与理论立场建构的，所有这些立场都处于论争中。”②

　　文化研究在学科方面的泛化并不意味着它没有自己的价值取向和方法论。从总体上看，文化研究在方法论上有以下几个特征。

　　其一，文化研究是以问题为导向的。文化研究的理论方法所依赖的是它所提出的问题，而问题则依赖于其产生的背景。因此，可以说，问题取向与问题意识本身就是文化研究的方法论特征之一，并由此决定了它的实践性和开放性。③用霍尔的话说，文化研究的使命“是使人们理解正在发生什么，提供思维方法、生存策略与反抗资源”④。“任何方法都没有特权，但同时，也不能排除任何方法。”⑤只要方法对问题的提出和解决有益，那么这种方法就可能成为文化研究所借用的方法。这种方法可能是文本分析、语义学、解构、民族志，也可能是会议记录、心理分析、综合研究等。

　　其二，文化研究是以关系为导向的。文化研究一直关注文化与其他社会活动领域之间的联系，而不是把文化作为一个孤立的自主的体系来看待。霍加特在文化研究的先期经典著作《识字能力的用途》（*The Uses of Literacy*，1957）中即指出，一种生活方式不能摆脱由许多别的生活实

---

① 参见陶东风《文化研究：西方话语与中国语境》，《文艺研究》1998 年第 3 期。
② ［美］霍尔：《文化研究及其理论遗产》，转引自陶东风《文化研究：西方话语与中国语境》，《文艺研究》1998 年第 3 期。
③ 参见陶东风《文化研究：西方话语与中国语境》，《文艺研究》1998 年第 3 期。
④ 参见［美］格罗斯伯格等编《文化研究》，转引自陶东风《文化研究：西方话语与中国语境》，《文艺研究》1998 年第 3 期。
⑤ 同上。

践——工作、性别定向、家庭生活等——所建构的更大的网络系统。① 威廉姆斯的《文化与社会》（*Culture and Society*，1958）一书同样批判了把文化从社会中分离出来、把高级文化（high culture）从作为整体生活方式的文化（culture as a whole way of life）中分离出来的分析取向。他指出，把文化只理解为一批知识与想象的作品是不够的，"从本质上说，文化也是整个生活方式"②。所以说，不管是英国传统的文化研究，还是后来的文化研究都是要阐释文化与社会之间的复杂关系。由于福柯、葛兰西、阿尔都塞等人的思想影响，文化研究更加自觉地关注文化与权力、文化与意识形态霸权等的关系，并把它运用到各个经验研究领域。这就是说，文化研究不是把现存的社会分化以及由此产生的各个群体之间的等级秩序看成是必然的或天经地义的。在文化研究理论看来，正是文化使得社会分化与等级秩序变得合理化与自然化。

其三，文化研究是以参与为导向的。文化研究的基本理论认为，社会是不平等地建立的，不同的个体并不是生来就享有同样的教育、财富和健康等资源。同时，文化研究的伦理取向与价值立场坚决地站在拥有此类资源最少的、被压迫的边缘群体一边。"文化研究为被剥夺者辩护，代表被压迫的、沉默的、被支配的个体与群体的声音，为在统治性话语中没有声音的人们以及在统治性政治与经济等级中没有地位的人们说话。"③ 正是这一点，使得文化研究自觉地反对以客观性相标榜的社会科学或社会科学中的实证主义，它从来不标榜价值中立，相反，它的"斗争精神"常常给人留下深刻的印象。"文化研究不仅以描述、解释当代文化与社会实践为目的，而且也以改变、转化现存权力结构为目的。"④ "这种描述与介入的双重承诺使得文化研究持有干预主义的信仰。"⑤ 文化研究所描述的文化领域，即是注定需要干预的地方（也可以说是反抗的场所）。在文化研究的初期，这种立场表现为对于工人阶级文化的历史与形式的关注，而后来的大众文化研究、女性主义研究、后殖民主义研究等，虽然超越了机械的阶级分析，但其从边缘颠覆中心的立场与策略则依然如故。⑥ 可以说，对于文

---

① 参见［英］霍加特《识字能力的用途》，转引自陶东风《文化研究：西方话语与中国语境》，《文艺研究》1998 年第 3 期。

② 参见［英］威廉姆斯《文化与社会》（中译本），北京大学出版社 1991 年版，第 403 页。

③ 参见［美］格罗斯伯格等编《文化研究》，转引自陶东风《文化研究：西方话语与中国语境》，《文艺研究》1998 年第 3 期。

④ 同上。

⑤ 陶东风：《文化研究：西方话语与中国语境》，《文艺研究》1998 年第 3 期。

⑥ 同上。

化与权力之间关系的关注以及对于支配性权势集团及其文化（意识形态）的批判，是文化研究的灵魂与精髓。

如果把文化研究的上述特征综合起来，则可以看到文化研究具有的实践性品格、政治学倾向、批判性态度及开放性特点。陶东风在他的论文中将文化研究的基本特征归纳为实践性、政治性、批判性与开放性，基本上描述了文化研究的本质特征。①

批判学派的另一个分支是传播政治经济学。

传播政治经济学是以马克思主义和西方文化马克思主义为学术渊源的一个研究流派。其母体学科是马克思主义政治经济学。董璐编写的《传播学核心理论与概念》一书就将法兰克福学派和西方马克思主义看成是批判学派的两个理论渊源。② 传播政治经济学研究的主要问题有两个：一是分析政治经济压力与限制对传播与文化实践的影响，以及在资本主义制度下资本是如何左右传播的内容与形式的；二是研究传播产业在信息化全球资本主义资本积累过程中的上升地位。这个流派脱胎于批判学派；被认为是涵盖了批判学派的学术取向与价值理念，"弥补了侧重行政导向（administrative orientation）和市场导向（marketing orientation）的美国主流传播研究之缺失，而且解构了主流传播研究的知识生产与社会权力关系"③。传播政治经济学对当前资本主义高度商业化、集中化、去管制化、国家化的传播制度与传播现象进行了深刻的批判，体现出全球传播政治经济学学者们在不同层面与场域所进行的超越资本主义的社会转型的各种努力。④

传播政治经济学具有强烈的批判精神。这一流派的理论质疑功能主义社会学把媒介看成现代民主的新工具的观点，拒绝传播新科技必然带来民主的"谎言"，反而认为传播媒介和新技术革新是权力和控制的工具，并且导致了社会不同群体和不同国家的劳动分工与地位区隔，深化了阶级分化和贫富差距。同时，也标榜其与文化研究的区别。

在较晚近的传播学研究中还有两个方向值得关注，即民族志传播学和媒介经济学。说起来，这两个方向都是学科交叉融合的结果。民族志传播学是人类学与传播学的融合，媒介经济学是经济学与传播学的融合。这两

①　陶东风：《文化与美学的视野交融》，福建教育出版社 2000 年版，第 199 页。

②　中国文学年鉴社：《中国文学年鉴》，中国文学年鉴社 2002 年版，第 455 页。

③　曹晋、赵月枝：《传播政治经济学的学术脉络与人文关怀》，《南开学报》（哲学社会科学版）2008 年第 5 期。

④　参见曹晋、赵月枝《传播政治经济学的学术脉络与人文关怀》，《南开学报》（哲学社会科学版）2008 年第 5 期。

个方向，一个指向田野，一个指向市场，提示出传播学研究的新趣向。

　　民族志传播学是人类学的民族志方法在传播学当中的应用以及形成的学术分支。

　　民族志（ethnography）是 20 世纪初期创立的文化人类学研究方法。研究者主要通过田野调查深入到某一社区文化内部进行文化研究。民族志方法的特点可以概括为介入、情境（语境）和整体观。"介入"指的是民族志介入式观察的基本方法。它要求研究者在所研究的社区中融入研究对象的生活，在较长的一段时间内，通过参与和深度访谈等方式了解社区文化的深刻意蕴。"情境（语境）"是民族志质化研究的基本策略。"主要便是了解自然场景的面向及其主要的活动特色。这些取径的力量在于，它们能够针对研究现象的不同面向间的联系，提供一个'脉络性（语境化）的了解'。"① "整体观"是指民族志主要是在"整体生活方式"中对价值与意义进行考察。这对于全方位、多角度、系统化地理解研究对象有着重要意义。②

　　一般认为，是英国学者霍加特最早把民族志方法移植到了文化研究当中。他的著作《文化的用途》被认为是英国文化研究中具有民族志特色的著作。然而，论及民族志传播学，作为一个分支学科，它的先行者被认为是著名学者德尔·海默思（Dell Hymes）。他不仅在 1964 年最早提出了"民族志传播学"这一术语，还提出了通过具体社会情境和语境中的人，观察其为达成既定目标所采用的工具、规范、模式的行动来理解文化的SPEAKING 框架。③ 民族志传播学的显著特征是注重传播实践、传播语境和传播模式。

　　可以看出，民族志传播学和批判学派中的民族志研究仍然有着某些区别。民族志传播学是把民族志方法作为理解民族社区传播实践及其文化的有效途径。而批判学派的民族志研究则是把民族志方法作为获取第一手资料的手段。前者强调的是理念，后者强调的是方法。但是，无论如何，我们看到了民族志方法与传播学融合、建立相关研究范式和分支学科的

---

① 参见常燕荣、蔡骐《民族志方法与传播研究》，《湖南大众传媒职业技术学院学报》2005年第 2 期。

② 同上。

③ SPEAKING 是一个首字母缩略词，它包括背景（S，setting）、参与者（P，participant）、目的（E，ends）、行动次序（A，act sequences）、基调（K，key，也即社会基调）、工具（I，instrumentality，也即媒介）、规范（N，norms）、类型（G，genre）这八个方面。参见常燕荣、蔡骐《民族志方法与传播研究》，《湖南大众传媒职业技术学院学报》2005 年第2 期。

趋势。

媒介经济学是构建于不同经济理论和分析方法之上的传播学应用学科。它主要研究经济和金融力量如何影响传媒体系和传媒组织。这一学科创建于 20 世纪 50 年代，研究范例主要包括理论型、应用型和批判型三种。研究方法可分为行业市场研究、公司研究和影响力研究。①

以上我们呈现了传播学的理论版图。总体上，传播学可以分为三个学派——经验学派、批判学派和技术主义学派。本书在这里还重点提示了两个分支——文化研究和传播政治经济学和两个方向——民族志传播学和媒介经济学。这里提示的分支和方向并不是周延的学术层次的展现，而是为了提示研究的显著发展方向、重要的方面和研究的趋势。

下面我们来分析传播学理论版图所呈现出的学术特征，并经由学术特征的分析来呈现学术前沿。

传播学理论的学术特征如果用一个字来概括的话，那就是"散"。这个"散"字表现在学术领域的碎片化、理论方法的杂糅和研究范畴的发散。

其一，学术领域的碎片化。

传播学的研究由于学术流派的分野导致了学术领域的分立，形成了碎片化的学术研究现状。上述学术版图的梳理仅仅呈现了经验学派、批判学派、技术主义学派、民族志传播学、传播政治经济学和媒介经济学六个大的板块，实际上这些板块当中和板块之间还分化出了许多小的分支，如法兰克福学派、伯明翰学派等。这些不同的学派不仅造成了学术领域的分立，也造成了学术观点的分歧和对立。由此，各学派和分支的研究成果就变成一种基于不同理论方法对传播实践的肢解。尽管这些研究理论在某个领域内都具有一定的科学性和真理性，但是放在一起就让人莫衷一是。

其二，理论方法的杂糅。

经验学派看似仅仅聚焦于传播过程和传播效果的研究，但就理论方法而言，实际上是各种学科杂糅的产物。其所依赖的理论视角并非是独创的，而是运用了社会学和心理学的理论视野和研究方法。② 批判学派的理论渊源是法兰克福学派和西方马克思主义。其中，不同的分支还借鉴了许多其他学科的理论方法。民族志传播学总体上是民族志方法在传播学方面

---

① 参见杭敏、［瑞典］罗伯特·皮卡特《传媒经济学研究的历史、方法与范例》，《现代传播》2005 年第 4 期。
② 董璐编：《传播学核心理论与概念》，北京大学出版社 2008 年版，第 325 页。

的应用，同时也承袭了人类学的一些文化理论观。总体上传播学理论方法更多地来自经济学、法学、管理学、文学等学科门类下的应用经济学、政治学、社会学、人类学、心理学等一级学科及再向下层学科延伸的其他分支学科，如政治经济学、产业经济学、统计学、语言学和符号学等。就文化研究而言，其本身"没有固定的边界，没有堡垒和围墙，理论和主题都可以从不同学科中吸收进来，然后也许通过一种被转换了的状态回过去影响那些学科的思想"，"文化研究的力量在于它的开放性以及由此而来的它的转化和成长的能力"。① 于是乎，我们看到的传播学研究实际上是诸多学科理论和方法的大杂烩。

世界上没有简单的事物，每一个看似简单的事物都有着极其复杂的存在机理。社会文化现象本身的丰富性和整体性是不能分割的。然而，由于人类学科的分化，使得我们不得不基于某一个特定的视角去理解同一个社会事物。不同学科理论方法对事物整体性的切分，在某个层面导致了我们对事物多向度的理解，但同时这些理解可能是局部的和不完善的。这让人想起"盲人摸象"的寓言。每一个不同学科理论方法对传播现象的理解，都可能是基于忽视传播现象整体性的一种理论偏执。

其三，研究范畴的发散。

无论是经验学派、批判学派还是技术主义学派，其研究的范畴一直处在一种发散状态。

经验学派的研究从对传播过程和传播效果的固守，已逐渐有所突破。这种突破不仅是在地域上拓展到了国际传播与全球传播，在环境上拓展到了传媒制度与传媒文化，在学科的分野上也逐渐引入了一些新的研究成果，譬如符号学和心理学。

如果说经验学派对传播学研究范畴的突破还是有限的话，那么批判学派的研究早已溢出了传播学的范畴。批判学派可以看成是诸多社会科学的不同学科的一个研究集合。在这里，传播过程的研究已经不是重要的研究领域。批判学派的传播学研究已经拓展到了传播与政治、经济、文化、社会、心理等宏大母题的关联性研究之中。

技术主义流派本来是试图用媒介技术就其应用特征来解释传播现象的一个学术分支，但是今天其在研究领域上也有了极大的拓展，技术主义流派所研究的媒体已经不是所谓的大众传媒，而是被泛化到了"包括表情、

---

① ［英］阿雷恩·鲍尔德温等：《文化研究导论》，陶东风等译，高等教育出版社2004年版，第43页。

态度、姿态、声音的语调、词语、作品、印刷、铁路、电话和一切可以成功征服空间与时间的技术"①。技术主义流派主张的技术推动历史变迁的理论，已经把技术的功能推衍到了社会、政治、经济和文化等宏观领域。

从积极的方面看，传播学研究范畴的发散拓展了理解人类传播行为的深度和广度。而从消极的一面看，也造成了理解传播学理论的困难。这些分散在不同场域的理论成果像一盘散沙。如果不能建立起各个分立学术范畴之间的联结，就会将不同学术背景的个体分置在局部的研究领域中，难以达成对人类传播行为的整体性理解。

基于上述分析，我们可以明确地看到传播学理论研究的一个当务之急就是要致力于不同理论方法、不同研究向度、不同学术流派的融合。我们可以把它称为传播学理论研究的学术融合。

三　范式与立场

范式是基于理念、理论、方法考察研究问题而形成的框架。"范式构成了解释或理论的基础。"② 范式不仅反映了我们所看到的事物，同时也影响着我们去理解事物。一般认为，范式没有优劣之分，它只是人们观察事物的一种方法。范式的转换可能带来截然不同的观察事物的角度和理解事物的工具性方法。

《传播的观念》和《传播学：学科危机与范式革命》两本书问世后，对于传播学范式的研究和反思渐渐为学者们所关注。胡翼青基于表层结构和深层结构对传播学范式的研究（见表0-2），富有启发性。

表0-2　　　　　　　**传播研究范式比较表**③

范式	实证主义	人本主义	批判主义
代表学派	美国经验学派	芝加哥学派	欧洲批判学派
与现行权力的关系	一致	不太一致	不一致

---

① Charles Horton Cooley. *Social Organization：A study of the larger mind*. New York：Charles Scribner's Sons，1909.

② 董璐编：《传播学核心理论与概念》，北京大学出版社2008年版，第371页。

③ 表格是对胡翼青《论传播研究范式的表层结构与深层结构》（《新闻与传播研究》2007年第4期）一文的概括。

续表

范式	实证主义	人本主义	批判主义
价值取向	工具理性	价值理性 工具理性	价值理性
学术态度	保守主义	自由主义 人本主义	激进主义
立场	社会维护者	温和改革者	社会变革者
研究导向	否认社会问题	解决社会问题	提出社会问题
研究维度	空间维度	空间维度 历史维度	历史维度

胡翼青把传播研究的范式分为实证主义、人本主义和批判主义三种。他认为，范式不是对代表性理论和方法的表层结构的观照，而是权力向度的深层结构。经验学派的实证主义范式，在本质上是与现行权力相一致的，其核心价值是保守主义的；芝加哥学派的人本主义范式在本质上对现行权力有所保留，其核心价值是自由主义的和人本主义的；批判学派的范式与现行权力关系完全不一致，其核心价值是激进主义的。因此，在学术立场上，采用实证主义范式的是社会的维护者；采用人本主义范式的是温和改革者；采用批判主义范式的是社会变革者。在研究导向上，实证主义否认社会问题的存在。他们认为即使存在社会问题，也是人性层面的问题，而不是社会结构的产物。人本主义不主张一味地维系现状，但是也不像激进的批判主义那样绝望。他们常常是一群理想主义者。其研究总是以一种理想状态作为参照系，致力于问题的解决。在研究导向上，批判主义质疑和揭露现实的不合理性，强调现行权力对人的异化。他们提出问题，却很少拿出解决问题的办法。在研究维度方面，实证主义范式最强调空间维度和工具理性。他们关注的是眼下的经验事实，而对历史通常束手无策。在研究维度上，人本主义范式既强调当下现实的空间维度的研究，也强调对历史维度的研究；既强调价值理性，也强调工具理性。批判主义重视的是研究的历史维度。他们在知识上的贡献几乎完全是价值理性。

胡翼青的研究洞悉了西方传播学不同研究范式之间相互对立的内在机制，并且指出西方传播学研究的碎片化很难在短时间内完成整合。

谈到中国的传播学范式研究，胡翼青采纳了黄旦和韩国飙的观点，认为"中国传播学甚至在引进西方传播思想方面也并不成功，并没有真正完成'系统了解'这一传播学本土化的第一阶段工作"①。"中国传播学问题的症结主要体现在：理论的碎片化与工具性，也就是理论不成系统，而研究过于强调目的性和实用性"②，"在缺乏对于西方各种传播研究范式整体的知识图景时，中国学界不可避免地陷入了碎片化的陷阱"③。同时，胡翼青还指出了我国传播学研究的深层弊端：研究者几乎完全没有自身的学术立场。学术与权力、学术与商业的合谋甚至超过了西方实证主义范式。因此，学术活动价值的中立被完全破坏了。

限于篇幅和研究重心所在，本书无意于展开对我国传播学研究范式的整体回顾和批判，实际上传播学研究范式的问题，是我国社会科学研究乃至科学研究总体问题的局部表象。今天，我国的传播学研究范式的改进实际上不需要更多高大上的理念，只需要回到常识。其一，传播学如果还是一门科学的话，那就要回归科学本位；其二，传播学要成为一个独立的学科就必须回归人类的传播实践。

回归科学本位，"行道于邦"和"真理至上"的争论也许还将继续，然而这个争论的命题还是聚焦在了科学研究的功用之上。让我们放下功用性的目的来谈一个最基本的问题：如果社会科学的研究连基本的科学性都丢掉了，那么还谈什么"行道于邦"和"真理至上"。这句话反过来讲，只有研究具备了科学性才可能谈到功用性。因此，回归科学本位是一个超越了科学的有限功用性和无限功用性争论的更为重要的问题。从根本上来说，传播学的研究就是要回到传播实践中的问题。传播学的研究强调回归科学本位，就是以现实问题为出发点，以科学的研究方法为导向，着力于呈现问题、分析问题和解决问题。这样的学术立场并不是要回到学术的象牙塔。研究者理解到：为学术而学术的时代已经过去，但是为政治和国家利益的学术也必须保持学术的严谨、客观和较高的标准。由此，再回到"行道于邦"与"真理至上"的争论我们就有了以下的答案：选择什么样的研究课题，可能取决于国家需要，但研究的过程、方法与结果却必须遵守客观的学术准则，不为任何的功利性需要所左右。因此，回归科学本位是当下传播学范式改进的一个基本常识。

1. 回归传播实践

传播学本来就是一个借用其他学科的理论方法来思考和解释人类传播

---

① 黄旦、韩国飙：《1981—1996 年我国传播学研究的历史与现状》，《新闻大学》1997 年春季号。

② 胡翼青：《论传播研究范式的表层结构与深层结构》，《新闻与传播研究》2007 年第 4 期。

③ 同上。

活动的学科。无论借用多少其他学科的理论方法，传播学始终要坚守人类传播活动这一领域。西方的传播学研究总体上呈现出一种发散的趋势。这种发散以批判学派的研究为甚。这使得传播学研究失去了必要的边界。由于人类的传播活动渗透到了社会生活的方方面面，因此传播学有了向外部延伸和扩展的可能。1996 年，在英国曼彻斯特举办的人类学大会上，人类学家感到传媒文化研究已占据了人类学研究的前沿，惊呼："人类学已经死亡！"面对这种趋势传媒学家多少有点沾沾自喜，并提出了"在这个时代任何一个人类学家都必须是传播学家，而任何一个传播学家也都必须是人类学家"这样带有居高临下意味的表述。而从科学意义上讲，任何学科领地的重合都意味着学科独立性的消失。从人类历史发展的过程来看，社会生活一直是一体化的。每一个局部都和总体有着广泛和深层次的联系。正是人类科学的发展及其专门化的方式，肢解了有机联系的社会现实。随着科学研究的发展，人们越发感到每个学科的边缘都伸进了相邻学科的核心。世界本来如此，无须大惊小怪。但是，只有坚守学科的独立性，学科的融合发展才有了必要的支点和交融的可能。因此，笔者认为传播学无论如何发展，都不应该离开人类的传播实践。

当下，借助于互联网，人类的传播实践得到前所未有的发展和丰富。发生和勃兴于 20 世纪的传播学理论，面对今天的人类传播实践早就显得捉襟见肘。然而，大量的传播学研究还是习惯于借助既有的传播学理论来解释崭新的传播实践。比如将"意见领袖"、"把关人"等理论用来解释今天的网络传播现象，多少有南辕北辙之嫌。如果传播学理论研究不能跟进实践的前沿，那么这些理论不仅不能解释实践，当然也无法预知未来。所以，回归传播实践，跟进传播发展的最新趋势，是传播学研究范式改进的又一个基本常识。

在上述两个"基本常识"之下，当今的传播学研究范式还必须解决融合的问题。这里的融合包括各传播学派理论的融合以及理论和中国传媒实践的融合。

2. 关于传播学三个学派理论的融合

传播学经验学派、批判学派和技术主义学派范式的分立，使得研究者不得不画地为牢。可喜的是，三个学派的研究方法已有了融合之势。不少经验学派的研究也开始观照更加多元的社会因素。批判学派的研究逐步采纳经验学派的量化分析方法。同时经验学派和批判学派也开始汲取技术主义学派对媒介技术及其应用特征的本体考量。然而，三个学派的范式和理论分野却始终难以消弭。如果数学中分数不能解决短跑运动员百米冲线的问题，那么就回到整数。这里分数与整数必须有一个数理学的依托。换到传播学的研究，无论是批判学派、经验学派还是技术主义学派，要想整合起来，分工协作去解释传播学现象，也必须有一个可以统合三者的基本理论。这个理论必须能够为三个学科的理论提供共享的研究空间，同时还必须能够保留三种理论的研究成果。这个听起来有些难度的诉求是今天传播学整合研究必须要面对的根本任务。

3. 关于传播学研究与中国的传播实践的融合

传播学理论起源于西方，发展于西方，继而被介绍到中国。中国的传播学者们一直以来习惯于运用西方的传播学理论解释中国的传播实践。英语水平较好的学者直接将西方原著翻译过来，也可以算作自己的研究成果。然而，中国的传播实践和西方截然不同。中国的媒体由于历史、文化、环境迥异于欧美，因此媒体的性质、定位、功能也和欧美截然不同。将西方的理论生吞活剥地套用在中国的传播实践上不是削足适履的强辩，就是移花接木的诡辩。改革开放 30 多年来，中国社会发生了翻天覆地的变化。这种变化的迅猛程度在人类历史上未曾有过。中国传媒和中国的社会传播活动也经历了这个迅变的过程。如果中国社会的发展不是对西方社会历史的重演和跟进，那么发端于西方的传播学理论当然也就不可能解释中国的传播实践。因此，应用西方理论来分析和研究中国的传播活动，在常识上是站不住脚的。若要使中国的传播学研究具有科学性，那么这套理论首先就必须根植于中国本土的传播实践。以往学界总是提"传播学理论中国化"，但这个提法的思考向度还是有问题的。客观上说，西方的传播学理论不可能中国化。中国的传播学者要做的是使中国的传播实践理论化。当然，在这个理论化的过程中，西方的传播学理论会为中国的学术研究提供思想资源，但是研究的主要领域、对象、内容无疑是中国本土的传播实践。唯有如此，中国的传播学研究才可能丰富人类的传播学研究成果。

四 路径与方法

传播学场理论总体的研究路径似乎是一个自然的理论进化过程，主要是从经验向理论的转化和创新理论与引进理论的融合。

第一个阶段是在业界实践中发现了某些规律，经过较长时间的思考和理论升华，上升到了传播学场理论的微观场理论。这个过程持续了 10 年，已形成了一些阶段性的成果。

实际上，微观场理论的研究是从电视媒体的专业实践开始的。每天都要重复的采访活动带出了经验学派"传—受"框架关系无法解释的问题——同一时空当中记录下来的影像素材，由于记者团队的介入方式以及记者与受访者之间关系的不同，会发生截然不同的内容和形式的变化，并且这些变化在某种程度上不是电视记者可以控制的。

记者来到一个采访现场面对受访者，无论记者携带什么样的采访设备——笔、录音机、摄像机，记者和他的设备就与受访者形成了一个信息互动的场域。在这个场域中，受访者对记者及其设备的认知程度，决定了他做出反应的方式，进而决定了采访得到素材的形式和内容特征。以上这段话，如果还有些费解的话，请看这样一个例子：一组电视记者到一个乡村小学拍摄升旗仪式。记者们的突然介入会干扰升旗仪式的常态。这时参与升旗的小学生可能会盯着镜头，有些会表现得不那么自然，他们的注意力很大程度上离开了升旗仪式的仪式化场境，这里记录下来的素材的意义和形式都有了微妙的变化，在这些素材中，升旗的神圣性丢失了。这些素材的语义是"一群参与升旗的学生分心走神了"，而非"这是一个庄严的乡村小学升旗仪式"。从形式特征看，这一组素材更适合应用于纪录片而不是电视新闻。如果我们拍摄的是电视新闻，要凸显的是升旗的仪式性，那么解决的方法有两个：其一，请学校的校长或老师告知孩子们不要看镜头；其二，和这些学生长时间相处，消除孩子们对记者和摄像器材的陌生感。

受访者和记者及其携带设备的关系所构成的场境绝非封闭的。隐藏在记者和摄像器材背后的机构、行业、制度、意识形态等权力关系都介入了这个最小的采访场境。这样看来，西方传播学的"传—受"关系管道实际上是一种不存在的虚构。

较之电视，报纸和广播的采访活动，设备似乎要简单一些，但是也会发生与电视采访相似的情形。

2006年，笔者由于高校教学工作的需要，在理论层面提出了"电视记录场理论"，并且建立了研究模型。在全面阅读前人研究文献的基础上，提出了"电视记录场"的概念——电视采访现场诸要素及其携带的权力关系形成的客观实在。这个概念超越了作为时空的场概念和相关研究。

可喜的是，随着电视记录场理论的系统化，笔者实验性地将它应用于大学新闻传播的相关教学和媒体专业人员培训中，得到了良好的反馈和实践验证。

当然，电视记录场理论作为传播学场理论的微观和基础，经历了较长时间的反复思考和论证，直到 2010 年和 2011 年才形成文字作为学术论文在国内刊物发表①。

第二个阶段是宏观场理论的创生阶段，主要是将微观场理论比照传播学经验学派、批判学派和技术主义学派的理论，探索创新理论在回答现实问题时的优长，并将中国的传媒实践和互联网背景与宏观理论体系结合起来进行思考，从而逐步形成了宏观场理论的基本模型和核心理论。

应该说传播学场理论的创生，首先采用的是技术主义学派的研究范式——注重探索媒介技术及其应用给媒介带来的根本属性，重视媒介技术所导致的传播方式对人类传播行为的影响。在电影的著述中常可以看到"什么是电影"、"电影是什么"这样的问题。实际上，在研究传统媒体时我们也应当问同样的问题，这些问题可能是"什么是电视"、"什么是传统媒体"。对于这些问题的回答，必须触及这些媒体的技术运用方式所带来的根本特征，这些特征必须是电视媒体和传统媒体所独有的。它们可以与网络媒体等相比照形成新的思考向度。

什么是电视？如果一个最小的电视采访现场都已不再是封闭的，都介入了十分复杂的权力关系，那么经验学派"传—受"关系的封闭管道当然就变得千疮百孔。紧接下来，我们要问的问题是：电视媒体权力机制的发生与其他媒体有什么不同？电视媒体更像一个聚光灯下的表演舞台，每个参与者的一举一动都被既定的程式所控制和导演。常识会在意识形态的层面告诉每一个人，什么样的言语和行动是恰当的。因此，我们看到了权力导演的仪式成了电视职业行为的核心内涵。正是这种仪式让电视职业行为具有了社会整合功能。因此，电视可以看成是"权力的仪式"或"仪式的权力"，这里的权力是单向度的、自上而下的。这一点只要看一下每个城市中高耸入云的电视塔居高临下的姿态就可以明了。

那么，什么是传统媒体？我们在观照报纸和广播、杂志等传统媒体的职业活动时，也会发现与电视采访相近的效应，只不过这些效应的表达程度稍有不同。上述这些新闻机构的记者，在现场采访时，是否亮明身份、是否只是倾听与旁观不做记录，抑或是用笔或录音设备、照相机等来进行记录，这些不同方式的选择，也都不同程度地带入了复杂的权力关系。只不过以文字和声音为载体的传媒，失去了电视媒体那样隆重的现场感。也

---

① 参见程郁儒《电视记录的"场"特性》，《浙江传媒学院学报》2010 年第 5 期；参见程郁儒《电视记录场理论及其应用》，《现代传播》2011 年第 7 期。

可以说，纸媒和广播相对缺乏仪式感，我们可以把这类媒体的核心看作是权力的书写或权力的言说。就中国而言，传统媒体的权力向度都是自上而下的。这里要提示的是，传播文本本身并不像我们事先想象的那么重要，而职业传播行为作为一种权力的社会活动，在塑造人们的认同中发挥着更重要的作用。

如果微观场理论已经突破了"传—受"关系的封闭管道的话，那么传播学场理论是不是就等同于批判学派或者是等同于文化研究？在思考这一问题时，笔者强烈地感到必须坚守专业领域。这不是画地为牢，而是守土有责。只有每一个学科的专业领地深化了，才可能在与别的学科的互动中促进交融和发展。因此，宏观场理论重点观照文本生成后的传播过程，将所有的受众都看成是 pro-sumer，既是信息的消费者又是信息的生产者，既是传者又是受者。在这样的基本思路下，建立了文本、受众、意义、文化四个较小的场域，经由线性和非线性的关系来表明受众（pro-sumer）参与后现代传播的基本状态。由于所有的传播活动都不能离开社会场境，加之以中国的传媒实践为依据，意识形态仍然是具有巨大权力能量的社会存在，因此放入了"社会场"、"意识形态"两个环境变量。如此，传播学场理论的宏观模型得以确立。

如果在微观场理论中，权力关系的向度是自上而下的话，那么在宏观场理论中的权力关系就如同一个碳原子模型。受众对应于媒体、文本、意识形态等这些不可排比的复杂要素，并不是总在下端。权力关系的向度因时因地无时无刻不发生着变化。

应该说宏观场理论在解释文化商品生产、自媒体、各种舆论场的关联的问题时，较之传统的传播学理论有无可比拟的优势。

随着传播实践的发展，传播学的研究范畴也在拓展。从传媒过程到传播的经济化过程，都已然被纳入了传播学的不同学科。

文化产业方兴未艾。传播学经典理论在解释文化产业实践的时候往往显得力不从心。

如果用经验学派的理论来解释文化产品的生产，最要命的是忽视了受众的作用。经验学派各种传播学模型当中的"反馈"本质上是极弱的信息流。而实际上我们看到的是一部电影、一部电视剧是否成功，在很大程度上取决于票房和收视率。这就是说，受众在文化产品的生产中有着可与传者抗衡的能量。而这一点，经验学派的理论无能为力。

批判学派关于文化产业的理论大致沿袭了批判的姿态，有一部分是全然否定的。早期的作家担心机械复制导致原著"光晕"的消失。"大众文化"、"杂拌化"、"碎片化"这样的表述本身就是含有批判性的文化忧思。而在现实中，原本偏安半岛一隅的韩国，向全球输出文化产品和文化创意的振兴之路，给后发的国家和地区提供了借由文化实现赶超战略的力证。批判学派的情怀和文化产业的巨大动力，形成了强烈的反差。

技术主义流派由于关注于单一因素对整体问题的解答，面对文化产业这样的命题只好失语。宏观场理论摆布的"文本—受众—意义—文化"的模型，提示了以下几个向度：其一，受众是至关重要的因素，他们直接或间接地参与了文本的生产。其二，受众无论是作为大众（mass）、聚众（crowd）还是公众（public），似乎都是眉目不清、聚散无常、游移不定的群体，似乎难以找到他们参与文化生产的具体路径和方法。宏观场理论给出了答案：受众参与文本生产的路径是意义（受众的话语结构）的生产。如果受众是海量、泛在、不可感知的，那么受众的话语则是每个共同体成员都能感觉到的。比如"呆"、"萌"、"贱"这样的词汇被受众从贬义范畴中解放出来，变成了可以谈论、可以表达的人物气质。因此，受众的话语结构既决定了文本生产的趣向，也生产着社会文化。其三，提出了文化场这样一个窗口来考察被媒介激活的符号和生活方式。文化是一个大而无当的概念。这里我们把文化看成生活方式和符号系统。媒介不仅反映现实也激活现实。媒介文化成为当代文化中最具活性的部分。因此，我们可以把文化场看作是一种带有活性的文化。这种文化在文本生产中，既是资源也是资本。需要强调的是，文化场是由受众和意义激活的。

自媒体的文本生产可以直观地在宏观场理论中得到展示。"文本—受众—意义—文化"形象地表述了网民参与自媒体活动的过程。受众受到社会场境的现实和传统媒体文本的双重影响，直接经过微博、微信等自媒体传递信息和发表观点。网络中的受众文本和网络一样，具有实时、互动、虚拟、泛在的特征，它是当今全球网民共同参与和创造的符号系统。这个符号系统如同飘浮在地球外缘的大气，它是如此的庞大、迅变，又是如此的生动、可感。它既是符号系统，也深刻地影响着人们的生活方式。有人说，网络就是一种生活方式。意义场是那个漫无边际的文化场中离释出的话语结构，它使得文化场被结构化。它将文化概括为最简单可感的符码结构，并决定着在受众眼里什么是知识，什么可以被谈论。上述这样的过程循环往复，构成了今天的自媒体生态。

舆论场的研究由来已久，先后被提及的舆论场有官方舆论场、传统媒体舆论场、民间舆论场、网络舆论场等。这些舆论场的提出和研究基本上还被看成是某种时空概念。尽管也有学者采用西方的场理论（主要是勒温的心理场理论）来界说和研究部分舆论场。但是，迄今为止，各舆论场的内在结构、根本属性和外在联系这些最基本的问题仍然没有得到解答。宏观场理论区分了传统媒体的文本场和网络文本场，找到了两个文本场之间的关联，也呈现了各个舆论场的内部结构特征和根本特性。

以上是传播学场理论的发展路径，以及在各个不同阶段的研究重心和主要学术发展思路。

谈到研究方法，传播学场理论的研究方法并非事先像做项目那样设定好的。在回顾传理论的发展过程时，我们可以追溯到其中的研究方法。

实事求是地说，笔者在研究中基本没有运用传播学教程中的那些经典研究方法，如内容分析法、控制实验法、抽样调查法。应该说，在系统化的理论研究中，并不排斥不同学科中可借鉴的研究方法，但是研究不是为方法而方法。如果硬要将本书的研究方法做一个概括的说明，那么这个说明可以是：掌握基本的专业知识，用 20 年的时间进行专业实践，再用 10 年的时间进行理论学习和思考，从常识出发来观照学理性和科学性，在实践与理论的反复比照中验证结论。

本书的研究采用了理论预设法、回归实验法和整合修正法。以下分而论之。

（一）理论预设法

笔者根据多年的电视媒体的工作经验，结合相关理论，在广泛占有文献，摸清学术范畴的边际和前沿的基础上，提出了微观场理论和宏观场理论的两个基本模型、相关基本理论和主要的学术观点。进而寻求对理论涉及的众多相关问题的解答，逐步型构和完善传播学场理论体系。

需要指出的是，微观场理论早在 20 世纪 90 年代就已经形成了基本的理论框架。宏观场理论基本于 2011 年形成。两个理论互为支撑，相互依托。整体上说，传播学场理论的研究已经经历了较长时间的思考和沉淀。笔者先后于 2010 年在《浙江传媒大学学报》发表了题为《电视记录的“场”特性》的论文，于 2011 年在《现代传播》发表了论文《电视记录场理论及其运用》。这两篇论文可以看作是传播学场理论微观理论的标志性成果。从“场特性”到“场理论”，可以看到研究的理论进路。随后在 2011 年，笔者出版的专著《民族文化传媒化》（中国社会科学出版社 2011 年版）一书中对微观场理论做了较为全面的论述。

（二）回归实验法

传播学场理论先后被纳入多个渠道进行回归验证。

回归实验的第一个渠道是高校的教学。

2007 年微观场理论就被纳入了云南财经大学传媒学院的本科教学和实习实做，取得了回归验证的重要素材。其后，微观场理论的研究又有了改写和深化。2011 年微观场理论和宏观场理论又导入了陕西师范大学的本科生和研究生的教学、实做环节。传播学场理论导入的相关课程有"广播电视新闻学"、"纪录片与 DV 制作"、"播音主持概论"、"节目主持"、"专业导引"、"传播学理论研究"等。2012 年传播学场理论被纳入陕西师范大学文艺与文化传播学、戏剧影视学两个方向的硕士生课程。在多年的教学中，通过教学相长的过程，逐步使传播学场理论趋于完善。更为重要的是，教学环节验证了传播学场理论的应用价值和理论价值。早期的分组对比实验表明，接受与未接受微观场理论的学生，在实做能力和理论素养方面存在着明显的差异。后续的学生小组访谈的资料也显示本科生和研究生在主观认知方面基本确认传播学场理论的理论价值和应用价值。

回归实验的第二个渠道是从业人员的培训。

笔者先后将传播学场理论应用于云南省、陕西省以及西安市的广播电视在职人员培训。这些培训有媒体主办的，也有宣传部门主办的。这一阶段，通过向从业人员（特别是具有主任记者职称以上的高级广播电视记者、编辑、主持人）讲授传播学场理论。收集学员对理论的认知和评价，获得了较为翔实的验证资料。在这一过程中，研究者特别注重理论在指导业界工作人员提升实做水平和理论水平方面的反馈，同时征询他们对理论改进的意见。获得的反馈材料显示，绝大多数受训者认为微观场理论对提升实做水平和理论水平有益。对于宏观场理论，部分受训者反映较难理解。其中拥有较高专业学习背景的人员对宏观场理论表示认同，也提出了一些有价值的问题和建议。这一过程在业界初步验证了传播学场理论的理论和运用价值。

回归实验的第三个渠道是与业界资深记者进行跨领域的联合研究。

笔者联合云南省和陕西省的业界骨干进行相关研究，并联名申报省部级课题和国家级相关课题。这一阶段回归实验的对象，主要是一线的资深专业人员。联合研究的主要目的是让业界专家深度参与理论研究工作。在认知层面寻求业界实做人员与学界研究者之间的思想交流和交锋。在辩论中验证理论的学理性和功用性。在表达层面努力寻求业界人员和学界人员可以取得共识的概念、模型和理论表述，使理论表述既有学理性，又可以深入浅出。

通过以上各个渠道，笔者收集了大量有价值的反馈素材，总体上证实了传播学场理论的实用价值和理论价值。在回归实验中，未见颠覆性意见。大部分意见是正面的和有建设性的。其中一些资料被纳入了传播学场理论的后续研究中。这一阶段在理论表述和模型建构等方面取得了较大的改进和提升。

（三）整合修正法

经过以上两个步骤，笔者对传播学场理论的理论预设做了全方位的验证和修正。在此基础上，笔者进一步大量研读了对应文献——以"场"为名的理论文献——传播学的理论，和外围文献——传播学与政治、经济、文化、社会相关联的理论文献。结合这些理论逐一审查了传播学场理论的各个概念、要素、环节和总体架构。这一阶段的主要工作是进行理论验证和理论提升。在理论验证方面，笔者将中外著名理论家和研究者的相关理论成果作为参照，比对传播学场理论的基本结论。尤其是将传播学场理论中与经典理论相冲突的部分作为研究重点，寻求调试方案。在理论提升方面，主要将研究成果与传播学学术版图的基本状态进行比对，努力寻求传播学场理论在融合不同学派研究成果、融合中外历史社会情境、融合传统媒体与新媒体实践、融合业界和学界差异、融合高校不同专业理论区隔方面的理论建树。尤其观照中国特色的媒介实践背景和互联网传播的时代背景两个因素，提出了一些新的观点和结论。截至 2012 年 12 月，整个研究工作基本告一段落。2015 年 9 月，结合国家后期资助项目的申报，完成了本书的初稿。

需要指出的有以下几点：其一，传播学场理论只形成了一个初步的学术体系和基本框架。无论是微观场理论的研究还是宏观场理论的研究，就深度和广度而言都需要进一步充实和发展。其二，传播学场理论的应用仅仅在点上进行了初步阐发。这些点包括电视业界实践、纪录片理论与创作、意识形态的发生机理和舆论场的整合研究。理论的运用还留下了大量的空白，有待进一步开掘。其三，从理论预设到回归实验再到整合修正，并非一次性的过程，而是在多年的研究过程中进行了多次重复运作。在三个研究方法的实施过程中，笔者并没有追求过程的一致化和形式上的完整性，而是聚焦于电视场理论可能存在问题的部分，重点对这些部分进行了调查、研讨、验证和分析。当然，相关研究并没有完结。其四，在国家社科后期项目的匿名评审中，五位专家对传播学场理论给予了高度评价，认为成果"将传播学研究纳入场论范式，具有一定的学术创新意义"，"结构也比较完整，篇幅颇具规模"，"较好解决了理论的科学性、实用性和两者的相互可验证性问题"，同时也提出了一些中肯的意见，主要集中在：基于电视研究的微观场理论何以从个别推衍到一般？何以从微观理论推衍到宏观理论？对于这些意见，本书在出版前做了改进。

第一章　微观场理论

微观场理论是一种精细化地分析媒体采访现场内在机制的理论。这一理论从基本的采访现场单元入手，并延续到传统媒体的本体属性。这一章要回答的主要问题是：媒体采访现场的内在机制是什么？传统媒体的本质属性是什么？对于这两个问题的回答，阐明了传统媒体的技术构成在应用中受到社会因素的作用所发生的一般性机制，进而加深了对传统媒体本质属性的认知。将这些机制称为理论，本质属性不是偶发的，而是在所有的职业传播行为中都可以得到验证的、带有规律性的原理。

这里所指的传统媒体是包括报纸、广播、电视、杂志等在内的大众传媒，这些传媒的记录方式分别是文字的、声音的和影像的。尽管不同媒体的采访工作现场具有其特殊性，但是就复杂程度而言，电视媒体的采访现场无疑涵盖了报纸、广播、杂志等采访现场的要素。电视采访现场的复杂性也远远高于报纸、广播等其他媒体的采访现场。因此，我们在选择电视媒体的采访单元作为主要的研究对象的同时，兼顾报纸、广播、杂志等媒体的特点来进行考察。

微观场理论对于传播学场理论来说具有基础意义。在技术及其应用层面上抽离出传统媒体的根本特征，加深了对传统媒体的认知，对大众传媒本体属性的叩问，其意义不仅在于洞悉了媒体的根本属性，还可以比照现有的传播学理论从宏观上批判地审视整个传播学版图。

一　理论概述

一直以来，业界工作者和学界研究者是鲜有联系的两种人。他们分属于不同的工作生活场境。业界实践得到的是经验。学界研究得到的是理论。在这里，经验与理论是风马牛不相及的两类存在。一方面，经验是不可以上升为理论的。这取决于经验性结论的非学理性。在学术研究中最忌讳的是以"我以为"开头的陈述，经验式表述毫无价值和意义。所有的研究都需要引证、自证或是理证。引证别人的研究成果、采取科学化的调研取得一手资料和符合逻辑的推导是当代科学研究的三种基本方法。而经验式的"我以为"恰恰违背了这些学术研究的规范。个人的经验仅仅是个体化的体验罢了。另一方面，理论难以屈就实践。学术研究向来高屋建瓴，高来高去。它建立的是一整套可以自证的解释系统。在社会科学研究中，除了人类学的介入式观察，其他研究方法似乎更加注重对文化符号和知识系统的加工，而非对生活实际的观察。在社会科学研究中，定量分析和定性分析都是不容易的。比如，要制定某一类媒介作品的评价体系（如电影剧本的评价体系）就不是一件容易的事。所以，理论有时会"机智地"绕开实践。在我国的科研教学实践中，由于社会文化思潮、逐利性原则等方面的干预，社会科学研究的结论是否能够指导实践，已经不再作为学术成果价值判断的标准和前提。当下，业界从业者晋升提拔考核的是媒介作品；学界研究者评奖晋升考核的是科研成果。至于两者的相互确认、相互转化，目前在社会科学领域还没有形成显见的必要机制。于是，业界工作者和学界研究者成了隔岸相对的两种人。

从根本上讲，基于社会实践的理论提升和基于学术理论的实践指导，恰恰分别是理论研究的起点和归宿。这其中必然产生两个命题：其一，实践上升为理论；其二，理论指导实践。首先，经验上升为理论具有一定的科学性和合理性。在理论上，实践的第一性原则是上述判断的基本理论依托。进一步的表述是：离开实践的理论，既无来源也无意义。但是，经验上升为理论并不是件简单的事情。重视经验的潜在理论价值是这一转变的第一步。浅显而尖锐的问题是：如果我们可以相信一份缺乏科学性的问卷得出的结论，那么我们为什么不可以相信一群数量庞大的从业者在长期的工作实践中得出的一些经验式的结论呢？本书正是基于经验的一种归纳和提升。其次，理论对实践要有指导作用。在一个理论诞生之初，必须对它进行验证。验证理论的现实功用当然必须将理论运用于实践当中，让理论在实践中被证实或证伪，得以修正。这里的论述也间接回答了经验如何被确立为理论的科学性质疑。也就是说，如果一个来自经验的理论可以回输到实践层面，在一定的范畴中产生一致性的、普遍的指导功用，那么这一理论的实践意义和理论意义也就都得到了证实。

（一）实践归纳

"场"这个字在当今电视媒体实做中已经被广泛运用。比如，电视业界时常说到的"消场"、"进场"等。电视工作者在用"场"这个字眼的时候，也许他们对概念并不十分明晰，但其中有一种朴素的理性成分。符号的能指和所指是双向过剩的。符号的能指和所指逐步对应、确定、封闭、绑定，是语言实践的一般过程。这样看来，电视从业者使用"场"这一概念的时候，也型构了"场"这一"名"与拍摄现场的某种属性大致对应的关系。如此，考察业界实践中的"场"及其运用的情境就成了微观场理论学术研究的起点。

1. 消场

电视记者最常用的一个词是"消场"，其大体意思是说，要消除拍摄现场某些因素对电视记录意义可能产生偏差的影响。

电视记者在一线采访时，当摄像机/摄像师来到一个预定的拍摄现场，是不是直接开机就可以拍到预定的内容呢？答案往往是否定的。

例如，电视记者们来到一所乡村小学拍摄升旗仪式。老师把学生集中在操场，面对旗杆列队站好。简陋的扩音设备播放着国歌。这个山村小学的升旗仪式是记者预定拍摄的内容。但是，当摄像机开机，在小学生面前移动时，就会出现一种情形：那些行队礼、唱国歌的小学生看到摄像机的迫近，十分紧张和窘迫；他们的视线从冉冉升起的国旗转向了摄像机镜头。这时记录下来的画面含义发生了改变。小学生仰望国旗、行队礼、唱国歌的镜头语义是：小学生们在参加升旗仪式。而小学生们一边行队礼、唱国歌，一边注视摄像机的镜头语义则是：这群参加升旗的小学生分心了。预想的画面与实拍的画面产生了偏差。

这里提示了一个十分有意义的事项：既定时空中的某些细微变化会导致拍摄画面的意义发生改变。

当上述情形发生时，记者们就会采用一些方法来进行"消场"。

第一种方法是请学校的老师告诫小学生们，一定不要看镜头。第二种方法是让摄像机/摄像师、记者/主持人，跟小学生们相处一段时间，消除他们的陌生感。当这两种方法实施后就可以开始拍了。通过上述"努力"，电视记者就可以获取符合升旗这一主题的拍摄素材了。

实际上，上述两种方法是有区别的。在第一种方法中，尽管老师反复告诫学生不要看镜头，但是拍摄时，小学生的表情和身体语言往往也会"透露"摄像机在场的信息。总体上来说，这样获取的镜头里，小学生们的表现还"不自然"。第二种方法——经过和学生们较长时间的相处后，学生对摄像机和这一群陌生人已经比较熟悉，这时再开机拍摄，获取的镜头语义要更接近学生们的自然状态。这样，摄像机的存在就被"隐藏"起来了。

电视记录不同于电影的拍摄。电视所拍摄的是生活场境中人的行为；电影拍摄的是演员在虚构故事中的表演。前者摄像机/摄像师只能对被摄对象进行"弱控制"，即通过与被摄对象平等相处和协商来"改善"其在镜头面前的表现。而电影拍摄中摄影机/导演对演员的控制是一种"强控制"，具有专业素养的演员必须按照导演的要求反复表演，以实现导演的创作目的。

"消场"的概念，提示了特定时空中可能出现截然不同的图像记录语义，也提示了电视记录在某种层面上的不可控性。

对于文字记者和电台记者而言，也存在如何进场的问题。在工作中，记者们往往会根据现场事件的性质、状态来确定自己的进场方式——或冷静旁观，或理性共谋，或强行干预。上述这些区别将比照电视记录现场的特性在后文加以论述。

2. 入场

"入场"，又叫"进场"。这两个词的运用一般来自于纪录片的拍摄。

纪录片更强调对被摄对象真实生活场景的记录和表现。为了拍摄到被摄对象的自然状态，纪录片的摄制者就必须"入场"或是"进场"。这里的"入场"或"进场"，也是电视纪录片拍摄者常挂在嘴边的用词。

一般而言，当纪录片拍摄者第一次接触被摄对象时，都不会马上开机进行拍摄。因为此时拍摄的镜头明显带有摄像机在现场的痕迹。这样的镜头在后期剪辑中会破坏现场的真实感。好的拍摄时机是在纪录片拍摄者和被摄对象十分熟悉之后，这就是所谓的"进场"。简单直白地说，"进场"就是进入拍摄对象的真实生活场境。

实际上，要做到"进场"并非易事。笔者曾做过人类学的田野调查。人类学田野调查的方法叫作"介入式观察"。就是通过长时间与报告人的接触，建立互信，从而介入他们的实际生活中去，观察他们的生活事项，达成描述社区文化的深度认知。有趣的是，介入者在开始的一至两周往往是要"被观察"。来到一个少数民族社区的调查团队，并不能急于开展工作。正确的方法是把自己展现给社区民众。有素养的人类学者，在这一段时间里都会尽量在村子里"闲转"，一方面了解地形地貌，获取对村寨的直观印象；另一方面尽量把自己暴露在社区居民的视线之下以消除陌生感。初次参加田野调查的人，会急切地问这样的问题："我们什么时候开始调研？"回答是："至少要等村子里面的狗见到你不叫了。"从这些浅显的表达可以看出，"介入式观察"的介入过程是漫长而艰难的。实际上，要真正开始调研和拍摄，还需要更多的时间和报告人/拍摄对象建立良好的互信关系。

文字记者的"进场"与文化学者的田野调查相类似。负责某方面采访的记者往往被称为是跑某口的记者，如跑文艺口的记者。相对地划分工作领域，是为了使记者与被采访对象建立较好的人际关系。一般而言，这里的人际关系绝非工作关系，而是要交成朋友。与电视记者不同的是，文字记者的"进场"是一个长期的过程。笔者曾作为文字记者参加梅里雪山救援报道。当中国登山协会的官员与中日联合登山会的成员协商如何应对记者时，作为记者的笔者就在现场。这是文字记者"进场"的理想状态。

电台记者的"进场"情形，似乎介于电视记者和文字记者之间。由于携带和使用录音设别，受访者多会感到不自然。但是，电台记者采访现场受访者被影响的程度又没有电视采访那么强烈。另外，除了现场录音，电台记者还需要采访一些深度信息，因为按时间线性排列的节目不可能让受访人滔滔不绝地言说。电台记者挖掘深度信息的工作与文字记者的采访如出一辙。

电视纪录片的拍摄者和人类学的研究者除了学科的分野之外，在社区工作的性质基本是相同的。他们都要试图进入报告人/被拍摄者的真实生活场境中，只不过这种描述在人类学家那里侧重于人类学事项，而在记者那里侧重于事件。人类学家和纪录片拍摄者都有一个"入场"的过程。只不过，人类学家把这一过程叫作"介入"，纪录片拍摄者称之为"入场"。

这里应该思考的是：报告人/被摄对象的真实生活场境能否被"外人"进入？人类学者的田野调查时间在传统意义上被定义为一年零四个月[①]。纪录片的拍摄一般服务于特定的机构，其工作时间有一定的限制。一般而言，纪录片的拍摄不可能花费那么长的时间。"入场"是困难的，因为人们的真实而隐秘的生活状态都不希望被记录。

"入场"或"进场"概念的运用，至少说明了以下几点：

其一，记录者明确地意识到，随机开始的拍摄往往难以确定拍摄素材的语义；其二，外来者的到场形成了新的生活场境，这些新的生活场境是在原来的社区生活中不存在的；其三，要达成有效的观察和拍摄，就必须进入被观察对象的自然生活状态；其四，"进场"或"介入"都需要一定

---

① 因为大部分的人类学研究社区都处在前工业文明状态。一年四季中，民族社区的生活重心会随着农业或放牧的需要而截然不同。因此，对一个研究社区进行春、夏、秋、冬四季的观察才能构成一个完整的周期过程。而一般在调查开始和调查结束后也需要有相应的准备时间和收尾工作时间。

的时间；其五，只有在被观察者的自然场境中，才能获得相对真实的记录素材，才能获得对其文化的真实观察和深度理解①。

3. 相关问题

围绕"消场"和"入场"等概念的运用，在电视拍摄现场，还会遇到许多看似简单却难以回答的问题。这些问题是显见的，却很少有人把它作为问题来进行思考和研究。回答这些问题的难度也显示了微观场理论建构的复杂性。

（1）开会的官员为何不看镜头？

会议新闻在中外电视报道中都占有一定比例，是一种常见的电视新闻类型。我们每天打开电视机几乎都可以看到会议报道。如果注意观察的话，人们会发现，在电视会议新闻中，有一种有趣的现象——参加会议的官员几乎都不看镜头。

摄像机在会议现场的存在是明显的、可感的。在一些大型会议现场，摄像机面对主席台横向移动，从主席台中央到另一端依次略过官员们的面前。这些官员或低头记录，或凝视前方。他们的视线始终不会落在摄像机的镜头上，更不会跟从摄像机镜头移动。一般地，在一个静态的现场中，当有人活动时，我们会不自觉地关注这些活动者。但是在会议现场，这种本能的反应被"剔除"了。

在全球化的今天，我们可以看到不同国家的电视节目。奇怪的是，所有国家的官员都不会去看电视摄像机的镜头。一般而言，我们要产生一致化的行为，需要明确的告知甚或一致化的教育。然而，官员们无论国籍、民族、宗教、教育背景、地域，都会采取同样的方式来处理自己与摄像机镜头之间的关系。这不能不说是一个十分有趣的人类文化现象。

各国官员好像毕业于同一所学校，被培训出同一种行为，这样的现象我们熟视无睹已经很久了。剔除掉不同的会议现场的差异性因素，其共享的唯一因素是电视媒体的职业活动。因此，造成各国官员一致行动的原因也只能在电视媒体的根本属性中来寻找答案。

（2）电视访谈中主持人的视线可能看镜头也可能看嘉宾，但是嘉宾的视线却为什么只能在主持人身上？

电视访谈节目是电视节目中的另一种类型。这种节目可能是只有主持人和嘉宾的现场，也可能是带有观众的访谈现场。我们会注意到，在电视访谈节目中，主持人会面对镜头说话，而嘉宾在整个访谈节目中视线几乎

① 参见程郁儒《电视记录的"场"特性》，《浙江传媒学院学报》2010 年第 5 期。

一直在主持人身上。在有现场观众的场境中，嘉宾的视线有时也会落到观众席，但是嘉宾却始终不会面对镜头说话。这也是一个耐人寻味的现象。

嘉宾谈话的目的之一，就是要向观众传达某些信息。他（她）知道说话的主要对象是电视机前的观众。主持人其实是代表媒体和观众在和自己交谈。那么，为什么嘉宾不直接对镜头来发表自己的观点呢？

上述现象可以经由一个简单的演示获得验证。也许有人会说嘉宾的言说对象不是电视机面前的观众，而可能是现场观众或主持人。这个说法在经验片段中会被否定。

现场访谈节目往往会因意外而终止。当录制或直播终止时，我们会看到嘉宾的另一种状态。他们可能要求去洗手间，要求补妆，或者去喝水甚至打哈欠、伸懒腰。即使面对现场观众他们也无所顾忌，完全不在乎自己在主持人面前的形象，甚至还会说一些玩笑话。此时，如果技术障碍排除，节目重新开始，嘉宾又会进入到先前的比较严肃认真的姿态。这个片段说明，嘉宾的言说对象，并非是主持人，也不仅仅是现场观众，而是电视机前的观众。

既然嘉宾的谈话对象是电视机前的观众，那么他（她）为什么不把视线转向摄像机呢？奇怪的是，几乎所有的访谈嘉宾在现场都会遵循不看摄像机这一潜在的规则。这里又出现了一致化的行为。没有一个专门的学校来进行全民培训，甚至无须告知嘉宾们在现场应该如何处理自己的视线。故意忽视摄像机成了又一个一致化的人类反应。

（3）看似最真实的镜头是表演吗？

无论是纪录片还是人类学电影，都以真实性来宣告其存在的价值。我们常常在纪录影像中看到了许多在现实中难以看到的"不一样的人生"，如异民族的生产生活方式。有些镜头极大地震撼着观众，他们对其中的真实性深信不疑。但是，这些镜头是真实的吗？

经常用来讨论这一问题的例子是弗拉哈迪的《北方的纳努克》。弗拉哈迪曾两度赴北美哈德逊湾拍摄因纽特人的生活。"大熊"纳努克及其一家的生活成为早期人类学电影的经典片段。初看到影片的人们都会被其中的真实性感染和震撼。可是，从披露的史料看，纳努克一家正是因为配合弗拉哈迪的拍摄而错过了狩猎季，致使全家人都被饿死。这里人们不得不去质疑，影片《北方的纳努克》当中的"大熊"是真实地生活在冰原上的"大熊"，还是演员"大熊"？如果摄像机的进入已经完全扰乱了被摄对象的生活秩序，并且导致了其难以承受的灾难后果，那么影片中的人物还生活在他们真实的生活场境中吗？这样看来，那些看似最真实的画面已经不再真实了。

随之而来的问题是，怎样才能拍到真实的镜头？摄像机可以拍到绝对真实的镜头吗？纳努克一家为什么要配合弗拉哈迪的拍摄？被摄对象在摄像机前想要展示什么？这里的一系列问题，也指向了电视记录现场中被摄对象、摄像机、影像语义三者之间的复杂关系。

（4）车祸现场主持人应该救人、采访还是做现场报道？

突发事件报道是电视新闻中最引人注目的节目类型之一。如果记者团队恰巧在第一时间处于突发事件的现场，记者团队应该如何作为？这里会出现几种难以取舍的选择——救人、采访还是做现场报道。

设想一下，记者们在远离城市的某高速公路路段碰巧看见有客车倾覆于公路边的山崖之下，这时可能有人员伤亡。如果这个时候救援工作还没有展开，事故现场一片混乱，受伤人员尚未得到有效救助，除个别村民外还没有警察、医务人员等赶到现场。此时，记者团队是应该立即投入救援工作，还是立即开始现场拍摄，抑或是一部分人参加救援，一部分人做现场采访和拍摄？这些问题都没有简单明确的答案。

如果记者团队第一时间投入救援，这种行为会获得社会各界的褒扬和认可，但是很可能丧失第一时间对现场的及时记录。在公民道德和职业道德之间，存在着两难选择。也许有人会说，失去的无非是一则新闻，获救的可能是一些人的生命。但是，如果把这种现象做一定程度的放大，在各种危机场合，如战争、冲突、灾难等场境中，记者都放弃职业责任而回归公民身份，那么记者的职业功能和新闻的社会价值如何得到体现？

如果记者团队第一时间投入报道，无疑会拍摄一条精彩的突发新闻。但是同时，记者身后所呈现的现场紧急状态会成为记者团队见死不救的证据。他们也将受到受众的强烈批评。这种批评可能会是对记者人格和社会责任缺失的质疑。没有高尚人格和缺少社会责任感的人，能成为好的记者吗？这样的事例也发生在别的新闻场境中。比如获得普利策新闻奖的记者凯文·卡特[①]拍摄的"非洲垂死儿童与秃鹫"的照片。这些相似事件所引发的争议一直在发酵和持续，尚无法获得一个清晰的答案。

如果一部分记者参加救援，一部分人进行拍摄和采访，这似乎是一个比较周全的决定。但是，缺少基本的可能性。如果记者团队只有记者和摄像师两个人在场，那么谁去参加救援？谁来进行采访和拍摄？摄像师拍下

---

① 李天道主编：《普利策新闻奖图语 1942—2005 普利策新闻摄影奖全纪录》，四川文艺出版社 2007 年版，第 157 页。

来的镜头可能具有第一时间的真实感。但是，这里展示的是一种现象，并不能全息地反映新闻的"5W"和"1H"等要素。另外，镜头所不能反映的一些信息必须经由主持人的现场播报加以展示，如现场的温度、气味、氛围以及人在现场的感受。所以，分割记者团队的想法多半是非专业人士的良好愿望。

这个问题提示的要点是，记者的采访现场并不是一个封闭的空间。它会引发更大的时空范围中的人（主要是受众）对记者在现场行为的评判。这种评判已经超出了专业范畴，拓展到了社会价值层面。这告诉我们，研究记者采访现场的问题必须把视线拓展到更加广阔的社会时空中去。

（5）老首长面对镜头为什么说不出话来？

在笔者的实践经历中，曾遇到这样一个真实的事件。某部队的一位离休老首长被邀请到电视台做电视讲话。老首长面对镜头多次努力，都没办法完成这一看似简单的"任务"。最后不得已，在老首长的要求下，调来了电视台武警部队的一些战士，列队站在摄像机的后面。这样老首长才找到了讲话的对象感。

在这个事件中，问题的指向是老首长为什么面对摄像机失语，而面对战士们就可以顺畅表达？是因为面对摄像机没有对象感吗，还是因为面对战士可以让老首长回归过去的部队情境？对摄像机说话和对人说话何以产生如此巨大的心理差距？

实际上，面对摄像机无法顺畅表达是一种极为普遍的现象。许多有工作经验的电视节目主持人每次出镜时都会产生紧张情绪和焦虑感，需要通过深呼吸等方法来调适自己的状态。那么，问题来了，我们害怕黑洞洞的摄像机镜头吗？摄像机仅仅是一个简单的记录工具吗？摄像机的背后除了摄像师、节目组、电视台、行业之外，还有更加庞大和更加有力的权力存在吗？

上述问题可以向两个方向做大幅度的扩展：一个方向是向被摄对象的心理层面的扩展，另一个方向是经过大众传播向社会场域的扩展。在这里，被摄对象的内心对摄像机背后的权力关系有着实在而真切的感受。被摄对象知道摄像机背后的权力是强大的，那么这样的认知又是如何产生的？是不是每一个面对镜头的被摄对象都对摄像机背后无形的存在有同样的清晰判断？

（6）记录者和被记录者平等吗？

在中国的传媒实践中，有一种被推崇的职业新闻工作者心理和工作状态——平视。这里的"平视"包含着许多层面的含义，如语言方式的平等、非言语语言（肢体语言）的平等、心理层面的平等。

实质上，有经验的新闻工作者都知道，记录者和被记录者、采访者和被采访者、拍摄者和被拍摄者，在现场是没有办法平等的。这种不平等似乎并非来自于两个生命个体之间的差异，可能也并非来自于不同职业的差异，它更多的是因为新闻工作者掌握着一整套的话语工具、知识体系和意识形态。

在人类的历史进程中，发现者与被发现者、记录者与被记录者、言说者和被言说者，从来都具有不平等性。当"五月花"号来到北美新大陆，美洲印第安人就失去了自己的家园。① 历史上，发现者曾经是殖民者，被发现者则是被殖民者。在这里主动和被动就形成了极大的身份反差。

回到大众传媒语境中，记录和传播表面上看来只是一种信息采集、加工和扩散的过程。但是，当这个过程作用于一个个体时，这个个体就能感知到被观察和被记录本身带来的压力。也许，不是每一个人都能明确地理解到传媒背后隐藏的权力结构的真实状态。但是，人们会知道自己被记录下来的言行，可能会被放置在一个巨大的传播空间中，并且被数量巨大的观众观看和评判。当自己的言行与社会的法律、道德等发生抵触时，被观察与被记录所产生的被观看或许会变成一种被审判。

（7）面对电视记者提问，人们为什么总是有所保留？

不少人有接受记者采访的经历。无论是面对文字记者、电台记者还是电视记者，采访总是能对被采访者造成较大的心理压力，人们在回答提问时不会将观点和盘托出而往往是有所保留。

当电视记者提问时，人们不是去思考问题的指向，而是在揣摩问题之下的真实意图，迅速地评估采访可能会给自己带来的不利影响。这里说的情况也许是更加中国化的。一般而言，中国人在面对记者采访的镜头时，相较于西方人要更加谨慎、更加含蓄，回答也更加隐晦。这可能是中西文化的差异，也可能是中西媒体的社会定位和功能差异所导致的。

面对文字记者的提问，被采访者多半会直接或间接地去探究记者的采访意图。如果认为来者不善，受访者一般会果断地拒绝采访。但是，面对电视记者的采访，受访者的行为要更加谨慎。人们知道自己的一举一动、一言一行都会被摄像机捕捉和记录，所以，即便是感觉到记者的采访意图可能会对自己造成伤害，一般也会佯装不知，运用一些技巧来应付。

---

① 王辉云：《闲聊美国节日的历史和文化》，生活·读书·新知三联书店2013年版，第180页。

电台记者的采访状态介于文字记者和电视记者之间。录音设备似乎没有摄像机那么咄咄逼人，但是录音机在现场的存在也比用笔记录要明显许多。似乎很少出现电台记者强制录音的情形，要么隐藏录音设备，要么需征得被采访者的同意。如果感知到录音设备在工作，受访者的言语表达也会比日常生活中谨慎很多。资深记者十分明白，对于某些敏感问题的访谈，结果是可以预想和控制的。

社会生活并不会主动呈现自己的意义。记者的采访更可以理解为一种对真相和意义的"挖掘"。处于被动地位的被采访者，其行为和反应总是谨慎的。中国某电视台曾在街头采访老百姓，问题是"你幸福吗"。说起来这是一个不涉及新闻事件、回避了政治因素的一般问题，可是，通过电视节目我们看到，不少受访者也闪烁其词。这个采访的策划隐含着借公众之口褒扬社会的目的，应该说这个目的藏匿得很深。我们看到，受访者依然能在较短的时间内领会其中的深意，并采取比较隐晦和恰当的方法来应对，比如："我不姓福，我姓曾。"

（8）哪些不同类型的镜头构成了电视节目？

资深电视人知道构成电视节目的素材可以分成多种不同的类型，如带有同期声的现场镜头、没有同期声的现场镜头、现场的采访、记者在现场的播报、主持人在演播室的配音和主持等。没有一个节目可以用单一的成分来进行编辑。一条不到 60 秒的电视新闻，也大体是由主持人播报、现场镜头、现场采访等不同类型的素材构成的。那么，我们为什么需要这些不同类型的镜头相互配合来完成电视节目？这些不同类型的镜头其本质有何差异？它们在节目中分别承担了哪些功能？

所有这些问题看起来都十分简单，却又十分专业、复杂。在文献梳理中，尚未见到关于这些简单问题的研究成果，这些问题不能简单地以"不重要"为由来加以漠视。

上述问题的呈现，主要聚焦于大众传媒的采访过程。对这些问题的设问，是为了暗示一种假设：如果我们可以找出一种理论来回答上述那些普遍存在又极其复杂的问题，那么这个理论必须建立在对现实问题深度思考的基础之上，并且具有理论价值和现实价值。

（二）理论演进

在业界实践中，将"场"之名应用于拍摄现场的性质描述，一直都处于一种经验式的范畴。这些经验式的陈述和理解并没有经由学术的研究上升为一种理论。究其原因，大概是前文所说的业界与学界的隔绝。

微观场理论的研究始于 2006 年。在微观场理论的创生过程中，原北京广播学院朱羽君教授对电视记录的研究、布尔迪厄的社会场理论、福柯的权力理论，在不同阶段为研究提供了思想资源，推进了微观场理论的建构，构成了这一理论演进的内在逻辑。

1. 研究的起点：朱羽君教授的"场"概念

（1）概念简述。

笔者在对电视记录的相关文献进行梳理时，采用"场"、"电视场"、"电视拍摄"、"电视记录"、"电视现场"、"电视摄像"、"电视采访"等关键词在中国知网、读秀学术搜索等电子数据库进行检索，发现关于电视记录特性的研究，到 2006 年仍鲜有人涉足。唯一的对应性文献，来自于已经退休的原北京广播学院朱羽君教授。

朱羽君教授在她的《对电视的生命感悟——朱羽君教授自选集》一书中有如下论述："'场'的概念，是包括一个场面的事件中，其行为动态的相互关系、形象、声音、环境、氛围、心态的连贯所积累出的一个可供受众观察和体验的时空。"这一论述尽管只有不到 70 字，却是将"场"概念运用于电视拍摄的最早论述。遗憾的是，这一论述在朱羽君教授和后来的研究者那里没有得到进一步的阐发。

分析起来，朱羽君教授的"场"定义有如下几个关键的概念。

第一个关键概念是"时空"。从论述来看，这里的"时空"可以被理解为一个特定的时间和空间相结合的存在，是一个带有常识意味的概念。这里"时空"的表述，在一定程度上提示了电视记录现场的客观性。在一般的理解中，时空是不以人的意志为转移的一种存在。它表现为有限时间和有限空间的特定对应。时间的客观性是不言而喻的。在现代物理学中，它被表述为一个有方向的、不可逆转的过程。而空间，无论在物理学还是社会学意义上，都不是一个真空的存在。社会学当中的空间，当然也是一种不依赖人的主观意志的，兼具客观性和文化性的存在。

第二个关键概念是"可供受众观察和体验的"。在此，"场"的客观性被赋予了明确的可感知性。这个感知的主体被定义为受众。这就意味着"场"的定义是对电视记录素材的一种界说。因为受众是不在拍摄现场的。受众所看到的仅是电视记录下来的音像资料的编辑文本。也就是说，受众可以借由电视镜头感知拍摄现场的情境。这种感知包括两个部分，即"观察"和"体验"。"观察"容易理解，无非是说受众看见镜头当中的内容。这些内容可能是一种状态或是一种关系（人与内心的关系，人与人的关系，人与社会的关系，人与自然的关系）。受众可以通过这些内容了解拍摄现场的基本状态。而"体验"就有一些费解。受众既然不在现场，又如何进行体验？这里的"体验"较为恰当的解释，应该是受众基于自己的生活经验和知识，对镜头表达的具体情境的感知和理解。合起来说，"一个可供受众观察和体验的"这一表述，是说明记录现场通过所记录的素材对不同时空中受众的影响，根本上是电视受众对画面状态的理解和领悟。

第三个关键概念是"场面的事件"。所谓的"场面的事件"，和前面所说的"时空"是相同的所指。"电视拍摄的场面"就是电视记录的时空，只不过这里多出了一个概念叫"事件"。其实也不难理解，如果说传媒文本的基本特性之一是故事性的话，那么事件就是一个时空当中镜头必然要去追逐的故事性载体。故事或事件构成了场面中的（时空中的）主要内容。否则这个时空就可能是电视拍摄中的"空镜头"———一种单纯的状态呈现。所谓"场面的事件"，也可以理解为"事件的场面"——事件在空间中的表达方式。

第四个关键概念是"行为动态"。"行为动态"是相对于被摄对象而言的。事件的动态当然也离不开人的活动。这里的人如果是被摄对象的话，那就可以清晰地看到，朱羽君教授的表述是在试图构建被摄对象、拍摄现场、记录素材和受众之间的一种复杂关系。这为本书的相关理论建构提供了极为重要的方向。

第五个关键概念是一串平行的定语，包括"关系"、"形象"、"声音"、"环境"、"氛围"、"心态"。从语义分析的角度看，这些词不具有并列的可能。因为它们来自于不同的概念和范畴。可以理解的是，朱羽君教授把这些词并列使用，无非是为了说明影响电视记录诸多方面的复杂因素。在这个特指的范畴中，这些词的并列表述就成立了。其中，"形象"、"声音"、"心态"都是指人而言。这里的人可能是被摄对象，也可能是在现场采访的记者或主持人，还有可能是画面中的旁观者。必须关注的一个词语是"心态"。从上面的描述可以看出，被摄对象的心态对镜头语义的迁移有着最直接的影响。在场记者或主持人的心态，也会影响到镜头的含义。"环境"和"氛围"这两个词可以看作一类，是对拍摄现场时空的一种表述。这里的"环境"、"氛围"可能是由现场的人营造的，也可能是现场环境因素构成的。最后要关注的是"关系"。"关系"，简单地看是上述所指的四种关系，即人与内心的关系、人与人的关系、人与社会的关系、人与自然的关系。实际上，在后续的研究中我们认识到，这个关系最有可能的是向人的内心发展的一种关系，是人的心理和环境的关联，也可能向更加广阔的场域发展，成为现场和其他场域中权力的关系。朱羽君教授采用的"关系"这一表述为将权力概念引入后续研究给予了重要启示。

朱羽君教授的理论有着鲜明的实践依托,是对电视记录特性的理论归纳。除此之外,仅见的以电视记录"场"为名的文献是张鑫的《电视记录性节目中"场"意识的建构》。文章刊于中国播音主持网。这篇文章借用了朱羽君教授的"场"概念,目的是与电视记录性节目中的"线性意识"作比较。这一方面,朱羽君教授在其著作中也有论述。所以,张鑫的文章可以看作是对朱羽君教授相关理论的运用。

(2)概念分析。

朱羽君教授首提的"场"概念,尽管表述复杂,可概念的内涵外延界定并不规范严谨。其核心价值在于第一次超离经验范畴,用"场"之名来定义电视记录的基本特性。

笔者的研究是从朱羽君教授的"场"的时空概念开始的。既然朱羽君教授把"场"定义为一种时空,那么这种时空是否是一种客观性的存在,抑或是一种主观性的意识?这成为了本书研究前期的主要工作之一。

经过反复的思考和论证,笔者发现,电视记录的时空也许应该定义为一种"心理时空",而不是一种客观存在的"现实时空"。

实践中,无论电视拍摄团队和被摄对象以什么样的"形象"、"声音"、"心态"或"关系"进入既定的环境,都只能进入一个既定的时空,而不可能有两次选择。只不过那些要素发生细微变化时,时空的性质会影响到被摄对象的潜在心理,进而影响到记录镜头的语言含义。比如,一个男人在写有禁烟标志的宾馆大堂吸烟,突然发现头顶上方的摄像头,会马上掐掉手中的香烟。在这个例子中,那个吸烟男子的现实空间没有发生改变,时间也处于自然状态,唯一改变的是他的心理状态。于是,前后的行为在被摄取的影像中就有了截然不同的含义。前半部分表达的是这个男人缺乏公德,后半部分的语义恰恰相反。

把朱羽君教授研究的"时空"归结为"心理时空"后,笔者又结合这一结论对电视从业者进行小组访谈。发现"心理时空"无法解释电视记录现场的多元性和客观性。第一个问题是,所谓"心理时空"是谁的心理时空。当然,被摄对象的心理时空对记录镜头的语言含义影响最大。但是,在某些场合中,记者和主持人在现场的心理状态或称心理时空,也会影响到电视记录镜头的语义。有时,旁观者的心理状态也会影响到电视记录的语义。所以,"心理时空"无法清晰地解说电视记录现场的多元状态。第二个问题是,"心理时空"在表达电视记录现场的客观性时有极大的缺陷。从实践经验看,电视拍摄现场的性质是一种具有客观性的存在。这种客观性可以浅显地表达为"此时此刻的事件就是这样发生的",如超市镜头拍到的窃贼的行为。在这个镜头中,窃贼的行为与他的心理状态有关系。但是,不管有没有察觉到摄像机,窃贼的心理状态及其在现场的行为,都是一种具有客观性的存在。再比如,两个男人对殴的镜头。激战正酣时,可能会因为摄像机的进入而导致停顿,也可能打架的人对摄像机的到场全然不顾。在这个场景中,所有人的心理状态都是围绕事件发生来转移的。摄像机已经成为了事件的一个部分,其与被摄对象共同构成的拍摄现场,也具有不以人的意志为转移的特性。也就是说,每一次摄像机的到场,并不能产生一个特定的干扰作用。摄像机的到场当然会对现场有影响,但是这个影响并非是确定的。

鉴于上述原因,笔者在研究中没有沿袭朱羽君教授的"心理时空"的概念,而是把微观场理论看成是一个多种关系相互作用的"客观实在"。总体来说,朱羽君教授论述的指向构成了微观场理论研究的起点。循着前人研究的指向,微观场理论得以在新的学术范畴和理念上进行建构。

2. 理论的演变:现代物理学的场概念

在学术研究中,当对应文献极其稀少时,就必须去寻找关联文献和外围文献,为研究建立基本的参照系。所谓关联文献,是指与特定研究对象或范畴处于相同概念层级的其他相关文献。在本研究中,关联性文献可能是电视性质研究的所有其他方面的文献,包括经验主义的、批判主义的和技术主义的。所谓外围文献,是指在研究对象之外更大的概念范畴中存在的与研究有关联性的其他文献。在本研究中,如果借"场"这一能指来表述电视记录性质这一所指,那么就离不开对现代物理学中场概念的考证和分析。

(1)物理场。

场的概念首先来自于现代物理学。

"物理场的概念是在一个世纪多一点之前诞生的,但是导致这一概念产生的,是几千年来人类对事物和现象本质认识的发展。这些观念涉及世界最根本的基础。""像任何真正伟大的发现一样,场的概念不仅回答了各个老问题,而且也提出了许多新问题。新问题与老问题相比,其复杂程度就像爱因斯坦的相对论比之于牛顿力学,光子比之于牛顿的光微粒。场的研究今天已成为物理学和自然科学哲学的前沿。"①

现代物理学认为,场是物质存在的两种方式(实物和场)之一。后

_____

① [苏联]B. N. 雷德尼克:《场》,周昌忠译,科学普及出版社 1981 年版,第 1 页。

来，自然科学的发展使人类不将物质看成孤立的、不连续的物质实体，而是将物质看成了连续的场态物质。这样，场就成了物质的唯一存在方式。

自 1897 年发现第一个基本粒子——电子以来，包括一切短寿命的共振态在内，人们发现的基本粒子现已达到 400 余种。这个数目还在不断增加。科学研究表明：基本粒子之间存在着四种基本的相互作用，除了在宏观物理学中人们已经认识的引力相互作用和电磁相互作用之外，还有强相互作用与弱相互作用，并产生了四种基本作用场，即引力作用场、电磁作用场、强作用场与弱作用场。这四种场常被称为物质基本场或自然场。①

人们既然发现了四种基本作用场，理所当然地会想到寻找可以描绘这些场的统一理论——统一场论。这一工作实际上从 20 世纪 20 年代起就由爱因斯坦提出来了。爱因斯坦认为："把实物和场看作彼此完全不同性质的两种东西是毫无意义的。我们不能想象有一个明确的界面把场和实物截然分开。"② 场代表力、能，而实物代表质量的说法是不充分的。若从能量的观点看，所谓实物只不过是场中能量密度特别大的地方。因此，"在我们这种新的物理学中，不容许有场和实物两种实在，因而场是唯一的实在"③。爱因斯坦还终生致力于电磁场与引力场的统一，并耗费了大量精力，主要从数学与黎曼几何学途径去寻求问题的解答。虽然，终因缺乏量子力学与实验材料的支持而未能成功，但爱因斯坦以相对论为基础的有益探索，实际上已构成了统一场论的第一个里程碑。④

另外，德国物理学家海森堡（W. K. Heisenberg）在 50 年代试图以量子场论为基础建立一场论，虽然没有取得最终的突破，但人们常把他的探索看成统一场论的又一里程碑。⑤

海森堡指出，现代物理学的发展已经使"物质与力之间的这种区别完全丧失了，因为每个力场包含了能量，因而构成了物质"⑥，所以，"没有必要再在物质和力之间划一条清晰的界限，因为每一种基本粒子，不仅产生某些力，并受力的作用，它同时还代表某种力场。量子理论的波粒二象

① 潘德冰：《社会场论导论——中国：困惑、问题及出路》，华中师范大学出版社 1992 年版，第 221—222 页。

② ［美］爱因斯坦、［美］英费尔德：《物理学的进化》，周肇威译，上海科技出版社 1962 年版，第 179 页。

③ 同上书，第 180—181 页。

④ 潘德冰：《社会场论导论——中国：困惑、问题及出路》，华中师范大学出版社 1992 年版，第 222—223 页。

⑤ 同上书，第 224 页。

⑥ ［德］海森堡：《物理学与哲学》，范岱年译，科学出版社 1974 年版，第 95—104 页。

性使同一种实体既以物质的形式出现，又以力的形式出现"①，由此可见，自然世界的本质特性，就是物质的场的特性。场从实体角度看，是粒子，是客观实在；从作用的角度看，既是波，又是力，因此，场是自然世界的核心概念。

统一场论的第三个里程碑，一般认为是在对称理论的研究基础上发展起来的规范统一场论。早在 50 年代，诺贝尔奖获得者、美籍华人科学家李政道和杨振宁就提出了宇宙不尽守恒理论，而杨振宁与米尔斯（R. Mills）则把物理学中的对称性由整体不变推广到局部不变，并用局部不变的规范场来描述基本粒子及其相互作用，从而奠定了规范统一场论的基础。随后，美国的温伯格（S. Weinberg）与巴基斯坦的萨拉姆（A. Salam）分别于 1967 年和 1968 年各自独立地提出了弱—电统一理论。这个理论除了可以解释已知的弱相互作用与电磁相互作用的基本规律之外，还给出了一系列新的预言。西欧核研究中心基于直接的实验证据先后于 1973 年和 1983 年证实了这个理论所预言的弱中性流及传递弱相互作用的粒子"w"、"z"的存在。至此，完全证实了这一理论的正确性。

弱、电、强三种场的大统一理论，则由美国物理学家格拉肖（S. L. Glashow）等人提出。这一理论认为：在高能状态时，三种场本是一种东西，只有在低能状态下，它们才表现出各自的差别来。其研究内容属于规范场论，故常称之为规范统一场论。目前，它仍是物理学研究的热门。

此外，还有些学者试图建立起弱、电、强、引力四种作用场相统一的超统一理论，如英国物理学家提出的"超弦理论"（1984）就是其中较为引人注目的一种。总之，关于统一场论的研究，有着极为诱人的前景，至今仍为现代物理学的前沿课题。②

（2）物理场理论对研究的导向。

人类对物理场的认识和物理场的性质描述，对传播学场理论的微观场理论的建构有很大的帮助。这个帮助主要是指示了研究的一些基本方向和进路。

首先，场是无所不在的。场的存在是普遍性的。这种普遍性说明场本身的泛在性，即它无所不在并包容一切。事实上，许多社会学者早就将场

---

① ［德］海森堡：《物理学与哲学》，范岱年译，科学出版社 1974 年版，第 95—104 页。
② 潘德冰：《社会场论导论——中国：困惑、问题与出路》，华中师范大学出版社 1992 年版，第 224 页。

概念从物理学引入了社会科学的研究中。一种基本观点认为，社会场也是由最基本的自然场衍化派生出来的。

其次，场中存在着各种力的关系和结构。它们在失衡与平衡中不断演进，衍生出各种次级场和事物。这一点表明，场不是一个空洞的存在。力的动态平衡状态本身是可观察和读解的。场的内部和外部有着广泛的联系。这些联系的演变和发展也衍生出了新的场。

最后，场可能表现为各种不同的状态。在自然界，场既可能使同一事物以物质的形式出现，也可能使其以力的形式出现。这一认知提示笔者，如果把传播中的场看成是社会场境中的客观存在的话，那就既要注意到存在的不同状态，又要注意到其内外力的性质和特征。

3. 理论的联结：社会场理论

潘德冰对社会场的相关论述，对传播学场理论的创生具有启发性。"社会场是一类区别于人、财、物等'实物态'（社会性）物质那样看得见、摸得着的物质，但它却是存在于任何社会之中的一种社会实在。社会场至少满足如下一些特性：（1）在整个社会中弥漫了一种场态（社会性）物质，即社会场，社会（空间）中不存在绝对的（社会性）虚空；（2）任何社会场中都存在力——社会场力；（3）任何社会场都存在场力线，即社会（空间）；（4）目的性，即指社会场在其运动（含衍化）过程中所显现出来的一种类似于人的意志（但不是意志），且不以人的主观意志为转移的行为特性。"①

潘德冰论证了社会场的存在，描述了它的构造方法、力线（结构）图及其原理（含社会的运行、控制、有序性、稳定性、开放性及演化等场原理），揭示了社会事物与社会场之间的内在联系。

社会场不是凭空产生的，而是由那些最基本的自然场衍化派生出来的。文化信息场或叫文化场，和社会场一样，是从自然场的复杂作用的演化中派生出来的。

按照现代物理学的观点，宇宙原始状态是完全均匀对称的温度极高的能量真空场。由于对称的自然破缺，真空场相变发生的能量转变成的粒子和辐射就派生出了四种基本形态的场，即引力场、电磁场、强作用场和弱作用场。潘德冰先生在《社会场论导论——中国：困惑、问题及出路》中指出，这四种场之间，由于能量的内聚外延以及种种复杂的相互作用，生

① 潘德冰：《社会场论导论——中国：困惑、问题及出路》，华中师范大学出版社 1992 年版，序言。

成了许多形形色色的事物。在此，那些基本场与派生场、派生场与派生场之间经过进一步的复杂作用则形成了各种各样的次级派生场，如社会场就是从自然场的复杂作用和衍化中派生出来的。[①]

因而，正像由四种基本力衍化派生出宇宙生态、生命生态和社会生态一样，人们也关注到文化的生态结构。从对称性和多样性来考察各种场，就会发现原始的能量真空场最具均匀对称性，第二层次的四种基本场也具有明显的对称性，而到第三层次的实物派生场，则显示出明显的生态多样性（不同的气候地理及各种各样的生命实体），到第四层次的文化信息派生场，则具有更复杂的多样性和非均匀性。

就文化信息场而言，虽然也有其统一的共性——对称性，然而其多样性和非均匀性是显而易见的。在世界各地，由不同的文化场主导的生活习性、行为方式、价值观念、思想意识、制度机制，不仅形形色色，有些还是相互冲突和对立的。在各种自然场中，要素之间的作用是通过交换粒子实现的（在引力场中是交换引粒子，在电磁场中是交换光子，在强作用场中是交换胶子，在弱作用场中是交换玻色子）；而在文化场中，要素（人或团体）之间的作用是通过交流信息来实现的。这其中，文化的对称性和统一性是交流的基础，文化的多样性是交流的核心，而文化的对立性则演化成敌对、仇视，甚至战争和奴役。文化的多样性的交流产生更高层次的对称和创新，这是作为信息场的特殊性。然而战争和奴役却使文化更加对立，当然绝不可能消灭对立的文化。这是文化场从自然场中衍化派生出来时继承的基因共性，也可以叫作隔代遗传。因为人们可以使用暴力将某些实物场（如某种植物和动物）消灭，但不可想象用暴力将某种自然场（引力场、电磁场、强作用场、弱作用场）消灭，因而也不可能用暴力将某种文化场消灭，但可以通过教育、倡导、改革等将"落后文化"改造、培育成"先进文化"。笔者不同意对文化做"先进"、"落后"这样的区分，但是潘德冰先生对社会场、物理场、文化场联系的表述是有价值的。

上述社会场理论对于传播学场理论的贡献有以下五个方面：

其一，建立了自然场、社会场、文化场的关联。这种关联的建立，为传播学场理论的研究以自然场研究理论为起点，向社会场延伸的理论建构提供了科学依据。

其二，文化场的对称性、多样性和非均匀性特征，描述了文化场中的

---

① 潘德冰：《社会场论导论——中国：困惑、问题及出路》，华中师范大学出版社 1992 年版，第 233—234 页。

基本力学结构，这一点也启发了传播学场理论的研究必须着眼于各传播场境中各要素之间的相互作用关系和结构来探索其中的规律性。

其三，信息交流是文化场要素之间相互作用的媒介的观点，可以借用到传播学场理论中，用以观察各要素之间所传递的信息状态和信息的作用状态，从而分析在言语之外的话语和意识形态层面的意涵。

其四，文化的多样性交流会产生更高层次的文化对称和创新，这是社会场理论的一个极有价值的基本观点。这一表述和自然场中的状况似乎出现了方向上的不同。在自然场中，场的派生是从能量真空场向四种基本场，并进一步向实物派生场依次分化的。这种代际性的描述，展示了自然场中由上级场向下级场派生的运动方式。但是，在社会场中信息的多样式交流，被认为能够产生新的文化对称和更高层次的文化样态。如果把自然场中的场际变化形容为"分解"的话，那么社会场中的场际变化则可能是"化合"。这一观点既说明了社会场、文化场、信息场的特征，也描述了其发展作用的复杂性。所以，在传播学场理论的研究中探索各种信息作用的复杂结构，就成了微研究的一个基本取向。

其五，文化场是不可以通过暴力来消灭的观点，揭示了文化场中权力结构的复杂性。在现实的权力关系中，可能有居于上位的权力对居于下位的权力施加的作用和影响，也可能存在居于下位的权力结构对居于上位的权力结构的反作用。这里的上下位的描述，只是一种相对的表述。既然一个方面无法决定另一个方面的存在和消亡，那么文化场中的各种权力结构就可能成为相互依存的要素。因此，在观察传媒场域的基本特征时，也应当把各要素之间的相互作用看作既相互依存又相互斗争的关系。更重要的是，应该关注那些看似被动的、居于权力下位的弱小因素（如受众）的作用。

4. 理论的拓展：相关的"场"理论

以"场"之名所进行的研究，现有的文献主要有两个方面：其一是勒温的"场论"；其二是布尔迪厄的"场域"理论。

库尔特·勒温（Kurt Lewin，1890—1947）是拓扑心理学的创始人，也是当代社会心理学的主要奠基者。波林和瓦森等著名的心理史学家，曾就历代心理学家的贡献和知名度做过专门的调查并给出了综合评价，勒温名列第六位（前五位分别是弗洛伊德、冯特、詹姆斯、华生和铁钦纳），由此可见勒温在心理学史上的重要地位。勒温的主要著作有：《人格的动力理论》（1935）、《拓扑心理学原理》（1936）、《心理动力的概念表述和测量》（1938）、《解决社会冲突》（1948）和《社会科学中的场论》

（1951）等。①

　　勒温引用物理学中"场"的概念来说明人的心理活动，认为人的心理活动是在心理场中发生的。他援引爱因斯坦关于场的定义"场是相互依存事实的整体"，提出心理场是由个人生活的过去、现在和未来的一切事件经验和思想愿望组成的。心理场的这三个方面无论在数量和种类上都伴随着个体的年龄增长和经验积累而扩展分化。婴儿缺乏经验，他的心理场几乎没有分化；成人则经验丰富，生活经历复杂，因而他的心理场就分化成了许多层次或区域。由此可见，心理场即是一种认知结构。勒温认为，凡属科学的心理学都必须讨论整个人的情境，即人和环境的状态。他把决定行为的全部事实分为三种：一是准物理事实（心目中的自然环境）；二是准社会事实（心目中的社会环境）；三是准概念事实（思想概念与现实的差异）。所谓"准事实"，即并非纯自然、纯社会、纯概念的事实，而是指在人与环境的相互作用中，对人的行为可能有影响的那些事实，也就是勒温常说的"心理环境"。所以准事实和客观事实有时是相对应的，有时也不相对应。勒温的"心理环境"的概念，在外延方面大于考夫卡所谓的"行为环境"的概念。因为"行为环境"所指的仅是一个当时所意识到的环境，而"心理环境"所指的则并不仅限于一个人当时所意识到的环境。凡是"有影响的"事实，即使一个人当时并没有意识到，也同样属于他的"心理环境"之内。②

　　勒温的场论是从物理学中借用了场的能指和相关概念并将之发展到心理学所建构的一种理论。这一理论非常笼统。"它是有关理论建构的一种超理论（meta theory）。不过，它更是一种通向理论的方法；它还是一组概念的整体，以及这些概念之间的理论关系。"③勒温场论的主要观点是，事件是由个体的当下环境中的各种力量所决定的。这一理论使他"达到了一个传播学前辈的高度"④。但是无疑，勒温的研究主要是心理学的。他在柏林时期最著名的实验是在咖啡馆中进行的。他发现服务员可以在两三个小时的时间里清晰地知道众多客人中每个人所点的食物并且给他们一份准确的账单，但是如果等这一切结束后半个小时，再让服务员重复那些账单的内容，却很难做到。勒温推论说，要完成某个特殊任务的意图建构了一种

---

①　乐国安编：《社会心理学理论与体系》，北京师范大学出版社 2011 年版，第341 页。

②　同上书，第 341—342 页。

③　［美］埃弗里特·M. 罗杰斯：《传播学史》，殷晓蓉译，上海译文出版社 2005 年版，第 282 页。

④　同上。

心理学上的紧张，当这个意图中的任务被完成后，紧张就释放了。如果这个任务被中断，紧张便没有得到释放。未完成的行为就比一个完成的任务会被记录更长的时间。① 勒温的场论还有一些有趣的概念。他将"价"定义为个体在某一时刻的紧张，一种动机或需要。一个"矢量"就是一种力量，它推或拉一个物体朝向对于这个物体肯定或否定的知觉行径。一个"障碍"阻止一个个体实现一个愿望。这些概念——"价"、"矢量"和"障碍"——描绘了勒温如何受到物理学的影响，又如何受到拓扑学的影响。关于勒温的场论文献十分有限。但是勒温将物理学概念借用到心理学范畴的研究以及将这种研究定义为一种类似场境的东西，并试图描绘其中的状态和存在机制，凡此种种，都对本书的传播学场理论的建构有深刻的启示。

法国社会学家皮埃尔·布尔迪厄（Bourdieu Pierre，1930—　）的主要研究领域是教育社会学、文化社会学。他采用结构功能主义方法，同其他社会学家一起完成了一些课题："社会学的认识论"、"辩论与讨论的社会学"、"工人使用的言语修辞的社会学"、"阶级的条件和阶级的地位"等。"场域"是布尔迪厄阐发的一个重要理论。②

布尔迪厄用场域这一空间概念代替了传统实践观中的实践场所概念。因为在他看来，场域概念本身包含着一种对社会世界理解的关系性原则，避免了实体论倾向。权力场域则揭示了社会世界的真实性联系，并清除了"统治阶层"概念所包含的实体论和本质主义的倾向。利用场域概念，布尔迪厄把国家看作是由经济资本、文化资本、社会资本和象征资本集中的结果。布尔迪厄的人生大部分是在教育场域和科学场域中度过的，所以他主要是通过对这两个场域的揭露或者解蔽，揭示社会行动者由于对支配阶层所采取的统治策略的"误识"，从而解蔽符号暴力在当代发达资本主义国家的社会再生产中的特殊作用。场域概念在布尔迪厄的学术轨迹中应该算是一个后来居上的概念。在《实践理论大纲》（1972）中，它还处在若有若无的边缘地位，但到《实践感》（1980）中它已经上升为核心概念，再往后，几乎成为一个统领性的概念。布尔迪厄把场域解释为：位置之间的客观关系的网络和构型。这样就把他的资本理论的几个核心概念联系了起来，从布尔迪厄的资本理论体系来理解场域概念，我们可以把它理解

① 参见［美］埃弗里特·M. 罗杰斯《传播学史》，殷晓蓉译，上海译文出版社 2005 年版，第 283 页。

② 参见读秀学术搜索"布尔迪厄"，http：//book. duxiu. com/peopleDetail. jsp？dxid = 061000623681&d = 82B5AE66A6225D9106057898F9BE1E05。

为，处在不同位置的行动者在惯习的指引下，依靠各自拥有的资本进行斗争的场所。①

布尔迪厄提出的"场域"理论认为，社会文化可以区分为许多不同的场域，包括政治场、经济场、科学场、艺术场、法律场以及新闻场等，这些场域的运作就像物理学中的力场一样，是由内部和外部的各种力的作用构成的。"'场域'——就是一个有结构的社会空间，一个实力场——有统治者和被统治者，有在此空间起作用的恒定、持久的不平等关系——同时也是一个为改变或保存这一实力场而进行斗争的战场。"② 布尔迪厄的这段话，大体包含了以下几层意思：场域是一个有结构的社会空间；场域的运作是由内部和外部的力量共同作用决定的；场域中存在着不平等的力量关系；场域中的冲突，场域中的力量作用是永久的、恒定不变的。

布尔迪厄同时还认为，传媒营造了一个巨大的话语场，即"新闻场"。这个新闻场也是一个话语的生产平台，它容纳并呈现政治、经济、科学、宗教、道德、文化、艺术以及日常生活等各种话语形式，根据自己的意图与模式给予改造。通过转换、移植、膨化、过滤等方式对这些话语进行再组织。在这个话语生产场中，市场与商业需要构成了生产的巨大动力。消费主义成为一种新的意识形态，其运行机制则是由政治、经济及文化等规范结构决定的。

布尔迪厄的场域理论，尤其是新闻场理论不仅形象地描述了新闻场内部的权力结构、相互关系以及权力运动的状态（尽管布尔迪厄没有使用"权力"这一词语），同时还建构了新闻场和其他社会场域之间的关系。布尔迪厄的这一理论极大地拓展了传播学场理论研究的视野，促使研究者把微观记录现场导致记录语义偏转的根本性原因建构在现场诸要素关系与更大的社会场中的权力关系的关联性方面，为传播学场理论从实践层面向理论层面的升华提供了必要的理论工具和理论启示。

需要说明的是，研究者对上述所有从自然场到社会场理论的应用都不是一种简单的照搬。或者说，根本不是对这些理论的一种运用，而是采信了这些理论在不同的学科范畴内对一种有结构的物质存在和社会存在的理论描述。进一步来说，对这些理论描述的关注也并不是着眼于这些描述的精妙性，而是把目光投向这些理论描述背后的内在结构。所有的理论都必

---

① 宫留记：《资本：社会实践工具——布尔迪厄的资本理论》，河南大学出版社2010年版，第231—232页。

② ［法］皮埃尔·布尔迪厄：《关于电视》，许钧译，辽宁教育出版社2000年版，第46页。

须回归特定的研究分析场域和社会情境。就新闻场本身而言，在西方的确是受到了更多的来自于市场和商业的影响。但是，在中国当下的社会情境中，这个特定的新闻场就不仅仅是市场和商业力量推动的。真实的情况要复杂得多。来自于意识形态方面的作用力是一种不可忽视的力量。因此，传播学场理论的构造，既要考虑微观理论向宏观场域的拓展，也要考虑中国情境和西方情境的结合。

（三）核心概念

传播学场理论的微观理论创建是基于从业者的传媒实践，并汲取国内外相关研究的既有成果和理论养分，历经多年"理论预设—回归验证—修正改造—回输反馈—理论提升"的反复过程，在实践与研究、业界与学界之间交流融通，逐步形成了一个清晰的概念和理论框架。以下对传播学场理论微观理论涉及的核心概念进行阐述。

1. 微观场

"微观场"是本书最为核心的概念。这个概念在笔者的早期研究成果中被表述为电视记录场。[①]

微观场是指电视拍摄现场诸要素（包括被摄对象、摄像机/摄像师、记者/主持人等）及其携带的权力关系共同构成的一个客观实在。

在这个定义中，有几个关键词。

第一个是"客观实在"。发现微观场并将其命名为一个客观实在，目的在于表明电视记录场的客观性。电视记录场是一个不以人的意志为转移的实际存在。这里的表述极大地区别于先前使用的"时空"、"心理时空"等概念。

第二个是"拍摄现场"。一般而言，电视拍摄的现场是一个有限的时空。但在这里没有使用时空的概念来描述电视记录的现场。主要是因为"时空"倾向于描述事物的物理属性。从根本上说，电视记录现场不是一个简单的物质化的场境，而是一个微观的社会场域，或者说是一种社会文化的场域。它是以一种具体时空为依托、文化充斥其中、权力关系发生作用的一种社会场域。拍摄现场已不是简单的位置，而是位置与关系的总和。

第三个是"要素"。这里所说的要素大致包括三个方面：被摄对象、

---

① 参见程郁儒《电视记录的"场"特性》，《浙江传媒学院学报》2010 年第 5 期；参见程郁儒《电视记录场理论及其应用》，《现代传播》2011 年第 7 期。

摄像机/摄像师、记者/主持人。这里需要说明的是，电视记录现场还可能包括其他要素，如相关人、围观者、其他拍摄团队等。由于那些次要的因素在现场没有发挥重要的作用，所以在概念表述中被忽略了。

第四个是"权力关系"。这里运用了福柯的权力理论，用以说明"被摄对象、摄像机/摄像师、记者/主持人"不是一种简单的职业身份，而是带有了拍摄现场和拍摄现场之外复杂权力因素的符号。因为在福柯那里，权力被描述成一个复杂的立体网络。因此，权力从本质上说就不是一个静态的节点，也不是一种单向度作用的力量网络，而是一种多向度、全方位的、立体的关系集合。

把电视记录的"场"定义为一种现场权力关系的客观实在的真正用意，是要回答一个基本而重要的问题：为什么不同的电视记录现场要素会对电视记录音像资料的语义和形式特征产生决定性的作用？传播学场理论的回答是：每一个电视拍摄现场中的各种要素及其所携带的权力关系，会客观地形成一个具有特殊性质的现实存在。正是这个现实存在，锚定了电视记录的性质、语义甚至形式特征。"在电视记录中，同一时空里记录的图像由于现场诸要素权力关系的不同，会产生不同的图像意义"这一说明语，既回答了在实践中长期以来悬而未决的现实问题，同时也加深了人们对电视和传统媒体根本特征的认识。

2. 权力

传播学场理论（包括微观场理论和宏观场理论）在发展的过程中，引入了文化研究当中的"权力"概念。

权力，是文化研究中的一个关键概念。以"文化政治学"观念为基础的文化阐释认为，任何事物都是政治的，结果则是权力无所不在。"权力被用来理解阶级关系、种族关系、性别关系和年龄关系；用来阐释身体及对人和地点的表征；用来弄清楚我们对时间和空间的理解。"[①]

这里所说的权力概念，不是来自史蒂文·卢克斯的"三种权力观"和安东尼奥·葛兰西的霸权理论。卢克斯认为，权力分为"单向度的权力观"、"双向度的权力观"和"三向度的权力观"。所谓"单向度的权力观"，简单地说就是指 A 能够让 B 去做某件他（她）不愿意做的事；"双向度的权力观"是指一部分人有权力制定"游戏规则"，以获取有利于他们的结果；"三向度的权力观"是指权力拥有者可以型构人们的意识形态。

---

① ［英］阿雷恩·鲍尔德温等：《文化研究导论》，陶东风等译，高等教育出版社 2004 年版，第 97 页。

"三向度的权力观"有些类似于安东尼奥·葛兰西的霸权理论。葛兰西的"霸权"可以简单地理解为"组织赞同"，就是有权者可以建立领导权的合法性，发展共享的文化（理念、价值观、信仰、意义）。

福柯的权力理论并不像上述两人的理论那样，认为权力是压制性的，而是倾向于认为权力是生产性的。"一切以通过一种特定的方式创造和再造世界相关的东西就是权力。"① 权力存在于话语、制度、客体以及身份的创造之中。根据他的分析，权力生产出了对知识的分类。对知识的分类限定了我们对人与自然关系的理解。权力生产出身体。这种身体可以在工厂、监狱中被改造得更具生产性。权力把性作为一个场所（site）生产出来，它最能揭露人类的秘密。权力不是关于说"不"的，它与生产事物、身份和理念相关。

关于福柯的话语、权力、知识理论的理解，现在有太多的表达和解释。由于这些表达和解释仍然沿用了福柯权力体系中诸多复杂的概念，变得越来越不清晰。简单地说，福柯的权力是指用话语、知识、规训等概念建构起来的一个立体的复杂网络系统。"福柯没有单纯就权力论述权力，不把它当作一个孤立现象，而是将其放在同其他社会关系的关联网。在他看来，权力是社会的基本生命线和动力，权力构成了社会最基本的因素。"② 福柯在设定权力这一概念时，尽力想避免意识形态等单向度的指向对型构立体关系网络的影响。当然，福柯的权力理论可以用马克思的"人是社会关系的总和"的论断加以理解。正因为人是社会关系的总和，所以任何一个个体的人，都是社会复杂网络的节点。"权力是一种活生生的'力'的关系网，权力贯穿于整个社会网络，而在社会网络中，同权力的关系最密切、最复杂而又是最关键的因素，就是各种知识论述和道德论述。"③

二　微观场理论模型

基于以上分析进一步研究，即有了两个基本的重点。其一，如同任何一个物理场或社会场的基本构成一样，传统媒体的微观场研究首先必须要

---

① ［英］阿雷恩·鲍尔德温等：《文化研究导论》，陶东风等译，高等教育出版社2004年版，第97页。

② 周雷：《人类之城：中国的生态认知反思》，北京理工大学出版社2012年版，第121页。

③ 同上书，第122页。

呈现场境中的基本要素及其结构；其二，研究必须洞悉场境中的微观动态平衡，以及其与作为环境的其他场境的社会动力学关联。

电视记录的现场并非一个简单的时空。当然，电视记录的现场首先是一个物理的时空。其在时间上可以看作是线性发展的时间的一个段落，在空间上有一个基本的边界。同时，电视记录的现场也是一个文化空间。它是人的社会生活方式及其符号化的一个信息场域。由于人的社会性构成极其复杂，它又变成了一个正如福柯所描述的立体的社会权力网络的节点。这样说来，着眼于电视记录现场这个富有多重意义的特殊场境，就可能观察人类大众传播活动的多重功能和属性。因此建立一个基本的分析模型，精确地展示微观场境中各种微妙的要素、关系及其动力结构，也就成了研究的一个基本起点。

（一）基本模型

电视拍摄现场可能是复杂的。为了使研究删繁就简，能够呈现带有根本性的因素和结构，笔者建立了基于电视记录场的微观场理论模型（见图1－1）。

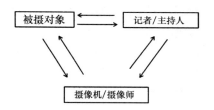

图1－1　微观场理论模型

在图1－1中，电视记录现场的一些要素（如旁观者等）被剔除了，仅留下了三个最基本的要素——被摄对象、记者/主持人、摄像机/摄像师。在职业分工中，记者主要负责确定选题、外勤采访以及节目的编辑加工；主持人会负责一个或多个节目的出镜主持工作和配音工作。但是，随着实践的发展，记者和主持人之间的工作逐渐交融起来。一些记者本身就是著名的主持人。一些主持人也具有了外出采访的工作能力。因此，在这里将记者和主持人作为一个因素放置在基本模型中。需要说明的是，"记者/主持人"这样的表述并不是说现场一定出现了两个人或两种人。"摄像机/摄像师"是一种设备与人的工作组合，由于摄像机携带不同于摄像师的社会权力，而两者又无法分离，在这里结合成一个要素进行表述。摄像师在媒体中也被称为摄像记者，其工作情形和种类比较复杂，这里不展开论述。

应该指出的是，基本模型是一个便于研究的"理想状态"。所谓"理想状态"，是表明这个状态包含了电视记录最基本的、不可剔除的、恒定不变的、最简单的变量。增加一个或一些变量，无非是加入了某些环境因素。加入的变量无法影响现场的基本状态和性质。

如图1-1所示，更小的场境被摄对象、记者/主持人、摄像机/摄像师构成了一个基本的三角关系。这里设定的三要素在场的理想状态，根据经验和社会动力学理论，可以区分为5个不同性质的、更小的场。

1. 第一场：被摄对象的自然状态

这个场是由被摄对象、摄像机/摄像师构成的。不仅如此，这里还有一个充要条件，就是被摄对象没有感知到摄像机/摄像师的存在。第一场的结构和性质可以用图1-2来表示。

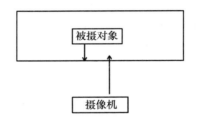

图1-2　第一场（被摄对象自然状态）图示

在图1-2中，我们可以清晰地看到被摄对象处于一个相对封闭的空间当中。向上的箭头表示摄像机已经拍到了被摄对象。箭头已经从外部空间进入了被摄对象所在的空间当中。向下的箭头则表示被摄对象没有发现摄像机的存在。他的感知领域仅局限于那个空间的某个边界。这有点像一个在房间中独居的人被摄像机偷拍的情形。摄像机也许隐藏在这个空间之外或者是空间之内的某一个角落。被摄对象并没有发现有摄像机在对他/她进行拍摄。

这种情形在现实中有两种可能：一是偷拍，摄像师主观上不让被摄对象知道摄像机的存在；二是被摄对象客观上忽视了摄像机/摄像师的存在。比如，汽车驾驶者没有注意到路边的记录违章的摄像头。上述两种情况的区别在于，前者可能是针对某一个被摄对象所进行的专门拍摄，后者则可能是一种一般化的设施，针对的是某一类人。总之，在上述两种情形中，被摄对象都没有意识到摄像机/摄像师的在场。

2. 第二场：被摄对象的自主状态

在这个场境中，被摄对象可以感知到摄像机/摄像师、记者的存在，但是由于某种原因，主观上忽视了这些因素存在的事实。第二场的情形十分复杂。它有可能非常靠近第一场的属性，也可能沦落到第三场（记者的采访状态）的边缘。以下用图 1－3 和图 1－4 分别解释。

第一种情形可以用图 1－3 来表述。

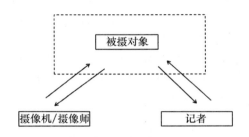

图 1－3　第二场（被摄对象的自主状态）图示 A

在图 1－3 中可以看到，被摄对象的空间已经不再是封闭的（用虚线框表示）。被摄对象可以明确地感知到摄像机/摄像师、记者的存在。这里的虚线表明了一种状态，那就是被摄对象仍然处在一种自己可以掌控的状态之下。典型的情形又可细分为二：其一是被摄对象和其他两个要素十分熟悉，以至主观上可以忽视他们的存在（人类学电影中拍摄到的土著妇女分娩的镜头就属于这一类）；其二是现场的强度足够大，以至被摄对象无法顾及其他两个因素的存在（街头上两人激烈搏斗的镜头就属于这一类）。

如果在第一种情形中，影响被摄对象的两个要素（记者、摄像机/摄像师）的作用机制和强度是基本一致的话，那么在下面的第二种情形中（记者、摄像机/摄像师）影响被摄对象的作用机制和强度就有了分化和差异。

第二种情形可以用图 1－4 来表述。

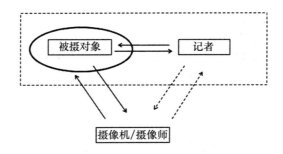

图 1 - 4 第二场（被摄对象的自主状态）图示 B

在图 1 - 4 中，与摄像机/摄像师互指的箭头分别来自于被摄对象和记者，说明三方都明确感知到其他要素的存在。虚线的方框表示这是一个属于被摄对象的空间，只是拍摄团队从外部进入到了这一空间。被摄对象外围的椭圆形表示被摄对象不愿展示的那一部分内容，椭圆形以外并在虚线方框之内的部分是被摄对象愿意展示给其余两个要素的部分。从摄像机/摄像师指向被摄对象的箭头仅止于椭圆形的边缘。从记者指向被摄对象的箭头可以越过椭圆形的边缘。这意味着在摄像机/摄像师不在场的情况下，被摄对象愿意向记者展示较为隐秘的那一部分内容。

上述情形在拍摄中时常发生。记者或是纪录片的拍摄者，经过和被摄对象长时期的相处，已经达成了某种默契，了解到了许多被摄对象较为私人化的内容，可一旦摄像机/摄像师到场，被摄对象就会回避拍摄。

被摄对象的视线在第二场中有两个落点：一是记者；二是摄像机/摄像师。但是当被摄对象的视线由于某种原因（或是故意忽视，或是有紧急事态发生）而离开记者、摄像机/摄像师时，此刻记录下来的镜头就会与第一场十分相似。

严格地说，第二场镜头是被摄对象与记者、摄像机/摄像师"共谋"的一个场境。用"自主"这一词来表述第二场的性质，是为了说明被摄对象有掌控自己行为的目的和能力，同时说明这一场境中的某些镜头是带有表演性的。

第二场属性的复杂性还表现在它可以在两端——第一场和第三场之间，做无限多级的分布。这跟胶片在净黑和净白之间的灰度可以无限细分一样。而实际的状态取决于现场三要素的关系，或是事件的紧迫程度。实践证明，如果相处的时间足够长，摄像机可以记录到被摄对象非常个人化的镜头。如果现场发生的事件足够紧急，如火灾现场、地震现场，被摄对象也会完全无视摄像机的存在。上述两类镜头也是传统纪录片所追求的具有逼真现场感的镜头。

3. 第三场：记者的采访状态

由记者、被摄对象、摄像机/摄像师三者共同构成的采访状态，其最大的特点就是三者都意识到这是一场采访。这里的情形可以用图1-5来表述。

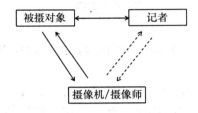

图1-5　第三场（记者的采访状态）图示

在图1-5中，箭头有虚实之分，实的箭头表示两个要素之间存在强作用力，虚的箭头表示要素之间存在弱作用力。这很容易理解。因为记者和摄像机/摄像师长期相处，在采访中记者对摄像机/摄像师较为适应。记者的注意力主要投向被摄对象。而被摄对象则不然，两个要素对其影响都十分强大。尽管在采访中被摄对象的视线一般不会转向摄像机/摄像师，但是其行为还是会受到摄像机/摄像师这一要素的强烈影响。

4. 第四场：记者/主持人现场播报状态

这一场也是由记者/主持人、摄像机/摄像师、被摄对象三者共同构成的。与第三场不同的是，被摄对象并没有出现在镜头中。如果是一个连续的长镜头，我们可以看到被摄对象的在场。从图1-6中可以看出，被摄对象与记者/主持人之间的关系属于弱作用力。当然，被摄对象的在场无疑会影响记者/主持人现场播报的内容、方式和状态。这与后面将要论及的内容的真实性有一定关联。

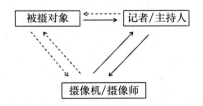

图1-6　第四场（记者/主持人现场播报状态）图示

5. 第五场：主持人演播室播报状态

这个场仅仅由主持人、摄像机/摄像师两个要素构成，是一个纯粹的工作场境（见图1-7）。

实际上，演播室现场和采访现场往往是相互区分的，这里表示出主持人演播室播报状态是因为在三要素的排列组合中，它是一种存在的状态。如果就一个新闻事件而言，前期的采访和回到演播室的录制，仍然延续了同一个事件、同一个主题。演播室内主持人的播报实际上与演播室环境无关，而是与新闻事件密切相关。因此，基于分类统计的完备性和事件主题的一致性这两个要素，笔者在模型中设置了一个第五场——主持人演播室播报的状态场境。

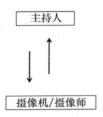

图1-7　第五场（主持人演播室播报状态）图示

需要指出的是，主持人的演播室播报状态，在这里是一个最简化的情形。在实做中，演播室的实际构造要复杂得多，有时会出现演播室嘉宾。有一类脱口秀节目既关乎新闻事件也有比较复杂的演播室现场，现场中不仅有嘉宾还可能有现场观众。这些复杂的节目形态将在后文进行分析。

在基本模型中，我们把现场采访的不同状态也称为场。这是因为，这五个不同的状态也具备场的基本结构和属性。我们姑且把这五个更小的场叫"状态场"，以便与电视记录场相区别。

借用和改造福柯的权力理论，我们可以解释电视拍摄现场摄像机及其所带有的权力关系对记录语义的影响。这个影响表现为三种效应，即破坏效应、重构效应和扩大效应。

所谓破坏效应，就是指摄像机的进入破坏了现场原有的自然场境。这一点很容易理解。摄像机进入某一个现场之前，那个现场当中的人和事遵循着自然的发展演进逻辑。自然的社会场境是缓慢且平和的。由于长时间的调适，这个自然的社会场境中的各种因素已经达成了稳定的平衡，并处在一种相对和谐的状态。当电视拍摄团队进入现场时，由于摄像机/摄像师、记者/主持人所带来的电视机构、行业、主流文化、主流意识形态权力关系，就使得现场和谐的状态被打破了。由于电视拍摄团队所带来的权力关系比较强大，之前的各种平衡关系立刻被瓦解，并且围绕着电视采访这一行为被重新建构起来。这里的破坏效应，就使得受访者不得不从被摄对象的自然状态中脱离出来，被带入一个现实的采访状态。

所谓重构效应，就是指摄像机的进入会在现场重新建立一个新的、暂时的、易变的社会场境。这里重构的是以摄像机/摄像师、记者/主持人和被摄对象三者为主体的关系框架。不管被摄对象在昔日的生活中居于权力网络的何种位置，他们都被定义为"被采访的人"。这个关系框架是暂时的，因为拍摄一结束，人们自然会回到以往的生活场境中去。这个框架又是易变的，因为现场不确定的临时关系会导致人（被摄对象、摄像师、记者）处于高度紧张的状态当中。为了完成拍摄，三者的注意力高度集中。他们会十分注意现场中语言、肢体语言、事件以及其他环境因素的细微变化。这些细微的变化会显著地作用在人们的心理层面，导致三者在现场语言和行为的转变。一种可能是三者调适得非常顺利，现场拍摄可能就会进入一个相对轻松的状态。另一种可能是三者的平衡由于某一个因素起到了主导性的作用，现场的性质就会瞬间发生偏移。严重时，现场三要素的关系会瞬间瓦解。

所谓扩大效应，就是拍摄团队的进入会在时间和空间上把场景之外的复杂权力关系带入现场，从而扩大了现场权力关系的强度。这种效应发生在两个向度。其一是在现场中人们可以明确感知来自现场以外的电视机构的、行业的、主流文化的和主流意识形态的强大权力，因此把自己的行为调适到更符合这些权力关系规约的范畴之中。其二是产生一种时空的延宕。所记录的资料可能在更长远的时间和更大的空间里被无法确定的受众看到。被摄对象尽管没有办法推测这里的时空范围，但是基本的反应会是对个人利益的保全。由于上述两个向度的作用，电视拍摄现场的权力关系被加强了。

通过把权力概念引入电视记录现场，利用权力普遍存在的基本性质、多向度的作用方式及其生产性的特点，我们可以比较清晰地观察到电视记录现场看似简单的关系结构中的复杂的社会力学特征。

如果一个基本的现场都可以做多项度的细分，那么就意味着，从传播学场理论来看，所有的场不论位置和关系如何，都是电视传播宏观场境中的有机组成部分。场的微观和宏观情境犹如佛教所谓的"四万八千界"，其在同一个物理时空中由于要素和关系的不同，会生发出截然不同的存在。这种存在是现实的，也是心理的；是属于物理时空的，也是属于权力关系网络的。提示这一点的重要性在于，为未来的微观场向宏观场的拓展埋下伏笔。

（二）模型分析

对人的活动的图像记录在内容特征上大体可以分为两种：其一是动作；其二是语言。当然语言也是一种动作。不同的是，动作有其自在的意义，而言语表达意义就完全脱离了动作本身，存在于复杂的语言结构和知识系统之中。

我们在考察电视记录的五个状态场的时候，看到了这些不同的场记录下来的镜头，大体上可以区分为动作性的和语言性的两种。另外，不同状态场的镜头的可信度也不相同。不同状态场的镜头的信息量也有区别。所以这里选择了记录的形式特征（语言性或动作性）、可信度和单位时间信息量三个方面来比较各状态场镜头（见表1-1）。

表1-1　　　　　　　　　**各状态场性质比较**

	形式特征	可信度	单位时间信息量
第一场	动作	高	小
第二场	动作/语言	较高	较小
第三场	语言/动作	中	中
第四场	语言	较低	较大
第五场	语言	低	大

1. 各状态场镜头的形式特征

（1）第一场（被摄对象的自然状态，其图像的形式特征是动作性的）。

摄像机拍到的这一状态场的镜头是被摄对象现实生活中的一个片段。人物或静或动，都表现为动作。当然，姿态也是一种动作。动作有张有弛，表述的内容也不尽相同。传播学认为，人的非言语语言在信息传达过程中所起的作用远远大于语言。[①] 所以动作本身就具有意义。

第一场镜头中的人物也会说话。当被摄对象是一个人的时候，大部分

①　参见蔡尚伟等《电视专题》，清华大学出版社2010年版，第227页。

的时间是不会说话的。即使是喃喃自语，也语焉不详，不会传达完整的语言意义。如果是一群人的活动片段，他们可能会相互交谈。但是，这些语言无非是他们现实生活的一个部分。就是说，这些语言不是为了镜头记录所做的表达。记者拍摄到的这些镜头，经常会出现这样的情形：明明是一群人在说话，但是不明确他们在说什么。原因是他们的谈话有特定的语境和背景，省却了这些语境和背景，他们的交谈是难以理解的。比如，河边洗衣服的一群农妇的笑谈，那些张家长李家短的说道，既难以理解，又对记录本身不构成意义。镜头的含义仅仅表现为：一群农妇在快乐地洗衣服。第一场镜头的基本意义是由动作来承担的。因此，我们说它是动作性的。

（2）第二场（被摄对象的自主状态，其图像的形式特征是动作性和语言性并存的）。

在这一状态场中，被摄对象要么对摄像机熟视无睹，要么迫于事件的紧迫性无暇顾及。图像的内容主要来自人物的动作，但有时语言也参与了意义的构成。由于能够感知到摄像机的在场，被摄对象的言行还是会受到一定的影响——某些行为具有一定的表演性；某些语言也含有了较多的主观故意。这种故意的言说，不是喃喃自语，也不是脱离了那一时空的言语表达。它们参与了图像意义的建构。比如，在火灾现场，救火队员的胆怯和畏惧，是不宜被镜头所记录的。一个被大火逼退的消防员会在现场说："火太大了，根本没法靠近！"这里的表白，无疑是有目的的。当然这种目的也只有在摄像机在场的状态下，才变得十分明显。在电视记录的第二场，动作和语言都承载了图像意义的表达功能。

（3）第三场（记者的采访状态，其图像的形式特征是语言性和动作性并存的）。

与第二场的"动作性/语言性"不同，第三场的表述是语言性加动作性。在第二场动作是主要的，而在第三场，语言是主要的。在业界，采访可以分为动态和静态两种。新闻发布会、访谈等一般是静态的。记者在现场的跟随拍摄采访是动态的。在静态采访中，被采访对象的语言承载了较多的表达意义的功能。但是，和报纸、广播等媒体的采访不同，电视采访的记录特征是音像。被摄对象的非语言动作，也对镜头意义的构成起着至关重要的作用。有些人在镜头前说"不"，但是他（她）的表情和肢体语言分明在告诉人们"是"。动态采访的情形是记者出像，跟随拍摄。比如，记者跟随一位农民大叔去赶集，边走边聊。这类采访的空间是移动的。被采访对象的行为也被记录下来。在行为的延续过程中主要突出的是记者和受访者谈话的内容。

在第三场中，语言和动作都参与了意义的建构。只不过在特定的采访状态下，被采访对象的动作因为摄像机的存在有一定的限制。一般而言，被摄对象不可以为所欲为或脱离镜头。语言承载了主要的意义，动作相对来说是辅助性的。

（4）第四场（记者/主持人现场播报状态）和第五场（主持人演播室播报状态，图像形式特征是语言性的）。

两个状态场之间的区别在于，第四场镜头受到了现场其他要素的影响，具有较强的现场感。第五场镜头是在演播室的特殊环境下拍摄的，主持人的形象更正式和庄重。不仅如此，现场的播报在常识上会被看作是电视台派出的记者在现场的工作。而演播室状态下，主持人的功能更多地被定位为"电视台形象"。在语言表达方面，现场记者的表达一般是陈述性的；而演播室主持人的表达，则会带有一定的评论意味。

2. 各状态场镜头的可信度

可信度是指受众在观看电视节目时，对图像内容的信任程度。

来自第一场的镜头，由于拍摄的是被摄对象的生活状态，其行为和语言都处在一种自然状态中，因此往往会被认为是可信的。大型超市摄像机记录下来的窃贼行窃的镜头，一般会被认为是真实的（尽管这些镜头很可能存在后期剪辑）。

在第二场中，被摄对象已经明确感知到了摄像机的存在。只不过由于某些原因，主观上故意忽视了摄像机的存在。无论是习以为常，还是忙于现场，摄像机的存在仍然会对被摄对象的行为造成或多或少的影响。纪录片中的许多镜头都属于第二场。尽管这些镜头有时无法与第一场镜头相区分，受众还是会质疑这些镜头的真实性，主要原因是人们意识到摄像机的在场会导致一种表演。在这里，第二场镜头已经失去了绝对的真实性。当然，第二场镜头带来的现场感和冲击力，也会使它区别于第三场（记者的采访状态）。因此，在这里，我们将第二场镜头的可信度表述为"较高"（见表1-1）。

来自第三场（记者的采访状态）的镜头的可信度被定义为"中"。被摄对象在接受记者采访时有多种状态。第一种情况是被摄对象主动寻求记者采访；第二种情况是记者和被采访对象在现场偶遇；第三种情况是记者出于报道需要，约定被采访对象进行采访；第四种情况是某一权威部门安排的采访（如新闻发布会）。在上述各种情况下，采访者和受访者总有一方有明确的意图。上述各个场景中，被采访对象的语言表达无不受到各自的身份、职业、立场、观念等方面的影响，带有明显的主观故意。客观上，电视记录的图像特征也迫使被摄对象考虑各种因素（如自己在电视镜头中的形象等），从而约束自己的言行。另外，除了语言因素外，非言语语言也透露出大量的现场信息。将第三场镜头的可信度定义为"中"，是相对于第四场（记者/主持人现场播报状态）和第五场（主持人演播室播报状态）而言的。

来自第四场（记者/主持人现场播报状态）的镜头和第五场（主持人演播室播报状态）的镜头，分别代表了电视台工作人员的陈述和电视机构的观点。不过，来自第四场的镜头具有较强的现场感，并且现场各种要素也对记者的现场语言表达产生了一定的制约作用。因此，这一场镜头的可信度被定义为"较低"。第五场的镜头则完全是代表电视台立场的语言表达，其可信度被定义为"低"。

3. 各状态场镜头的信息量

信息量是指单位时间内音像资料提供的内容的多少。这里的分析从第五场开始。

第五场镜头的信息量最大。

第五场主持人演播室播报状态是语言性的。语言是运用概念进行表达的一整套表意系统。它是从人们的生活中生发出来的一个巨大的文化符号系统的基础部分。尽管语言风干了现实生活的质感，但是语言得到的是巨大的归纳和演绎功能。主持人在演播室中可以"上下五千年，纵横八万里"，在极短的语篇中提供极大的信息量。因此，第五场的信息量相较于其他场境是最大的。

第四场镜头的信息量较大。

第四场是记者/主持人的现场播报状态。记者/主持人之所以来到一个特定的现场，就是为了向观众报道现场发生的事件。记者/主持人的语言一般都会聚焦于特定的事件，不会过于发散。现场播报的时长也有一定的限制。一般表述的是新闻要素当中的"5W"和"1H"的部分信息，尤其是带有现场感的信息。不仅如此，记者/主持人的现场播报还会受到现场时空中各种因素的影响。这些影响可能是时间的紧迫感——记者/主持人的现场直播只有一次机会；也可能是空间的局限性——在某些狭窄的地域中，记者的移动会遇到障碍；还可能是现场的被摄对象、事件相关人、围观群众等因素的影响——这些因素会对记者/主持人的现场报道产生干扰。记者/主持人本身的语言技巧也会影响到信息的传递。相较于第五场，第四场的性质虽然也是语言性的，由于受到诸多干扰和限制，第四场的信息量被定义为"较大"。

第三场镜头的信息量居中。

第三场（记者的采访状态）是一个兼有语言性和动作性的现场。在这个场境中，问题由记者/主持人提出，而承担信息提供功能的是被摄对象。第三场的情形可以分成以下几种：第一种情形是静态采访。采访者和受访者或站或坐，都处在一个相对静止的状态。这时被摄对象是传递信息的主角。由于缺乏职业训练，受访者一般面对镜头时难免紧张，语言表达的准确性和生动性会受到一定的影响。有时，有价值的信息来自于被摄对象的非语言语言——肢体语言、服装、化妆、语气等。第二种情形是动态采访。在这种采访中，镜头往往跟随被摄对象和记者/主持人移动，被摄对象和记者/主持人边走边谈。语言是间歇性的。行动本身提供了一定的信息量。总之，在第三场中，被摄对象的表达也没有超离出特定的事件和时空。这里的信息量相对于第五场和第四场要小一些，同时又比第二场和第一场要大一些，因此被定义为"中"。

第二场镜头的信息量较小。

第二场（被摄对象的自主状态）是动作性和语言性的。相较于第三场，这里更加强调对动作的记录而非语言的记录。一方面，动作是不受控制的。被摄对象在这一场境中往往有一定的镜头意识。他（她）的表现是自主的，也可以说是与其他现场要素的一种"共谋"。另一方面，动作本身的含义具有较大的发散性。我们看到一群军人围着一辆汽车救火的镜头。如果不辅之以语言的解释，我们没有办法理解究竟发生了什么。第二场镜头也会记录到被摄对象的语言。尽管这是只言片语，尽管这些语言仅仅被限定在特定的场境和事件当中，可是语言还是参与了表达，提供了一定的信息量。因此，我们把第二场的信息量定义为"较小"。

第一场镜头的信息量最小。

第一场（被摄对象的自然状态）是动作性的。被摄对象的坐卧行止完全是一种自然的行为。它和现实时间呈现"一比一"的对应关系。如果我们去拍一群农妇洗衣服的场面，这段录像的第一分钟和第三十分钟看上去可能都表现了相同的内容。因此，第一场镜头的信息量在各场中是最小的。

4. 各状态场镜头在电视节目中的功能

各状态场镜头的基本属性和形式特征决定了它们在电视节目编码中的不同功能。一般而言，电视节目都包含了多个状态场的镜头。一条简单的消息就可能包含了主持人的导语（第五场镜头）、现场拍摄的画面（第一场镜头或/和第二场镜头)、当事人的采访(第三场镜头)和记者的现场报道(第四场镜头)。看似场境单一的纪录片,往往也会包含来自第一场和第二场的镜头。这样看来,人们在实践中确实已经对不同状态场镜头的属性和功能有了明确的经验认识,只不过这些经验认知还没有上升到理论。

大体上说,第一场镜头和第二场镜头提供了事件真实性的佐证。但是由于它们的信息量太小,无法有效地在单位时间里完成对事件信息的全面传达,就需要辅之以一定数量的语言性状态场的镜头。这些镜头可以来自于第三场、第四场和第五场。

第一场镜头难以获得。由于电视节目都有时效性要求,不可能花费较长的时间去等待被摄对象自然状态的出现,第二场(被摄对象的自主状态)镜头就成为了对第一场镜头的一种替代。记者无法像人类学家一样,在一个社区待上一年甚至若干年的时间去完成一个节目,而必须在较短的时间,采取一些职业技巧消除被摄对象的顾虑,获取被摄对象自主状态的镜头。由于第二场的镜头具有和第一场镜头相似的某些形式特征,也就承担了对第一场镜头缺失的补充功能。但是,第二场镜头的信息量仍然有限,可信度也会受到质疑。在结构节目时又必须辅之以多向度的采访(即第三场镜头)、记者的现场报道来完成节目的构造。

第三场(记者的采访状态)镜头是电视节目中数量最庞大的一类。记者的现场采访,被认为是一种挖掘新闻内在含义的有力工具。当然,也就成了记者的一项基本功。当一个事件发生时,在大多数情况下,电视记者都可能错过第一时间和第一现场。要追溯"新近发生的事实",唯一的手段就是采访。来自第三场镜头的可能是多个当事人或旁观者的不同表述。这些表述结合在一起,再加上记者在现场的报道,就可以型构出刚刚发生的事件的概貌。

第四场(记者/主持人的现场播报状态)镜头越来越多地成为电视节目,尤其是电视新闻节目追求的一种表达方式。记者型的主持人在现场一边报道,一边采访。镜头在移动拍摄过程中,较为充分地展示了现场的空间情形,也突出了事件的现场感。基于记者眼、耳、鼻、舌、身对现场感知的表达和基于记者职业身份、素养对现场的分析,极大地丰富了报道的信息量,并增强了可信度。这样的镜头既是对现场采访的一种补充,也使得发生的事件在最大的可能性上得以"复活"。受众一般都会认为记者的现场播报是已发生事件在时空上的延续,尽管已经时过境迁。

第五场(主持人演播室播报状态)镜头是电视节目必不可少的组成部分。主持人在演播室的表达,除了完成对节目的编排、转接之外,还有以下几个特殊的功能：其一，提供了背景资料；其二，表达媒体的观点；其三，达成电视台形象的人性化。所谓背景资料，是与事件相关的其他素材。必要的背景主要是用于辅助说明事件中的"WHY"和"HOW"。时间、地点、人物、事件这些简单要素，都可以经由各种状态场的镜头得以呈现。但是，关于深层次的原因——"为什么"和"怎么样"却必须通过深度挖掘和背景资料来陈述和分析。所谓媒体观点，可以理解为在意识形态和主流话语的定义下媒体的立场表述。媒体不会说话，必须经过主持人来进行表述。所谓电视台形象的人性化，是指作为机构的电视台的特定呈现方式。电视台主持人的面孔型构了电视台的形象，并使电视台的机构形象人性化。文字可以是冷冰冰的，而形象和声音却带有一定的质感。电视台要想与受众有效交流，主持人就是必不可少的界面。谈到某个电视台，人们也许不知道其机构的状态，但是观众可以立马在脑海中浮现出若干著名主持人的面孔。试想一下，如果所有的电视节目都去掉第五场镜头，电视屏幕将呈现什么样的状态？因此，第五场镜头是将事件、电视机构和社会场境连接在一起的必要单元。

综上所述，微观场理论的建构使我们在一个精细化的层面得以理解电视节目的构成要素和功能。认识到这一点，对电视从业者和电视研究者都十分重要。

三 基本结论

前面的模型分析阐发了电视技术在最基本的操作单元与社会权力互动而呈现的根本特征。基于这些特征的进一步研究，我们可以得出四个基本结论：第一，电视节目的趋第一场性；第二，被屏蔽的第一场；第三，第一场悖论；第四，前置的编辑过程。

（一）电视节目的趋第一场性

当在微观层面上把电视记录分成五个基本状态场，并以这样的视角去看待电视节目时，我们就会发现，所有的电视节目都有一种基本性质，那就是它们都趋向于使用来自第一场的镜头。这里，把电视节目倾向于运用第一场镜头进行编码的特征定义为"电视节目的趋第一场性"。"趋"字的使用，是为了表明一种动势，即在第一场镜头难以获取的情况下，要尽量使所拍摄的镜头具有靠近第一场的某些属性。

我们一般可以把电视节目类型分为新闻、新闻述评、纪录片（专题片）、谈话节目、现场节目、电视剧和电影（包括电视电影）等。传统上，我们不把电视剧和电影看作是电视节目的一部分。就电视剧而言，尽管它是电视播出的主要内容，但是它在生产方面有其自身的文本特征和产业特征。电视上播出的电影包括了两个部分：其一是院线播出的电影在电视频道的重播；其二是专门为电视生产的、以数字摄像机为记录载体的"电视电影"①。电影的文本特征和产业特征更加复杂。这里我们把电视剧和电影都纳入传播学场理论来进行研究。主要目的是试图对电视节目有全方位的覆盖，并且提供基于传播学微观场理论的一种技术性解释。

以下对上述各类节目的趋第一场性进行分论。

其一，电视新闻节目的趋第一场性。电视媒体相对于报纸、广播等媒体的优势在于，可以通过动态画面提供具有现场感、形象性和可信度的内容。电视新闻节目要力求采用来自第一场的镜头。失去对第一现场的报道，电视节目的优势也就消失了。来自第一场的镜头，不仅提供了极富视觉冲击力的画面，同时在"眼见为实"的常识判断下，也提供了事件真实性的证据。CNN 历次战争报道最引人入胜的部分是从战机上拍摄到的打击目标的画面。这些画面型构了人们关于战争的"脑中图景"。因为有了那些逼真的画面，人们确认，战争就是那样发生的。应该指出的是，获取第一场镜头是新闻节目的第一需求。

其二，新闻述评节目的趋第一场性。与报纸不同，电视节目中没有纯粹的评论节目，我们惯称的"电视评论节目"实际上更加接近于报纸的新闻述评。新闻述评强调"述"之于"评"的基础性作用。中央电视台的《焦点访谈》是一档新闻述评节目。它的定位与"用事实说话"就说明了事实在话语的基础性地位。不是"基于事实说话"，而是"用事实说话"，潜在的含义是事实本身就带有既定的观点。如果要用事实说话，那么这个事实就应该是来自第一场的镜头表达的事实。如果不用第一场的资料来表达事件本身，那么事件就会显得不真实，评论也就失去了依托和说服力。

其三，纪录片和专题片的趋第一场性。纪录片英文称之为"Documentary Film"，可以直译为"纪录电影。""每个纪录片都发表某种类型的'真实宣言'，它假定了一种与历史的关系，这种关系的地位要高于与历史的

---

① 参见章柏青、楼为华《电影学大视野：中国电影评论学会成立 30 周年学术论坛文集》，中国电影出版社 2012 年版，第 134 页。

虚构关系。"① 真实性作为纪录片的标志性特征，在编码过程中，更加依赖于来自第一场的镜头。尽管现在"情景再现"的方法已经广泛应用在纪录片当中，但是这些情景的重构仍然要依赖于历史资料的佐证。专题片作为具有中国特色的电视节目形式，其与纪录片的最大区别在于它可能有既定的主题。专题片的创作在业界实践中也尽量要追求对历史真实和历史事件的还原。专题片创作当中的"主题事件化、事件故事化、故事人物化、人物细节化"的"四化"原则，充分表明了专题片对来自第一场镜头的需求。

其四，谈话节目的趋第一场性。谈话节目的基本构成是语言性的。但是谈论的话题却一般是事件性的。没有事件，就没有话题，也就没有观点。由于电视媒体时空转换的可能性，事件常常被切换到谈话现场。许多谈话节目是这样做的：先播放一段视频，然后根据视频展示的内容展开话题。这些视频一般都倾向于选择来自第一场的镜头。另外，谈话节目的现场也会尽可能地营造出第一场的感觉。现场谈话节目的最高境界是将媒介话语隐藏起来，尽量形成多方观点的交锋，使现场变得真实、活泼和生动。国外的一些谈话节目并不事先设定主持人、嘉宾在现场的语言和行为。我们可以看到谈话节目现场出现某些"失控"的场面。就是说，节目现场的发展偏离了事先的预想，出现了不以媒体意志为转移的客观效果，如不可控因素的介入迫使奥普拉不得不停止预定的节目而向观众坦言早年被性侵的隐私。这时，谈话现场就从一个"表演现场"变成了一个类似于第一场的"真实现场"。

其五，现场节目的趋第一场性。广义的现场节目一般表现为三种形态：文艺晚会、真人秀节目、大型体育比赛。从表面上看起来，这三类节目的程序都是事先设定的。但是在节目进行过程中，也都充满了现场感。文艺晚会一般会有一个大型的节目现场。现场的情形和氛围都构成了一个"正在发生的事件"。真人秀节目突出的是参与者在现场的真实表现。每一次演出都是不可复制的创作。国外许多真人秀节目以高额奖金作诱惑，也是为了增加节目类似第一场的现场感。设置一定的压力，让参与者真切地投身于节目议程之中。大型体育比赛的精彩之处也在于人们对结果的不可预知。比赛的时间、地点和参加者可以事先确定，但是比赛的进程却无法控制。这些不可控的进程恰恰具有第一现场的特性。

---

① ［英］阿雷恩·鲍尔德温等：《文化研究导论》，陶东风等译，高等教育出版社 2004 年版，第 386 页。

其六，电视剧和电影的趋第一场性。如果把电视剧和电影（包括电视电影）纳入讨论，那么电视剧和电影的基本特征，在传播学场理论看来，就是"虚构的第一场"。电视剧、电影的拍摄现场，是对剧本场景的一种模拟，是一种再虚构（剧本已经是虚构的）。这两类节目在拍摄中，投入大量的资金用于服装、化妆、道具、置景等方面，其目的是营造一个逼真的画面视觉效果。简单地说，叫作"弄假成真"。一切虚构的人物、情节、故事都必须依托于看似真实的拍摄画面来得到呈现。人们在观看这两类节目时，常常也会进入一种白日梦的状态，将其中的故事看作一种感人的真实存在，甚至进行角色替换，认为自己就是节目中的主人公。如果在节目中出现了与现实不相符合的场景（如清宫戏里出现了水泥电线杆），受众就会认为是"硬伤"，行业里称之为"穿帮"。

现实主义和浪漫主义是文学文艺创作的两种取向。现实主义的创作原则要求文学文艺作品体现与现实世界的对应关系。当然，也就必须遵循趋第一场性的原则。浪漫主义的取向从表面上看呈现的是人类臆想世界里的奇妙荒诞的故事场境。但从根本上说，浪漫主义生发和演绎的基础仍然是以社会存在为基础的人类想象。影视节目中的浪漫主义作品也需要在构造场境时达成对应于人们经验的真实感。无论是电影《后天》对巨大灾难场面的演绎，还是电影《千与千寻》对"煤精"的精妙创制，都是基于人类的经验事实的再造，并且这些场景和形象必须有其自身的时空真实感。

综上所述，几乎所有在电视上播出的节目，都有一个共同的特征，就是它们趋向于使用来自第一场的镜头。我们把这种特性定义为电视节目的"趋第一场性"。

（二）被屏蔽的第一场

第一场——被摄对象的自然状态，是被屏蔽的。这里使用的是被动语态，强调了第一场受到其他因素的作用而发生的转变。

被摄对象不知道摄像机在场的情况下进行的拍摄，留下了具有诱人质感的第一场画面和声音，如美国高速公路上的警匪追逐，超市里被摄像头拍下的盗窃过程。这些图像是精彩的，因为它们被认为再现了过往的真实现实生活的片段。即使是一些寻常的行为状态，如搞笑节目中被摄对象在不知道镜子后有摄像机时挤鼻头粉刺的画面，也会让观众忍俊不禁。

第一场的镜头大多数来自于偷拍。只要是偷拍，都会招致法律的和道德的质疑。从法律角度讲，偷拍涉及公民个人隐私权与新闻采访权的法理争论。从道德层面上看，面对"己所不欲，勿施于人"的基本道德原则，偷拍总是会受到道德的抗辩。如此，第一场的镜头，无论在法律的正义性还是道德的合理性方面都会受到人们的诟病。这在客观上导致了摄取第一场镜头的难度。因此，我们说第一场的镜头本身是被屏蔽的。

如果不用偷拍的方式，我们很难获取第一场镜头。第一场的被屏蔽，还来自被摄对象的主观感受和本能反应。有过纪录片拍摄经验的人都会知道，摄像设备会引起被摄对象的高度警觉。显眼的摄像机在狭小的拍摄空间里总是难以藏匿。当然，随着科技的发展，有了微型的摄像设备，但是再小的设备总需要有人操作。摄影师和拍摄团队人员的在场，也会引起被摄对象的警觉。摄像师和摄像机的关联总是通过各种途径被反映出来。如果在拍摄前不告诉被摄对象，一旦露出马脚，整个拍摄计划就会流产。

就被摄对象而言，长期观看节目或经历采访的经验，都会培养出他们一种本能的警觉。反正拍摄者来到现场总是带有目的的。而他们的拍摄和报道，在很大程度上会影响自己的生活。上述这样的想法已经成为了普遍的常识。

由于第一场的难以进入，现实中记录者往往以第二场（被摄对象的自主状态）镜头来替代第一场的图像。目前看到的纪录片实际上大量的镜头都是来自第二场的镜头。一些来自第二场的镜头由于"消场"做得充分，受众几乎察觉不到摄像机的存在，这样的镜头也造成了纪录片的真实感。

实际上，第二场记录的真实性是值得怀疑的。本书将第二场记录的特性在可信度方面定义为"较高"，是以一般受众的常识性心理为依据的。实际上，在行家眼里，第二场记录的真实性常常受到挑战。被称为早期人类学电影经典的《北方的纳努克》，观看时具有一种"真实的震撼"。但是，专家们还是可以从画面中看到摄像机的存在和所在的位置。弗拉哈迪本人和摄像机的进入，已经打破了被摄对象的生活常态。也就是说，《北方的纳努克》中的"大熊"纳努克，在记录之时已经不是在北极冰原上自在生活的"大熊"，而是一位参加拍摄的演员。

关于纪录片真实性的讨论和记录真实性的讨论，弥散在传播学、文化学、社会学、人类学、历史学等广泛的学科之中，也生发出了各种理论。但是，就传播学研究而言，以往的研究似乎总是在别的学科中去寻找理论依据。传播学微观场理论从电视媒体的微观机制的视角，解释了记录真实性和纪录片真实性的发生机制。这一点将在第三章得到详细阐发。

（三）第一场悖论

第一场悖论是追逐真实性的摄像机的到场导致了现场真实性的消失。

这是基于电视节目的"趋第一场性"和被屏蔽的第一场两个结论得出的。这个悖论也可以表述为：追逐第一场镜头的摄像机的到场导致第一场的消失。

　　第一场悖论产生的根本原因是现场权力关系的变化。摄像机/摄像师、记者/主持人的到场，不能简单地看作是在既有的环境中添加了一些外来的因素，还必须理解为这些外来因素由于带有复杂的权力关系而导致了现场性质的变化。拍摄者和摄像机进入一个场境，他们就强势地将第一场（被摄对象的自然状态）改变成了第三场（记者的采访状态）或者是第二场（被摄对象的自主状态），当然也有可能是第四场（记者/主持人现场播报状态）。也就是说，摄像机刚一开机，它所追逐的第一场就已经消失了。

　　场的性质的改变与摄像机这一记录工具的性质，以及后台的技术、机构、行业、意识形态等权力构成有最直接的关系。人类以往是依靠声音、绘画、文字来记录和再现现实的。这些记录必须将场境中的信息转化为符号来完成。这些符号是对现实的摹写或抽象。它们需要在传播中进行二度还原。由于符号的能指和所指是双向过剩的，所以还原往往会发生错位和偏差。一个观察者在现场用眼睛看，用心记，再到别的时空中通过绘画和语言/言语来再现现场的信息，这样的方式当然不会对现场产生太大的影响，也不会使状态场的属性发生变化。但是，非直接的现场记录往往导致现场信息的损失，失去了事实存在和样态的形象证据。

　　首先，第一场悖论的产生是摄像机这一记录工具的技术属性的产物。音像记录工具的产生，从某种意义上讲，使得人类对自然历史的捕捉和保存成为可能。"我们发明媒介，以便重新捕捉在初始延伸中已经失去的那部分自然（因此，照片捕捉住文字中失去的那部分直观形象，电话、唱机和收音机重新捕捉住了语音）。从这个观点来看问题，整个的媒介演化进程都可以看成是补救措施。"① 音像记录工具对自然历史的捕捉和保存就使得过往的时间和情境得以再现和存续。也就是说，现场的信息可能出现在未来的任何时间和空间。这种记录一方面像一个捕捉器，把历史的片段存留下来；另一方面又形成一个证据，永远证实了某些事实。对于被记录者而言，音像记录也是一种实际的"威胁"。可怕的是，人们不知道什么时间、什么地点、有多少人、什么人会看到这些被记录的"真实"，又会产生什么样的观感，形成什么样的结论。原始部落人的赤裸状态在今天变成

---

　　① ［美］保罗·莱文森：《数字麦克卢汉》，何道宽译，社会科学文献出版社 2001 年版，第 254 页。

了一种影像奇观就是一个佐证。电视媒体记录方式使得现场的信息被固化，并从场内向场外辐射和延宕，这已经是很严重的，但还不是问题的全部。

其次，电视媒体的记录方式使得场外的权力关系借由摄像机强行地介入了记录的现场。摄像机背后有一整套强大而复杂的媒体机构、组织系统、知识体系，进一步扩展开来是更为庞大的社会存在，弥散着强大力量（power）的是意识形态。摄像机一到场，摄像机背后的权力关系也同时到场。也就是说，记录不仅影响未来也影响现在。

最后，摄像机不仅记录一切，还评判一切。这一点，几乎每一个被摄对象都可以感知到。摄像机不是自己在记录，它是由摄像师操纵的。摄像师拍什么、怎么拍也不是凭个人好恶来决定的，而是取决于既定的话语系统。一旦现场的镜头被播出，就会把现场发生的一切放置在各种不同的价值标准之下，任由观察和评判。电视画面本来就具有发散性和不确定性，它需要用其他的方式来锚定意义。一场火灾可以表明有人纵火，也可以表明它是一场灾难，亦可以表明某些机构的失职和不作为导致了人祸，还可以讲述成感人的故事。但是，如果没有语言来给定画面的意义，画面就会有意无意地被误读。这一情形在以互联网为依托的自媒体中更是经常发生。受众对现场镜头的解读取决于对信息的了解程度，也受制于不同的身份、知识系统、话语、意识形态。摄像机从来就不是一个简单的、温和的、客观的记录工具，而更像是一双双无所不在的眼睛。这里也解释了人们面对镜头会感到紧张的原因。

第一场悖论是电视技术属性衍生出来并区别于其他媒体的最重要的特征之一。

就广播媒体而言，第一场悖论的机制也是显著可感的。录音设备和记者的到场也会从根本上改变现实生活场景的性质，将人们日常化的生活时空转化为一个采访现场。其中，录音机的到场和摄像机的到场有相似的功能。声音的被记录以及在后期的被剪辑，都是受访者不可控制的。记录本身也成为一种证据。传播之后的效果也完全不可知、不可控。

就报纸等以文字为记录工具的媒体而言，第一场悖论尽管不是那么显著，但也是一种明确可感的存在。一个人的日常生活空间一旦有陌生人介入，无论这个人是记者还是路人，都会影响被观察者的现实状态。完全藏匿行踪的采访对于记者而言是做不到的。记者的身份总是会主动或被动地被展示出来。如果要和一个受访对象深谈，对方要问的第一个问题就是"你是谁"。当然，文字记者可以欺骗对方、隐藏身份。但是，这样的欺瞒行为也会在报道后成为法律和道德争议的诱因。在工作场境中，记者的采访状态绝不是游离于浅表情境中的观察和记录。记者一般需要深度地介入受访对象的工作和生活场境中去。这就要求记者与采访线索提供者甚至受访对象建立较为密切融洽的关系。藏匿身份的采访是文字记者日常采访工作的小概率事件。尽管如此，文字记者介入采访对象的生活也当然会改变其生活时空的性质。

总之，第一场悖论可以看成是以电视为代表的传统媒体的共有属性。

（四）前置的编辑过程

编辑过程的前置是针对编辑过程和采访过程而言的。一般认为，采访和编辑是一个前后相继的阶段：先采访，后编辑。但是，在微观场理论看来，这个过程被颠倒了。编辑过程的前置，可以表述为：对于电视编码而言，编辑过程被提到了采访过程之前。这个观点可以在三个层面得到论证。

首先是微观层面。在业界，人们时常讲的一句话是："关机先于开机。"也有人说："知道何时关机才知道何时开机。"非专业的拍摄者会犯的错误是：一到现场就开机。记录了一堆东西，到了编辑的时候，就进入了"剪不断，理还乱"的状态。素材多，看一遍就需要不少时间。最重要的是，看来看去能用的镜头并不多。有经验的摄像师在开机前一般会考虑到镜头的语义和成片的需要。就镜头的语义而言，他（她）在开机之前必须明白，"我此时开机会拍到什么"。微观场理论认为，摄像师必须知道他（她）拍摄的镜头处在哪个状态场中，这样才能使镜头具有所需要的内容和形式特征。考虑到成片的需要，意味着摄像师必须对今后编辑出来的节目有基本的预想，如拍摄会议现场需要哪些类型的，大概需要多少时长的镜头，这些资身摄像师都会心中有数。在微观层面上，我们看到拍摄和编辑经过长期的互动，发生了顺序的颠倒。没有编辑意图或编辑理念，拍摄也就会失败或没有效率。

其次是中观层面，编辑过程的前置实际上是受到了"议程设置"和话语结构的双重影响。就议程设置而言，可以理解为所有的拍摄都不是随意的，而是人为设置的结果。拍什么、不拍什么都受到了媒介议程设置的影响。编前会上的选题方向和报道重点是议程设置最直观的部分。还有一些议程设置是潜在的，比如一些敏感问题是需要回避的。我们都知道某些少数民族具有特定的饮食习惯，可是这些习惯的深层文化原因却很少有人说得清。这与媒体的"善意的忽视"有关。① 另外，相较于平面媒体，电视媒体在时空向度上有更大的传播强度。有些事件，书上可以写，文章可以谈，甚至电影可以拍，但是电视却不能触及。就话语结构而言，电视在长期的实践中会形成一种基本的内在的语言时间规则。什么是可以谈论的？什么是知识？什么是有价值的？这些问题早已在话语层面被设置好了。我们在许多战争或灾难的现场报道中都会看到残破的旗帜，如"二战"的硫磺岛战役、中国人民解放军攻战南京伪总统府、海地的海啸和大地震等。一个资深的摄像记者在非常事件现场，见到被擎起的残破旗帜，都会有一种开机拍摄的冲动，因为这一画面的意义是不言自明并且被反复建构的。

最后是宏观层面。编辑的前置过程可以理解为编码结构与解码结构同构所产生的效应。在斯图亚特·霍尔看来，编码者的编码结构与解码者的解码结构是两种不同的话语结构。因此，编码与解码常常会发生偏转和错位。但是在微观场理论看来，在每一个微观的拍摄现场，记录者与被记录者都会感知到电视采访本身所存在的复杂权力关系。所以，电视采访在很大程度上就成为了记录者与被记录者的"共谋"。"象征暴力是一种通过施行者与承受者的合谋和默契而施加的一种暴力，通常双方都意识不到自己是在施行或在承受。"② 在这里，我们看到编码者和解码者几乎可以共享一个相同的话语体系，更能够不约而同地感知到主流意识形态的导向。这样看来，每一次采访都像是提前"彩排"好的。这种"彩排"既来自于循环往复的电视实践，同时其他形式的传播也发挥着重要的作用。由于一个既定的社会场境中存在着一致化的教育模式、组织方式和价值体系，因此每一个社会中人都在大众传播、组织传播、人际传播的长期过程中型构了对话语体系和意识形态相对一致化的理解。这样看来，每一次的传媒编码参与其中的不同个体都会按照事先感知的意识形态来处理自己的言行。也就是说，编码者与解码者共享了一套意识形态。因此，每一个节目的编码就变成了编码者、解码者与意识形态的"共谋"。而"共谋"的规定性在时间上总是可以看成是先于每一次采访和拍摄而存在的。

上面的这些论述可以形象地表达为：不是到菜市场随心所欲地买一堆菜，回到厨房再决定做什么和怎么做，而是在去菜市场之前就有了一个明确的菜单和计划——一切都在控制之中。记者团队不是先在社会场境中随心所欲地拍摄一堆素材，然后再进行后期的编辑，而是在每一次采访之前

① 程郁儒：《民族文化传媒化》，中国社会科学出版社 2012 年版，第 165 页。
② ［法］布尔迪厄：《关于电视》，许钧译，南京大学出版社 2011 年版，第 16—17 页。

和采访之中都有了明确的编码结构和文本形式内容的基本设定。摄像机不会自动拍摄，摄像师也不是游走在各地的背包客。一切都被权力关系事先确定下来，并且被摄像师/摄像机分别带到了一个又一个现场。

　　编辑过程的前置不是电视媒体的特有属性，它可以推衍到整个的传统媒体。在文字记者和电台记者的工作中，上述情形同样存在。一种比较有效的新闻采写方法是"带着点子找例子"。所谓点子，就是这一时期政府和社会工作的重心。比如：在"文革"时期是"以阶级斗争为纲"；在改革开放时期是"以经济建设为中心"。在某一时期也有更小的主题。这些点子都是理论和政策对现实的导向。也就是说，记者不是漫无边际地在大海捞针。要写什么？怎么写？这些问题早已经有了明确的答案。去现场的采访只不过是完成对素材的采集。形象地说，就是菜品是什么样，"大师傅"心里早已有数，后面要做的无非是去采购和加工。当然，在现场操作中，技术层面的控制相对容易。录音可以轻易地打破线性过程，后期对语义的组接也相对简单，文字记录更不用说，文字记者操作起来得心应手。总之，编辑过程前置是发生在传统媒体中的普遍现象。或许，学院的新闻和传播教育并没有或无法教会学生这些。但是，一个新手来到工作岗位，首先要做的培训就是理解采访和编辑过程的倒置。

　　前置的编辑过程作为传统媒体的一个本质属性，集中说明了传统媒体职业传播行为的每一个环节都介入了内外复杂的权力关系。就信源到文本这一过程而言，不仅没有处于某些封闭的空间或渠道，反而更像是一种媒介参与的社会动员。传统媒体不仅要做到"上情下达、下情上达"，更重要的是变幻成一只无形的意识形态之手，通过每一次采、写、编、评、摄的行为来组织社会的认同。以往我们认为组织社会认同的功能主要是文本，就是媒体上传输的文章或节目。在传播学场理论的微观理论看来，组织认同的方式或渠道不仅是文本，也是媒介的专业实践。

四　对相关问题的回答

　　在本章开始时，我们提出了一些问题。这些问题包括：开会的官员为何不看镜头？电视访谈中主持人的视线可能看镜头也可能看嘉宾，但是嘉宾的视线却为什么只能在主持人身上？看似最真实的镜头是表演吗？车祸现场主持人应该救人、采访还是做报道？老首长面对镜头为什么说不出话来？记录者和被记录者是平等的吗？面对记者提问人们为什么总是有所保留？哪些不同类型的镜头构成了电视节目？

我们现在可以整合起来回答这些问题。

由于职业传播活动都携带了自上而下的权力（power），所以记录者和被记录者从来都不是平等的。记录者及其设备的到场会改变人们现实生活的场境的性质。最直接地说，是把人们从相对可控的生活状态拽入了一个权力运作的、不可控制的采访状态。进一步，又会发生许多不同状态场的微妙变化。因此，哪怕是看似最真实的镜头都要做状态场的区分。唯有对被摄对象的自然状态真实地记录，才能反映那一生活时空片段。在其他状态场中记录的镜头，其真实性均有不同程度的衰减。

权力关系在微观的职业活动场境中的微妙变化常常含而不露，但又是完全可感知的。当职业记者和设备介入人们的生活场境时，那些受访者不论其性别、年龄、国籍、宗教、民族、地域、受教育程度如何，都能感知到巨大的外部权力的威胁。无论是偶尔参加节目录制的老首长还是天天面对镜头的主持人，他们都会产生被注视、被审视、被评判的紧张感。因此，任何人在面对媒介记者回答问题时，都要评估和确认参与大众传播活动可能给自己带来的威胁。

电视的权力机制干预人们的现实生活如此之强烈，以至于它会对身份不同的人产生一种相同的规训——面对媒体应当谨言慎行。有些作为被认为是恰当的，如开会的官员不看摄像机镜头，又如在演播室接受采访的嘉宾其视线只能在主持人或现场观众那里，而不能盯着镜头看。媒介规训人们在被采访、被拍摄时的行为只是一个象征。通过这个象征让人们看到媒体职业传播活动带来的强大社会教化功能。不是文本告诉人们什么是意识形态、什么是话语、什么是上位的权力，而是媒介活动本身在告诉人们这一切。一个深居偏远地区的文盲当然无法理解媒介文本的意义。但是，只要他接触过媒体，便知道什么是恰当的行为。这让人想到关于章鱼的一个实验（一只会开瓶塞的章鱼和另外一只不会开瓶塞的章鱼被放在两个隔绝又相邻的水域，但是只要会开瓶塞的章鱼完成了开瓶塞的动作，另一只不会开瓶塞的章鱼也瞬间学会了）。权力的作用机制如此的深刻、细微、神秘，又如此的强大。因此，它经由媒介活动对社会的作用机制也变得十分复杂。

关于记者在突发事件现场是该救援还是该报道，一直是业界和学界悬而未决的问题。在传播学微观场理论看来，职业记者进入突发事件的现场就是偶然进入了被屏蔽的第一场。由于突发事件的巨大强度致使第一场悖论失效。此刻，人们应该意识到，在整个紧急事件现场中，所有人都是当事人。在这里，没有观察者与被观察者、记录者与被记录者。记者在现场应该按照这个自然场境中的时空逻辑来行动和反应。当生命财产的威胁仍在持续，记者就不能脱离第一场而进入其他的场境。这里只要换位思考就可以得出答案。如果问记者：当一堵断墙在地震中倒向你，此时你还拍摄吗？此刻人们的本能反应就是答案。因此，无视他人生命财产所遭受的威胁，而为职业的功利性驱使所采取的脱离第一场的行为是有违基本道德的。当然，一旦现场的危险强度降低，记者就应该迅速投入采访和拍摄。实际上，在一个救援现场中的所有人都可以根据自己的能力、职业专长、心理反应等要素来确定自己在现场的行为。只要有利于现场事件向好的方面转化，人们的行为就无可厚非。

　　传播学微观场理论从技术层面和技术应用的特征，对电视和其他传统媒体的本质属性进行了再认识。这一认知的起点是中国特色的媒介存在和传媒实践。微观场理论是对实践经验的理论提升，它不是为理论而理论，而是为了理论更好地总结实践和指导实践。微观场理论为电视及其他大众传媒的属性认知提供了一个从权力层面思考媒体的新的向度。这一理论可以有效地指导传播专业教育，也为后续的宏观场理论研究奠定了基础。

五　传统媒体的再认识

　　多年来关于什么是传统媒体，我们似乎有一个较清晰的外延认知。但是，传统媒体有什么样的特性？尤其是在网络媒体兴起之后，关于传统媒体特性的思考有了一个新的参照系，也给传统媒体与新媒体差异性的思考带来了紧迫感。传统媒体与新媒体既是源与流的关系，同时也是在相同社会情境中共同存在的传媒形态，因此两者差异性的思考与辨析也是认知两种媒体根本属性的一种方式。

　　报纸、广播、电视等传统媒体尽管可以归为一类，但是它们之间也有很多异质性。本书选择电视作为微观场理论建构的研究对象，并没有忽视其他传统媒体的存在。就要素而言，电视媒体在采访现场呈现出了较多的复杂性，这为洞悉现场的权力关系提供了可感知、可验证的经验事实。文字记者的现场采访可简化到不露痕迹的冷眼观察，也可以带入录音机、摄像机等器材进行音像记录。这里的情形也和电视记录场境中从偷拍到采访的情境基本相似。显著的差异性在于，人的因素在文字记者的采访现场中至关重要。在表象上，文字记者的现场采访更像一种人际传播或人际交流，可事实上稍有经验的人都能够清晰地感知到记者并非代表他个人，而是代表着他身后的媒体、行业、制度乃至意识形态。电台记者的采访情形介于文字记者和电视记者之间。录音设备在现场的作用强度大于文字记录工具，但是弱于电视采访的音像记录工具。笔者在分析文字记者、电台记者和电视记者的采访场境时发现，它们之间尽管要素、强度、作用方式不同，但是基本的内在机制是一致化的。

就权力的结构和方式而言，报纸、广播、电视等传统媒体是一致的。这些媒体作为一个机构，在权力关系中居于上位，因此在采访现场，不管记者的姿态如何谦逊，都会给受访者带来明确的压力。只不过，在电视采访现场受访者的压力会经由音像素材记录和表现出来。对于广播电台的采访而言，声音还原现场情形的能力就要差很多。当然，文字记者基本不记录受访者的状态。不记录或不能再现并不意味着现场的权力关系及其动态不存在。建立微观场理论的基本模型并非仅仅研究某一媒体的技术运用特性，还在于透过技术特征去观察媒体内在的特性。

作为一个类型，合并思考传统媒体共有的一般性质，有利于在一个中观层面深化理解。思考传统媒体的共同点，除了它们的形式特征之外，更多地还要看到它们的性质和社会功能。就中国的情境而言，传统媒体的社会功能建构也是一致的，区别仅在于从不同技术出发的应用上的差异性。透过这些表象上的差异，我们还是可以找到许多传统媒体的共同性质特征。

传统媒体的基本特性在这里被表述为四个方面的特征，确切地说是一个属性和三个功能——社会开放场域属性，合并情境功能、表演仪式功能、社会规制功能。

（一）开放场域

传播学微观场理论的基本结论不得不让我们重新思考以往对传统媒体基于系统论范式的模型描述。经验学派的理论建立了许多的传播学模型。人们耳熟能详的这些模型包括：拉斯韦尔的传播过程模型，即我们常说的"谁通过什么渠道向谁说了什么有什么效果"；香农—韦弗模型，即通过信源、发射器、接收器到信宿的过程；奥斯古德和施拉姆的循环模型，这个模型将编码者和译码者放在信息循环中做无限演绎。当然，还有施拉姆的大众传播过程模式。这个模式图像一个淋雨的莲蓬头。"编码者"、"释码者"、"译码者"三者作为一个单元从莲蓬头中喷射出各种信息，并通过不同的人群到达受众，形成反馈闭合。当然，还有德福勒的互动过程模式。

这个模式可以看作是香农—韦弗模式的升级版。后期还有赖利夫妇和马莱茨克、田中义久等人基于社会系统结构的传播模式。①

上述这些模式无论如何变化，都没有超出"传—受"关系这一基本管道。当然，我们看到其中有些模式试图打破这种封闭的传播管道，向社会场域演进。然而由于缺乏必要的研究论证，那些向社会系统演进的愿望只是一种未经论证的理论设想。

传播学微观场理论告诉我们，哪怕是一个最小的采访场域都是开放社会系统当中权力关系的一个节点。只不过这个节点由于外部权力关系的强大和复杂，较之一般以人或关系为基点的权力节点要复杂得多，能量要大得多。现场之外的复杂而强大的权力是那么具有实在的影响力，以至于一个现实的物理时空被压迫成为五种不同的状态场。每个场表现出完全不同的语义，也使得记录素材具有截然不同的形式特征。如此这般，在信源这一环节，社会权力机制就开始了对传播活动的介入和影响，并且这种影响无限重复、前后继起，升格为一种社会实践的行为。

在传播学微观场理论看来，传统媒体（包括报纸、广播、电视等）本身就是一个相对开放的权力关系网络的节点。这里使用"相对开放"是为了既能够表达对传统媒体性质的新认知，也使其区别于网络媒体。

对于传统的传播模式而言，"相对开放"旨在说明媒介及其活动从来都不曾是一个渠道或是管道，信息流亦从来不曾封闭。不仅如此，传统媒体的几乎所有工作环节和层面也都是开放的。传统媒体的经营管理理念和编辑思想是社会政治、经济、文化动态作用的结果。机制上，条块分割、以块为主。纵横两个向度也型构了权力关系的基本面。人事任免从来都不是传媒机构内部力量决定的。每一个记者编辑的主体性当然也是多元复合的。因此，事件从来没有依靠自身的时效性、接近性等方面的强度自行在大众媒体中传播。当然，事件也不可能紧紧依靠媒介的力量进行传播。每一个报道都是社会权力关系复杂作用的结果。反馈的机制绝非是在系统循环当中作为一个回路而构造的，而是无所不在、无所不有。权力在每一个环节幻化出不同的表现形态，作用于传播的全部过程。

把传统媒体看成是一个权力关系的开放场域，可以较好地从社会传播层面来理解传统媒体的根本属性及其运作机制。在这个理论向度上来理解"媒体是党和人民的喉舌"似乎更可以超离口号和说教层面，让学习者和从业者"从口到心"去理解，而非"从心到口"去表达。

---

① 参见郭庆光《传播学教程》，中国人民大学出版社 2001 年版，第 48—57 页。

需要指出的是，在微观场理论看来，西方的大众传媒的基本属性之一仍是一个"开放场域"，只不过其权力运作的方式与中国不同。在维护意识形态基本地位和接受意识形态导控这两点上，中外媒体并无差别。

（二）合并情境

合并情境功能是传统媒体的又一个基本特性。所谓合并情境功能，是指传统媒体在职业行为的现场拥有一种与场外不同场境中的权力关系发生共振的效应，它使得场外的权力关系来到媒介活动现场，并以情境化的方式让现场的参与者感觉和感知到场境外复杂权力关系的存在。简单地说，就是不同社会场境中的权力情境与传统媒体的传播活动被合并在了同一个现场中。这种特性在电视媒体中表现得较为充分。广播与文字等媒体也具有这样的功能，只是表现的方式要隐晦一些。

典型的合并情境功能发生在新闻发布会的现场。由政府邀请中外记者参加的针对某一时段或某一领域的重要事件所组织的新闻发布会，即便场面再大，也无非是一个有限的传播活动场境。然而，这绝不是一个主人邀请一群客人到家里吃喝聚会。实际上，每一个参加者都不是以个人的身份到场的，每个人都代表了其所效力的传媒机构、国家、社会和价值体系。因此，每一个人在现场的言行都反映出其身后的权力关系。

实际上，每一次最简单的采访都具有极强的合并社会情境的功能。社会上一定有一些人是反社会的或是反主流意识形态的。但是，当记者向他提问，按下录音键或开启摄像机，此时此刻，这些社会异见分子一般不会直接表达自己的见解。他或许是害怕受到法律的惩罚，或许是觉得直露的表达没有被记录和传播的可能。无论如何，他都会思考在采访现场之外的那些权力关系及针对它的反应可能呈现的状态。也就是说，一切的权力关系瞬间都在他的脑际发生作用并将现场情境化。

应该说合并情境功能是传统媒体的社会规制效应产生的原因之一。每一个职业活动的现场都迫使在场的所有人对社会权力关系进行合并的情境化思考，这本身就是在组织认同。加之传媒文本可能把每一个受访者的行为或抽象或形象地公之于众，进而在社会场境中产生更加直接的利害影响。这样合并情境的功能也就可能迁移到别的社会场境中去。

合并情境功能是在社会中被反复演绎的。即便是一个人一辈子都没有机会接受记者采访，但他还是会通过其他人的经验来组建自己的个人经验并达成对媒介合并情境功能的认知。采访一旦发生，其就会以"恰当的行为"接受采访。

（三）表演仪式

传播学微观场理论认为，以电视为代表的传统媒体，其所采访、记录、报道的新闻事件，就形式要素而言，多数情形都受到了意识形态等社会权力关系的复杂作用，因此，传播学微观场理论认为，大众传媒文本实际上是参与者的一种社会表演，只不过这个社会表演充满了权力导控的仪式感。

微观场理论将电视记录现场区分出五个状态场。除了第一场被摄对象的自然状态具有较高的真实性外，在其他场境中由于意识到摄像机的存在，受访者的行为都受到权力关系的作用发生了不同程度的偏转。然而，在一般状态下，第一场又是被屏蔽的。因此，我们看到的电视新闻绝大多数的画面在技术上都鲜有或没有真实性可言。文字记者的采访现场，如果记者不亮明自己的身份，只是潜入现场做旁观和记录，那么站在他的视角可能会得到一个真实观察的可能性。可是一旦涉及对现场状态的表述，观察就失去了证据的依托。同一个人的复合主体性可能促使其对同一事件在不同的情境中有不同的表达，如毕福剑在舞台上和餐桌上对历史人物的不同表达。因此，文字记者主观视角的观感在新闻稿件中并没有基于真实性的说服力。借助别的目击者的访谈，更能体现一定的客观性。但是就算采访了很多人，采信谁的观点，不采信谁的观点，采信多少，都会牵涉到记者的主体性判断。如果说电视媒体的表演性主角是被摄对象的话，那么对文字媒体而言，其表演性的主角就成了"不在场"的记者。这里的"不在场"是指文字记者一般会以客观的笔触而非主观的观感来回述事件，从而造成自己不在场的客观假象。受到权力关系的导控，记者的文本仍旧没有超脱表演性。这一点只要想想在朝鲜半岛发生的延坪岛炮击事件后朝、韩、中、美四国的报道就可见一斑。电台记者的采访行为介于电视台记者和文字记者之间。录音器材的在场，既没有电视设备那么显著，相比文字记者的记录工具而言，又必须实时地参与到现场情境中去。因此，电台记者的工作状态可以比照电视台记者和文字记者这两个极端来加以理解。

这里要重点谈谈仪式感。仪式是指活动的情态与形式，如升旗仪式等。仪式也是强大权力导致的神圣性对某一时空现场的参与者所产生的一种心理效应，这种效应可能是恐惧、悲伤、陶醉、痴迷、欢悦、狂喜等，也可能是爱、欢愉、狂喜。无论仪式产生什么样的仪式感，都对参与者具有一种慑服和控制的效能。这里我们说传统媒体是一种社会场境中的表演仪式，就是为了说明传统媒体的职业传播行为对于人们产生的内心慑服和行为控制的功能。

每个参与传统媒体职业传播行为的人，都已经早早地被经验中的权力关系所导演，使得每个人的行为都一致化或程式化。所有人的真实感受都隐藏在无形的面具之下。人们为什么害怕摄像机，并不是因为摄像机这个每个人都可以轻易操控的、低能的、冰冷的、无生命的物件有什么可怕，而是因为它所具有的权力机制、合并情境功能、社会规约机制等这些强大的存在感对人产生了内心的震慑。

基于对媒介权力关系的感知，人们被培养出了一种面对媒体的恰当行为。这种行为组合在一起又型构和拱卫了媒介权力的神圣感，从而造就了传播现场的仪式感。播音员播报新闻时一定要字正腔圆。出了口误就是事故，就会被受众嘲笑。嘉宾在现场就一定不能去看镜头，因为那样就和看电视的观众有了直接的视线交流，就破坏了与主持人在那个现场交谈的假定性。同样，参加会议的官员当镜头指向自己时也绝不会去注视镜头，而是要一以贯之地完成自己作为一个电视节目角色的表演行为。官员们或认真地做笔记、仔细地倾听、庄重地注视前方，这一切都是表演自己的在场。这里的表演都在塑造着现场的仪式感，告知人们这个仪式的现场所具有的神圣性。

（四）社会规制

正因为传统媒体是一个权力关系的开放场域，所以我们要超越信息流的层面，不把传统媒体的功能仅仅局限在以新闻为主的信息流动的层面，而是把传统媒体的社会功能放置在职业传播行为和社会传播行为的交界面上进行观察，理解到职业传播行为是社会生态的一个类型。传统媒体携带着社会权力关系在社会中行动，引发全方位的社会作用机制。不错，这些社会作用机制是通过信息流发生作用的，这里的信息流绝不仅仅是新闻事件在媒介管道里的传播，而是通过每一个环节和层面向社会辐射，引发超乎事件本身的社会效能。

我们刚才讲到传统媒体职业传播行为的社会影响是多向度的，但是其权力作用机制却是自上而下的，这就使得传媒的职业行为具有了引发社会规制的效应。

公民对意识形态和主流价值的认同总被认为是来自于那些传媒文本的影响。现实情形远不是这样。不是传媒文本影响人，而是传播行为影响人。从这个界面才可以理解不同国籍、民族、宗教的诸色人等面对媒体会有一致化的反应。不是媒介文本告诉了你什么，而是媒介活动告诉了你一切。告知人们什么是可以做的，什么是不可以做的，什么是可以说的，什么是不能说的。媒介就是通过这种方式在影响着人们，造就了人们一致化的行为。这种方式就是面向社会组织认同。传统媒体告知民众某些权力既来自于国家机器，又超乎于国家机器。这些权力是如此的巨大，以至于所有的反抗都是无能为力的。

　　这里我们说的"社会规制"亦可以理解为"社会行为规制"效应，媒体具有的自上而下的整合社会的力量。这种力量只存在于传统媒体中，并不能产生社会行为规制效应。说明这一点也有两个方面的意图：其一，要理解不是所有的媒体都有社会规制的效能。因此，对于像互联网这样没有社会整合功能的媒体，要重新思考整合功能的植入，这是今天我们研究的网络媒介规制的一个思考向度。其二，理解到传统媒体的社会规制效应不仅仅是通过媒介文本产生的，应该采取更加开放的姿态去控制媒介的信息流，让媒介在宪法和法律框架内有自主的职业媒介行动力量。让媒介通过去职业行为在社会文化生态中去从事对社会的有机整合。

　　以上我们简单概述了传统媒体的四个根本属性。这四个根本属性基于传播学场理论的微观理论，被表述为开放场域、合并情境、表演仪式和社会规制效应。实际上，权力关系的开放场域和表演仪式这两点是对传统媒体存在性质的表述，而社会规制效应与合并情境功能是对传统媒体机制与功能的概括。这里的排序是为了便于从逻辑上呈现因果关系，实际上这四个传统媒体的基本特性是相互联系、相辅相成的。这里对传统媒体基本属性的总结在既往的传播学教程和文献中不曾见到系统表述，某些观点可能对现有理论有所颠覆。这里的传统媒体属性认知是基于传统媒体的技术应用特征推导出来的，也将为下一步宏观场理论的建构奠定基础。当然，真理是相对的。对于这里的结论和书中的其他结论均欢迎批判与争鸣。

第二章 电视职业角色的共享理念

微观场理论的价值主要体现在两个方面：理论价值与应用价值。就理论价值而言，微观场理论是宏观场理论的基础，也是整个传播学场理论的重要基石。就应用价值而言，微观场理论对电视媒体的实做和纪录片创作等方面具有指导意义。同时在理论价值与应用价值结合的部分，微观场理论还可用于大专院校新闻传播相关学科的理论构建、新媒体研究等其他方面。本书对于微观场理论和宏观场理论的应用仅选取了一些点。运用传播学场理论对现有传播学理论进行重读和整体研究是后续研究的重点。

众所周知，电视媒体的职业角色比较多，包括记者、摄像师（或称摄像记者）、编导、主持人/播音员、责任编辑、制片人等。这些不同的职业角色都在同一个工作场境或工作流程中恪尽职守、分工协作。当然，他们也应该共享一套职业运作的理念。实际的情形是，上述那些职业角色并不是永远固定的，他们之间有交流甚至有转换。一个记者可能是主持人，也可能去做编导，或者是当制片人。这说明，各种分工之间的职业协同性是很强的。遗憾的是，许多年来这些不同职业人的培养和培训并没有一套可以协同共享的理论。

从学界来看，新闻传播学不同专业并没有共享理论。大学的不同专业教育史、论、法均是相互割裂的。播音主持艺术专业培养播音员和主持人。培养的主要方法是技术层面的训练——运用标准普通话言说和表演的能力。编导专业在注重文艺文学基础的同时，主要培训的是学生的编剧、拍摄、导演、剪辑等方面的基础技巧。上述两个专业均没有成体系的专业理论，只是借用了一些传播学理论的分支和皮毛。新闻学与传播学两个专业似乎有一些专业理论的依托，但是这些专业理论都几十年一贯制，严重地脱离中国传媒情境和互联网媒体实践。业界人士反映，新闻传播专业的大学生们动手能力差、职业悟性差，可能与上述专业培养各吹各打的状态有直接关联。

形象地说，微观场理论不是一把"刀子"。它并没有人为地去切割电视拍摄现场。而更像是一架大型的"X光机"，透视到了电视拍摄现场在混沌不清的整体表象之下的一些细微的内在结构和外部联系。微观场理论生发于现实，但并没有超离现实。把这一理论运用到电视实践中，对从业人员，包括摄像师、记者、主持人、编导、制片人等都具有一定的指导意义。它会使从业者从一种感性的经验状态上升到一种理性的自觉状态，从而增强业务工作的主动性，提高节目质量，提升工作效率。微观场理论把现场分割为若干个状态场，并对各场做了深入的分析。实践中，无论是摄像师、记者还是主持人，要想专业地完成电视节目的生产，就必须感知和理解状态场的存在及其作用机制，同时还应具备在不同状态场之间穿梭往来的能力。从某种程度上说，场与场的区隔是如此具有真实性和实在感，以至于要求电视从业者具有魔术师一般穿墙越壁的能力。而这个能力的培养，就构成了电视专业职业培养的理论效用。

微观场理论的应用价值主要有三个方面：其一，电视摄像师拍摄中的职业素养的确立；其二，电视记者采访的职业能力的提升；其三，电视节目主持人的职业理念的养成。以下分而论之。

一 场的辨识：一种电视拍摄的职业素养

任何一个拍摄团队来到现场，首先要做的是辨识拍摄现场的状态场属性。因为不同的状态场所获取的影像资料会有截然不同的语义，也会有不同的形式特征，所以辨识状态场性就成了所有电视采访拍摄的第一步。对于电视摄像师而言，只有具备了辨识不同状态场性质的能力，才有可能准确地获取预定内容和形式的镜头素材。以下将从电视拍摄的职业视角来分析电视摄像师在现场的行为轨迹和应该具有的职业理念。

（一）场的辨识

1. 场性

电视记录的现场因素及其权力关系塑造了不同的状态场，这些场又有着截然不同的性质和形式特征。这种场的属性我们称之为"场性"。理解不同场镜头的不同性质，能够在拍摄的时候快速辨识所在的状态场，并经过努力将现场转变到记录语义需要的状态场，这是电视摄像师及其他职业角色所都应该具备的基本能力。只不过，不同职业角色的分工略有区别。在工作现场掌控摄像机的是电视摄像师，因此他在职业分工的角色中更需要有辨识状态场的能力。这里把场的辨识的职业责任设定为摄像师的职业责任。

以下我们通过一个实例，来说明不同的状态场和场性是如何在采访拍摄中呈现的。

我们来到一个少数民族村寨。翻过山岭看到牧场边上的小木屋，如星斗般点缀在草原上的牛马，悠闲地坐在石头上的牧人，还有席地熟睡的孩童。此时，镜头慢慢地推上去，就有了极强的意境。由于没有受到外部因素的干扰，上述场境在状态场中属于第一场，即被摄对象的自然状态。在这个场境中，我们看到的人们都在遵循着自己的时空逻辑、生计模式和文化规律行事。这些来自第一场的信息内容量虽不大，但是一下子就能把人们带入到那个特殊的意境中，让我们看到不一样的环境中不一样的人的生活。

当拍摄团队靠近被摄对象时，现场的场境就被带入到了第三场（记者的采访状态）。此刻，被摄对象面对镜头窘迫地挠着头，用不太熟练的普通话回答着记者的提问。如果你要拍摄的是纪录片，那么很可能你要想办法进入到被摄对象的自主状态（第二场），甚至被摄对象的自然状态（第一场）。如果你要拍摄的是新闻节目，那么事件就成为记录的主要目标。第三场的采访和第二场的记录素材对完成节目来说也是必不可少的。在现场采访中有些内容是不宜通过镜头语言直接表达的，那么采访团队的人必须在现场做播报。这些第四场镜头，既带有极大的信息量，同时又拥有了现场的质感。当采访完成进入后期编辑，需要录制画外音或是主持人的头像，来完成对节目的进一步整合。后期主持人的音像素材来自第五场。

通过以上的描述我们可以看到，电视记录的五个场中的第一场、第二场和第三场，经常是在相同的时空当中前后出现的。场与场之间的转化（尤其是第三场向第二场的转化）有时变得非常微妙。某些微小的因素往往就会导致状态场的变化，或是同一场中某些属性的变化。因此，深刻地理解状态场内和场际的变化机制，就成了电视摄像师的必要功课。

这里还要再次谈到开机与关机的关系问题。业界有论："知道何时关机才知道何时开机。"这句话原本表达的意义是，作为一个摄像师必须要有预设画面语义的能力。这说明在每一次开机/关机的操作中辨识场性的重要性。

状态场辨识的主要目的是要追寻事件中的时空属性和时空逻辑。人类学电影中拍摄的事项与这里谈及的拍摄中状态场的辨识没有关系。比如，做豆腐是一个人类学事项。拍摄豆腐坊中做豆腐的程序可能不需要用一个长镜头来完成。摄像机可以变换不同的角度在较好的光照下构图，在过程中拍摄出若干分切画面。这样，一个两小时的制作豆腐的过程，也许只需要两分钟的记录素材就足以表达了。如果仅仅是为了记录制作豆腐的过程，那么时空的真实性已经不那么重要了。我们可以要求被摄对象多操作几次。某一个程序没有拍摄好，我们还可以改进后，通过补拍进行弥补。

微观场理论认为，关机和开机对记录语义的预设和选择应该从状态场的场性来加以思考。如果是拍摄一个纪录片，就需要把上述的过程从一个一般的生活事项，放置到生活事件中，甚至文化氛围中去考察和记录。那么，这时的拍摄就不是如何使用镜头技巧的问题。摄像师可能需要长时间地与被摄对象共处，达成默契。这样拍摄下来的做豆腐的过程，就变成了一个人的带有文化气息的故事。这一点在《舌尖上的中国》这一纪录片中有最直接的体现。事项和事件的区别在于，事项在生活中总是被不断重复的，而事件只是偶发的。如何使事项的拍摄具有文化意义，这一点《舌尖上的中国》做了很好的回答。那就是：不去人为地切割、暂停和摆布现场的状态场逻辑，而是依循被摄对象在第二场，即他们在自主状态中的行为逻辑。这样，一个采访的第三场就变成了镜头悄然进入的第二场。也就是说，我们看到的做豆腐的过程，是那个特定的人在特定的环境中制作的特殊的豆腐。或许在镜头形式上，来自第三场的镜头和来自第二场的镜头，内容与形式似乎没有太大的差别。可是进入编辑过程就会发现，前面拍的是"说明文"；后面拍的是"记叙文"。这种区别来自于不同状态场的场性。

不同场境的镜头在节目中发挥着不同的作用。离开某一个场境的镜头，可能会导致节目无法弥补的缺失。所以，辨识状态场的微妙属性就是一项必要和重要的工作。许多记者依靠经验的积累都可以做到这一点。然而，那些经验式的反应，还是一种不自觉的状态，不是理性思维的结果。笔者在早期的实践中曾反复向老记者、老摄像师们求教，但即便是他们愿意告知，似乎在讲述时也说不清楚，那些经验的运用也十分不稳定，有时运用起来也会发生偏差。微观场理论建构的目的就是将上述经验过程理论化，帮助电视从业人员自觉地把控拍摄当中的各状态场的属性。

2. 场的转换

如上所言，每一次采访拍摄的镜头都不可能滞留在一个单一的状态场中。它会在不同的场之间游移。在这个过程中，会出现两种情形：一是对状态场性进行辨识后认为是符合拍摄需要的，此刻只需要进入即可；另一种情形是，发现当时状态场不是拍摄需要的场境，那么就需要主动地对状态场进行转换。

无论在何种状态下，摄像机/摄像师都必须要想方设法进入到既定的场境。由于摄像机所带有的强大权力（power），被摄对象不管身份如何、受教育程度高低，都会感知到强大外部权力的到场。被摄对象基本的认知是：这些被拍摄的内容可能在电视台播出，观众（包括与自己有关系和没有关系的人）都可能会看到这些采访的片段，进而被摄对象自己的状态（包括形象、声音、衣着、姿态、语言、环境等）会被从此时此刻的狭小时空拖拽到更广阔的时空中去，任由其他人观看和评判。基于这些认知，被摄对象的紧张和不自然就成为了一种本能的反应。

几乎所有的电视采访都是从第三场开始的。这是所有采访的起点。

电视拍摄团队来到现场，一开始对所有的人仅意味着一件事情，那就是"记者（拍摄者）来了，采访（记录）开始了"。设想一下，电视记者来到田间，与被摄对象没有任何交流就直接开机拍摄，会发生什么。一般的情形是，正在劳作的农民（作为被摄对象）会高度紧张。从微观场理论来分析，就是被摄对象从自然状态被强制地带入了记者的采访状态，从第一场被拖到了第三场。记者团队及其携带的强大的权力使得劳作的农民不得不停下手中的活计，进入一种不知所措的被采访状态。这时面对拍摄的镜头，被摄对象会非常不自然。有时他们还会躲避摄像机和记者。在这里，记录的语义是：记者强行采访农民，弄得人家很不自在。

场的转换最重要的是从第三场进入第二场。

由于第一场的被屏蔽，第四场、第五场可能在稍后的时间进行补救。因此，从第三场进入第二场，就成了场境转换的主要向度。这一向度既是使拍摄过程自然化的要求，同时也是电视节目"趋第一场性"的体现。

要从第三场进入第二场，需要许多的技术技巧。

由于电视节目时效性的要求，不可能留给摄像团队更多的时间来打消被摄对象的顾虑。所以，瞬间进行的场境转换就是考验电视摄像团队能力的一个方面。

重要的方法是：其一，尽量地靠近被摄对象的自然状态。这里面有许多的技巧，首先是将采访放置在被摄对象熟悉的环境中。比如被摄对象的家里。这些场景是被摄对象十分熟悉的，他（她）在其中比在其他场景中要自然得多。其二，尽量在事件中拍摄。事件的过程往往带有其内在的必然逻辑。被摄对象在事件中的行为受到事件逻辑的规制，在一定程度上可以抵消摄像机在场的影响。当然，还有许多其他方面转场的技巧，笔者将在后边"场的进入"章节中加以详述。

3. 第二场的复杂性

场性的辨识和场境的转换，并非仅仅发生在场与场之间，有时还发生在同一场中。最典型的是第二场中的镜头，它可能十分趋近第一场，也可能十分靠近第三场。

第二场镜头处于第一场和第三场之间，中间的跨度却可以无限细分。这有点像胶片记录从净黑到净白存在无限多个层级。不同的摄像团队都明白，追逐第一场的替代方案是进入第二场。可是由于不同团队的能力不同，所拍回来的镜头画面也具有截然不同的性质。能够真正掌控这一点的人，在今天的拍摄团队中少之又少。

设想一下，我们到一个村寨当中去拍摄一个老年智者。他生活在极其简陋的环境中。我们要对他完成在第二场境中的采访，那么如何进入这位老人的生活场境，就成了一个必要和棘手的问题。

一种方法是跟他预约。知道记者来访，他可能对自己的生活环境进行清扫，并且对自己的形象也进行一番修饰，换上自己认为"合适的"衣服。这样拍摄出来的镜头，基本在形式上已经脱离了老人的生活常态。

另一种方法是直接造访。选一个角度，如转过街角时，远远地拍摄老人在环境中的自然状态，然后叩响老人的柴门。当门"吱呀"打开，记者才作自我介绍，礼貌地征求老人的意见：是否可以对他进行采访。如果老人欣然打开门，让记者一行进入，那么这时的采访就从第三场开始了。如果拍摄团队的状态足够放松，言谈举止像一群远道而来的朋友，那么老人可能会慢慢打消顾虑进而敞开心扉。如果拍摄团队急于求成，摆布环境、强化氛围，那么老人可能会十分紧张、手足无措。

在老人的"放松"与"紧张"之间，存在许多可能，也会产生不同的记录效果。这些效果是最后看片时人们才能感知的。在现场拍摄时可能会发现出了某些问题，但是并不能明确表达这些问题的程度。也就是说，现场的状态无法做质化和量化的分析。大致上，拍摄可以达成三种效果和功能。其一，自然的、真实感较强的素材，可以结构出纪录片；其二，一般的、顺畅的素材可以用来制作专题片；其三，拘谨的、摆布的素材可能只能用于一般的电视新闻。

需要说明的是，上述三种状态场的性质和功能对应于纪录片、专题片和电视新闻的这种表达，完全来自中国的传媒实践。实际上，要把"专题片"一词翻译成英文让外国人明了也是比较困难的。但是，笔者认为专题片中往往有预设的主题和观点，这形成了纪录片与专题片的区别。

回到刚才的例子仔细分析起来，所有的效果都是拍摄团队与被摄对象之间关系的产物。如果前期的案头工作做得充分，拍摄团队在进入采访现场后就容易和被摄对象有更多的交流，从而建立融洽的关系。如果拍摄团队的行为比较平和、自然，暂时放弃拍摄的目的，注重与老人的交流，那么也会使拍摄现场趋近或进入第二场。如果现场的提问不是事先设定好的，而是记者在现场情境中随机找到的，记者的提问方式更加口语化，那么与老人的交流也可能变得更加顺畅。总之，要使第三场的场性转变为第二场，摄像师和拍摄团队需要有明确的场意识，并且做大量的准备工作，并在现场用自己的行为状态来调整被采访者的心理状态，从而拍摄到符合节目类型要求的素材。

目前的大学本科的专业课程中，还没有针对状态场辨识和掌控的训练。本书不是一本专业教材，因此在这一方面还不能做较细致的铺陈。但是，通过以上论述，人们会知晓状态场辨识和掌控的必要性以及提升相关能力的重要性。

（二）场的进入

1. 摄像师的进入

参与电视记录的人可能是一个人，也可能是一组人，这其中的区别不仅仅是参与者数量的多少，更重要的是，其不同职业角色会带来对微观场的不同影响。

这里主要谈摄像师的进入。现实中有一种情形，摄像师一人带着摄像机来到拍摄现场独自工作。在这种情形下，被摄对象的关注点就只有一个，那就是摄像师/摄像机这一组要素。

从常识上说，摄像师刚一进入特定环境，是不可以进行拍摄的。他（她）必须放下机器和被摄对象打招呼作自我介绍，然后进入到被摄对象的生活场境中。由于摄像机和摄像师的不可分割的关系，摄像师在和被摄对象攀谈聊天时，摄像机便处于闲置状态。尽管摄像机这个"潜在的威胁"已经到场，此刻似乎它并没有开始工作，所以被摄对象和现场的人会觉得比较轻松。有趣的是，当摄像师开始工作，被摄对象立马就会失去交流的对象和目光的落点。摄像师的脸在摄像机的后面。被摄对象不能看到摄像师的脸，也不能去看摄像机的镜头，那黑洞洞的东西本来就没有亲和力。此时，一股奇怪的推拒力量产生了，现场立即变成了第三场。为了避免尴尬，被摄对象马上会对摄像师/摄像机采取一些适应性的反应。第一种是对摄像师说"别拍了"；第二种是故作镇定；第三种是经过一小段时间的适应，开始做自己的事情。有趣的是，第一种情形和第二种情形都是短暂的。随着时间的推移，被摄对象总是会习惯性地回到自己熟悉的生活场境和行为逻辑之中。只不过在这个生活场境和行为逻辑中由于加入了摄像师/摄像机这一因素，并不是被摄对象第一场的自然状态，而是第二场，即被摄对象的自主状态。

这里我们看到，摄像师单独进入采访现场，产生了一种特别的效应，就是容易进入被摄对象的第二场。有些纪录片拍摄团队阵容较大，浑然不觉中其实已经破坏了现场的场境。这里的建议是，如果要拍摄第二场的镜头，最好是摄像师单独进入现场。可以说，摄像师单独进入现场，是到达第二场的捷径。

2. 拍摄团队的进入

和摄像师单独进入现场不同，拍摄团队（包括摄像机/摄像师、记者/主持人这两个或两个以上的因素）的进入又有着其特别的情形。

与摄像师单独进入最大的不同是，被摄对象的视线多了一个视点——记者/主持人。一般情况下，由于摄像师处于摄像机镜头后面的工作状态，被摄对象会更多地与记者进行交流。这样，在现场很容易建构一个第三场，就是被摄对象处在一种接受记者采访的状态中。这时，记者对被摄对象产生的是一种拖拽的效应而非前面的推拒。记者会强行地把被摄对象从自己过去的生活场境中拖拽到一个采访状态。这时，拍摄团队必须要判断的是：第三场镜头是否能够满足节目类型的要求。如果还需要靠近第一场的镜头，那么记者就要想方设法地进入被摄对象的生活场境。

摄像师/摄像机进入第二场，与拍摄团队进入第二场有着截然不同的过程和内在机制。

摄像师/摄像机进入现场的力量我们称之为"推拒"。由于被摄对象失去了视点而不得不把视线和行为收拢在自己的生活空间中。在摄像师/摄像机接近被摄对象时，所形成的关系在根本上是被摄对象与摄像机之间的关系。尽管被摄对象不去看摄像机镜头，但摄像机的存在仍然是影响他（她）现场活动的主要因素。由摄像师/摄像机推拒出来的第二场，其性质往往很不稳定。如果被摄对象十分紧张，我们仍然可以从录制的画面中感受到摄像机的存在。那么，从本质上说，这里的第二场镜头就趋近了第三场。

拍摄团队进入现场的力量，我们称之为"拖拽"。由于记者/主持人的到场使被摄对象明确感知到这是一场采访。表面看来，这种拖拽的力量会使被摄对象离开自己的生活状态。但是随着时间的推移，被摄对象往往会和记者/主持人建立较好的人际关系。在拍摄团队与被摄对象接近时，所形成的关系根本上说是被摄对象与记者之间的关系。人与人的交流总是比人与机器的交流要更加符合人的社会性。一旦记者与被摄对象建立起信任，那么被摄对象就很可能逐渐忽视摄像师/摄像机的存在和影响。在这个过程中，记者在摄像师/摄像机在场时的行为，往往会给被摄对象带来某种示范作用。如果记者在摄像机面前表现得十分轻松自然，那么被摄对象也容易在这种示范效应下逐步打消对摄像机的顾虑。拍摄团队一旦与被摄对象建立起第二场的关系，这里的第二场关系就要比前面的摄像师/摄像机与被摄对象建立的第二场关系稳定得多。

简单地说，就是摄像师/摄像机进入第二场较快，但达成的第二场性质不稳定。拍摄团队进入第二场较慢，但是所造成的第二场性质较稳定。

当然，这里只作了一个简单的比较分析，实际的情况要复杂得多，有待后续研究进一步深化。

二　场的控制：一种采访现场的职业能力

场的控制是电视记者的职业责任。摄像师在现场要操作机器。主持人的工作更重要的是在节目后期的加工制作当中，而记者则是主导采访现场的职业角色。不仅如此，由于记者通过前期大量的案头工作逐步确定了选题和采访对象，因此，记者是最早进入采访过程的人，并且是最了解采访事件和背景，也最知道未来的节目形式、内容和特征的人。当然，我们反复强调电视采访不是"一个人"的工作（one man's job），其他职业角色也应该学习和了解现场控制的原理和方法。

（一）从第三场开始

第三场的镜头是电视节目中为数最多的一类。打开电视机，我们总是能看到这样或那样的采访。记者和受访者有问有答，或陈述事件，或谈论观点，或提供背景。人们也许会注意到，在以文字和声音为载体的传媒中，采访过程往往是不可见的。电视媒体和其他媒体的这一差异，有一定的技术运用必然性，人们似乎已经习以为常。但是，在专业的研究中我们还是要问"为什么"。

从技术应用的层面看，第三场镜头的广泛运用是电视的技术特性决定的。图像是电视较之广播、报纸等文字媒体的差异化特征。图像的生动性使得电视区别于其他媒体。当然，所有状态场镜头的被呈现就是顺理成章的事情。第三场镜头的采用也不例外。对于文字媒体而言，展示采访过程缺少必要性。文字记者采访一个新闻事件，其中的 5 个"W"和 1 个"H"，都是围绕新闻事件展开的。至于采访过程，若非与事件有关，一般不必展示。省略了对采访过程的观照，文字记者的报道重在表现事件的深度。如果说电视特别关注事件中的 WHO、WHAT、WHEN、WHERE 这些要素的话，那么文字记者更加关注的是事件的 WHY 和 HOW。电台记者的采访突出的是时效性和现场声音的效果。在深度挖掘新闻事件方面，言语也具有工具性的优长。相对于电视的声画结合，电台以声音为介质的报道相对缺少形象性和生动性，相较于文字的空间安排，语言的时间安排平添了容量方面的约束，电台记者的报道就折中处理了各个方面的要素。当采访过程与新闻过程的相关性较强时，在电台报道中采访过程会得到呈现，但并非什么情形都需要展示采访过程。

在微观场理论看来，电视较多地运用第三场的镜头，是由第三场的记录素材属性决定的。从表 1 - 1 中可以看出，第三场无论是形式特征、可信度，还是单位时间的信息量都居于中间位置。它拥有语言性和动作性的双重特征，在单位时间里也具有一定的信息量，并且在性质上也具有一定的可信度，所以第三场的镜头使用起来效率最高。大量使用第三场镜头的另一个原因是，第三场镜头相对而言比较容易获得。这里的"相对"是对于第一场镜头和第二场镜头而言的。第三场镜头的获取不需要在入场方面耗费太多的时间和精力。

关于第三场镜头的可信度，我们可以通过与报纸的比较得到理解。同一个采访过程，受众可能在报纸上看到，也可能在电视上看到。报纸上刊载的采访过程无论如何细致入微、言之凿凿，读者都会认为是文字记者的主观感受，是一家之言，缺少必要的真实性。而电视上的采访过程则让我们看到彼时彼刻那个特定人的口头表达、肢体语言以及其他现场信息。一般而言，受众认为这些镜头具有一定的可信度。这里的可信度来自于人们"眼见为实"的常识性判断。"他说了，他就是这样说的"，"他就是这样说的"——这样的表达和认知就是受众对采访真实性的确认。另外，不同的采访组合在一起，就可以从不同的方向相互印证，型构一个事件的大体面貌。

第三场镜头在形式特征上又可以分为语言性的和动作性的两大类。这里我们称之为"语言性采访"和"动作性采访"。

（二）语言性采访

语言性采访是以言语交谈为主要内容和形式特征的采访。语言性采访又可分为演播室采访、现场随机采访、现场固定采访、新闻发布会等。

1. 演播室采访

演播室采访，在形式和内容上都更加强调庄重性和权威性。这里营造了一个具有权威话语意义的现场。从主持人和嘉宾的身份、服装、化妆，现场的灯光，提问和回答的表述方式等无不在强调这一现场所具有的庄重感和权威性。

嘉宾是经过选择而被邀请到演播室的。他们往往是某一方面的官员或专家。一般而言，他们在演播室都会穿比较正式的服装。化妆趋近自然，但是具有美化的修饰效果。现场画面具有较高的饱和度。提问往往是比较正式的，回答也简洁明了。在这个场境中的谈话方式，一般要求采用普通话。

在这个场境中，主持人一般都会提前设置好问题。如果不是直播，问题的设置往往来源于节目中涉及的新闻事件。有时候主持人会跟嘉宾一起来研究问题的结构方式，甚至提前知晓嘉宾的观点。这一场境往往具有一定的表演性。主要的内容都来自于语言。演播室的背景只提供一个环境效果，并不带入太多的信息量。

演播室采访的场性属于第三场和第五场。这两个场境可以通过主持人的视线得到区分。当主持人眼睛看着镜头进行播报时，所提供的镜头属于第五场；当主持人把视线转向嘉宾时，所提供的镜头属于第三场。在这里主持人就具有两种方式的语言表达：第一种是播报，要求字正腔圆、表达顺畅，尽量避免语病；另一种是采访状态，此时需要由"播"到"说"，瞬间将语言方式转向交谈，允许表达中出现一些口语的元素，表述不正确或不到位时也可以修改或补充。

2. 现场随机采访

现场随机采访，是指在新闻事件的现场，未经与被采访对象事先协商，随机选择采访对象所进行的访谈。在这一场境中，除了电视团队之外的其他因素都是随机的和不可控制的。

记者/主持人在现场的采访内容有一定的前设性。但采访对象的谈话内容、语言方式都没法控制。记者的提问既要注意到镜头的存在，又必须观照到现场的情境。这种情形下播音腔的使用是不恰当的。它可能让被摄对象更紧张，甚至出现表达障碍。记者在提问之后要特别注意倾听，在对方的回答中寻找下一个问题。

有经验的记者还会观照到光线的方向和现场的环境对音质的影响。一般会主动地给摄像机让出一个方便取景构图的角度，使被摄对象的面孔容易被纳入画面。如果被摄对象处于逆光状态，记者还会调整自己的位置，使受访者的脸部受光相对合理。有些时候，由于现场的噪声具有一定的方向性，记者会在使用话筒时适当改变话筒的指向，以减少噪声对声音录制的影响。

现场随机采访的场性基本上属于第三场。如果不需要做现场播报，记者的视线只有一个，那就是被摄对象。一般而言，被摄对象的视线也会仅仅停留在记者的脸上。如果需要做现场播报，那么镜头即进入第四场（记者/主持人现场播报状态）。需要注意的是，有些时候会出现不可控制的事件性因素。如果此时发生的事件与采访的主题有密切的关联，那么很可能镜头就此进入第二场甚至是第一场。如果事件与采访主题无关，则要坚守第三场，以避免现场被干扰。

现场随机采访中，对记者的应变能力提出了较高的要求。这个应变能力，不仅是语言方面的，也是行为方面的。

3. 现场固定采访

现场固定采访是指拍摄小组把受访对象邀请到一个特定的采访背景下或是特定的区域所进行的访谈。"现场"二字说明，这一场境并非在现场搭建的演播室，而是基于现场的客观状态所寻找的一个相对适合采访的空间，比如酒店的某个房间。

现场固定采访的场性居于演播室采访和现场随机采访之间。它具有某些演播室访谈的特征，也具有一些现场随机采访的特点。

现场固定采访的受访者一般也是事先约定的。即便是在现场随机寻找采访对象，一般也会征得受访者的同意。也许谈话的观点没有被固定下来，但是问题一般需要提前沟通。选择拍摄场地的光线、背景、环境也较适合节目的录制。由于将采访对象强行地带入了一个不属于自己的场境，采访对象在言语表达方面会比较紧张，表达的准确性、流畅性、趣味性也会受到一定的影响。

现场固定采访的场性属于标准的第三场。记者和被采访对象的视线属于对视状态。谈话的内容比较可控。由于舍弃了现场的其他因素，这一场境的拍摄也会显得比较真实、刻板。

4. 新闻发布会

新闻发布会是指由权威部门组织的，在固定的时间和固定的场所，由专门的新闻发言人主持的有一定内容预设的信息发布活动。

新闻发布会是一个权力关系倒置的现场。一般而言，在媒体和被摄对象的权力关系中，媒体是居于强势地位的，或者说是居于上位的。被摄对象是居于弱势地位或者说居于下位的。但是，在新闻发布会的现场，新闻发布的权威部门作为被摄对象则表现得较为强势。这一点，从新闻发布会的话题设定、话语权控制、议程设置以及现场构造等方面都可以得到体现。首先，新闻发布会的话题是由组织新闻发布会的官方部门设定的。超出这个范围的话题都不可能得到解答。其次，话语权是由新闻发言人控制的。现场记者只有提问的权力，没有质疑、讨论、辩驳的权力。最后，新闻发布会现场的讲台、背景、灯光以及新闻发言人的服装等，无不体现新闻发布者的权威性。

新闻发布会是有时间限定的。不是每一个到场的记者都有提问的机会。得到提问机会的记者一般提出的问题不会超过三个，并且无权插话。

电视机构派出的采访团队在新闻发布会现场也有一个与别的现场不同的特征，那就是"人机分离"——摄像机/摄像师与记者分离。记者必须靠近讲台以获得更多的提问机会；摄像机/摄像师则必须在记者席后方占据较好的位置以获取比较好的视角。有时，为了不受到前边记者席的影响，摄像机的机位要设在较高的地方。这样，摄像机和记者之间就有了一定的距离。有时，为了拍摄到记者的提问，还有必要设置另一台摄像机在侧前方进行拍摄。

新闻发布会现场，对记者的提问提出了较高的要求。由于受到了诸多客观限制，记者在现场的提问就变得富有挑战性。

正确的提问方法是：第一，提问必须体现媒体的主体意识。在权力关系倒置的现场，记者不应成为新闻发言人的协同者，而应该站在媒体和公共的视角进行有意义的发问。在提问前，应该自信地报出自己受雇的新闻单位的名称，无论这个新闻单位是否有知名度、在行业中的地位如何。第二，提出的问题必须有共享价值。新闻发布会的时限导致提问机会成为了一种公共资源或公共权力。获取提问机会后，记者不应该仅仅提出本新闻机构关心的问题，而且应该采用较宏阔的视角，提出大部分新闻单位都关心的问题。第三，问题要有一定的深度。提问的方式可能是温和的，但问题要指向事件或话题的焦点，使得问题体现一定的深度。有些时候可以用两个问题来型构一个相对闭合的空间，达到"追问"或"逼问"的效果。第四，记者要有一定的语言表达能力和技巧。尽管不要求现场提问的记者字正腔圆，但是表达必须顺畅、言简意赅、富有逻辑。有些场合还需要记者用英语等发布会规定的官方语言进行提问。驻外记者用所在国语言提问，可以彰显水平和亲切感。第五，服饰和肢体语言要符合场境的要求。服饰不一定十分正规、庄重，但要体现严谨性和记者的职业身份。肢体语言要落落大方，不卑不亢，从容自若。

新闻发布会现场的场性比较特殊。它不同于一般的采访场境的第三场属性。而是更多地具有第二场的性质。由于参加新闻发布会的人员都是"职业人士"，各方已经习惯了现场的状态。在一定意义上，新闻发布会是一个新闻发布方和记者方"共谋"的具有自主性的现场。有的时候，这个现场还会具有不以人的意志为转移的客观特性。

（三）动作性采访

动作性采访是第三场镜头中趋近第二场的特殊部分。它是指记者进入被摄对象生活场境中跟随被摄对象所进行的采访。这种采访在画面构成上是动作性加语言性的。镜头主要记录被摄对象的行为动作，同时记者的到场，也获得了参与和提问的可能。因此，语言性的因素也是表达信息的重要部分。动作性采访带有以下的基本特征。

1. 环境带入

动作性采访的镜头时常属于移动状态。有时会游离开被摄对象，转向拍摄所处的环境。因此，与语言性采访不同的是，动作性采访带入了许多环境的信息。这些环境的信息包括"时间的现场感"、"空间"、"较大的背景环境"、"人的行为"。

时间的现场感是线性的时间发展留驻在特定现场中的状态。当我们指示公元某年某月某日的时候，它似乎意味着一个时间的切面，在不同的空间是有差别的。在文化学意义上，时间往往被分割为不同的属性，有农业时间、工业时间，男性时间、女性时间等。在某一个时间的切面上，生活方式和符号呈现出无限的多样性。对这些时间的现场感的记录，往往成为文化人类学和影视人类学研究的重要素材。

空间是一个有边界的、具有三个维度的现实存在。动作性采访的镜头经常游走于特定空间之中，描绘着不同的地理环境中的不同人生。记录空间向来是记录人类文化的一个重要方面。

较大的背景环境，是指镜头在动作性采访中对某种封闭空间的超越。如同我们从毡房出来见到广袤的草原。空镜头的拍摄也可以展示那些较大的空间状态，但是由于缺少了人物的活动，空镜头只能当是景观。而动作性采访中记录的较大空间，则带入了自然"属人的关系"。①

人物的行为是动作性采访区别于语言性采访的主要特征之一。在语言性采访中，人物的活动是有限的。动作性采访则不同，它给人物的活动提供了较大的舞台。人物的动作行为所提供的信息量和现场感都是语言性采访无法比拟的。

"人物的关系"是指被摄对象与其他人的关系。动作性采访很有可能带入人物关系。当这些关系得到表达时，所记录内容的信息量就会得到拓展，镜头的语义就会变得丰富、生动，具有故事性的特征。

2. 事件带入

动作性采访还可能展示事件的过程。动作性采访中，被摄对象的行为逻辑来自于其生活的真实状态。拍摄团队不仅跟踪到了人的行为，同时有可能跟随着人的行为，从而进入其生活中的某些事件。有些事件看似偶然，但往往带有必然性和深刻的意涵。

需要指出的是，当具有紧迫性的事件发生的时候，现场第三场的属性马上随之改变，镜头可能直接进入第二场。这一点，拍摄团队的记者和摄像师必须有清晰的预判。

此时，记者必须明确意识到场性的改变。如果发生了危机事件，记者必须迅速放弃职业身份，作为一个自然人或公民进入到正在发生的事件中去。采访的终止并没有带来信息的损失。也许恰恰是因为记者恰当的表现，而使得记录具有了真实性、现场感和感人的效果。记者在进入事件的过程当中必须随时注意返回职业身份的时机。当一些紧迫性的客观指令消失的时候，记者应该马上进入第二场的拍摄、第三场的采访或是第四场的播报。这种情形对记者提出了极高的要求，他必须像一个魔术师一样在各个场境中穿越和游走，以带出和攫取那个场境中的信息。

当紧急事件发生时，可以让被弃置在一边的摄像机处于开机状态以广角镜头记录现场的事件，而记者团队则应投身于现场的救助中去。当然，拍摄好突如其来的、稍纵即逝的事件过程，也是考察电视从业者是否具备较高职业素养的一个标准。如果记者和摄像师在现场的反应都足够专业的话，在带入事件的采访中就会成就一次非常完美的拍摄。

3. 肖像效应

肖像效应是指被摄对象与摄像机初接触时记录下来的微妙影像。

有些动作性采访镜头的移动范围并不大，也没有进行长时间的跟拍，

---

① 罗国杰主编：《伦理学》（修订本），人民出版社 2014 年版，第 34 页。

即便是面对被摄对象的简单拍摄，也会带来极其丰富的影像意义。特别是在记者没有提问，被摄对象的视线尚停留在摄像机上的那一瞬间。说到这一镜头，我们最有印象的是《北方的纳努克》当中开篇的那个镜头——"大熊"纳努克面对镜头闪烁的眼神、不知所措的状态和若有所思的表情。这里，被摄对象与摄像机视线交流时呈现的类似肖像照的丰富性，被称为微观场的肖像效应。

肖像效应是动作性访谈中被摄对象直接面对摄像机所呈现的状态。这种状态表达的是受访者对镜头的认知。肖像效应在状态场的属性介乎第一场与第三场之间。它是被摄对象在懵懂状态下从自己的自然状态向采访场中的摄像机的眺望和窥探。它的奇妙之处在于，跨越了第二场——被摄对象的自主状态。我们说被摄对象的自主状态是受访者和摄像机的"共谋"。肖像效应正是"共谋"意识还没有达成时的自然状态，是被摄对象在第一场对摄像机的神秘一瞥。它既是被摄对象自然心性的反应，也表达了对摄像机不期然到场产生的某种迫力。

首先，肖像效应是被摄对象对摄像机携带权力的一种自然反应。这个反应生动地表达了被摄对象对摄像机及其背后权力状态的认知，我们可以称之为"对权力的眺望"。

在文化学中，这种眺望被命名为"瞟"或"瞥"。这是一种短暂的观看。这种观看通过摄像机及其操作者的外部形态，窥视这一组合的文化意义。它是受访者在第一场的一种本能的自然行为。

在文化研究中，"瞟"或"瞥"被认为是非常有价值和有效用的。在短短的视线投注中，人们可以读取到大量的信息。比如，一个抱着篮球的小伙子和一个拎着菜筐的老太太迎面邂逅，相互短短的一瞥就能看出对方的性别、年龄、地域文化特征、受教育程度，甚至民族、宗教信仰等。"瞥"是一种有效地了解观察对象的认知行为方式。

其次，肖像效应也是从摄像机向被摄对象自然状态的一种窥探。通过这种效果可以看到被摄对象的文化状态，我们可以称之为"对被摄对象的窥探"。

记录者喜欢到边远的社区去拍摄纪录片。除了因为"不一样的环境和不一样的人生"这类素材的吸引力之外，还有一种原因是受访者常常享有一种非主流的边缘文化。他们对摄像机及其背后的机制了解有限甚或全然不知。早期，非洲的原住民拒绝外来者拍照和摄像，因为他们的文化认为，拍摄行为会摄走自己的魂魄。因为在一个人的共同体当中，一些人一生都没有机缘面对摄像机。当一个人第一次面对摄像机时，这种流动的影像就在最初的时间中生动地记录了人们对于权力机制的下意识反应或本能反应。

值得一提的是，肖像效应是借用了早期照片拍摄的术语。照相术发明之初，拍摄过大量的肖像作品。这些作品多半是摆拍。比如让一个厨师穿好衣服，拿着汤勺站在绘制的背景前。那一批影像留下了人类早期对照相术的反应。这种反应既是自然的又是社会的，包含了极其丰富的内容，阅读起来耐人寻味。移动影像所造成的肖像效应存留下来的信息更加丰富。人类的面部表情能承载最丰富意义。肖像效应是一个耐人寻味的记录单元。

借助人类的面孔，我们在无法言状的人的表情中读到了受访者初次遭遇摄像机时表现出的其固有的文化状态。这些状态或许和我们一样，或许和我们不一样。这里的相似性和差异性都给出了极复杂的社会文化内容。

4. 快速趋近第二场的方法

对电视从业者而言，从第三场向第二场快速趋近的能力和技巧是非常重要的。说它重要，主要有以下三个原因：其一，这样的情形在电视采访中会经常遇到，是一种工作常态；其二，记者不可能像人类学家一样与被摄对象长时间相处，以达到消除对方顾虑的目的，所以快速趋近第二场就成为了一个不得不面对的职业问题；其三，如果不能快速趋近第二场，不仅录制下来的音像素材在形式特征上不能满足后期编辑节目的需求，另外在语义上也可能出现偏差。

失败的采访常常是这样的：记者怀着一定的采访目的接近被摄对象，被摄对象由于被强行拽入第三场而显得非常紧张，无法揣摩记者提问的用意，回答问题时经常发生偏差，如此记者前期设定的采访指向和内容就无法达成。

要想快速趋近第二场，业界所说的"三放"（放下、放低、放松）是可以参考的经验。

"放下"是指记者在拍摄现场要忽略自己的记者身份和工作状态，使自己能够从采访状态潜入被摄对象的现实时空，最后得到的可能是一个双方"共谋"的第二场。具体的方法是采访前与被摄对象闲聊、开玩笑，了解被摄对象的现实状态，以记者人性化的一面来离间冰冷摄像机所携带的强权魄力，最终消除被摄对象的紧张感。

圆通山是昆明市区的一处公园。初春时节漫山樱花灿若云霞。有一年，公园管理部门为了获取经济利益，把樱花树下的场地租给一些个体商贩，让他们出资搭建了一些铁架子，供游人拍摄谋利。要拍照的游客只有登上铁架才能拍到较好的画面，每次拍摄都要交纳 2 元钱的费用。可是，那些狼藉的铁架子却严重地影响了园区的整体景观。

　　记者注意到了这一事件中将公共资源用于盈利的不合理性，专程到公园采访。初出茅庐的记者"自报家门"后，直接提出问题："你认为这种搭架子收钱的方法合理吗？"预设的答案是，被摄对象会对公共资源被占用表示不满。但是，实际的情况恰恰相反。游客甚至觉得既然有人出资为大家提供了便利，就应该收取一定的费用。记者一再往预定的话题上"引导"，但是受访者由于不明白记者的所指，加之面对镜头十分紧张，恰恰强化了自己独立思考问题的能力，绝不与记者苟同。

　　当采访落空时，有经验的记者做出了示范。只见他走向一群游人。这是一家老少三代，大约六七口人。老记者所做的第一件事是俯下身来捡起滚到身边的小皮球，交给迎面跑来的小孙子："小伙子，你几岁啦？"小孩子有些局促，家长在一边帮腔说："3 岁多了。"记者缓缓站起来，对爷爷说："周末一家人出来走走，挺好的！这一季的昆明很漂亮。"老者感慨地说："风景是挺好的，就是这些铁架子搭的有点煞风景。""怎么呢？""在下面根本拍不到像样的镜头，非要上去不可。"记者说："那你就上去啊！"老者说："小伙子，上去是要钱的！"记者装傻："多少钱？"老者说："一次 2 块。"记者诘问道："人家花钱搭了架子当然要收钱了！"老人讲："你这样说就不对了，难道名花有主吗？……"预定的采访就这样完成了。

　　在这个例子中，年轻记者的问题是没有较好地理解现场的场性。"我是××电视台记者"这样的自我介绍一开始就把受访者拉进了一个采访状态。如以此种状态采访，对方立即就产生了紧张感。而有经验的老记者的那种"放下"的方法，表面上看是一种技巧，实际上是一种主动进入被摄对象自然状态的行为——这一季昆明很漂亮，大致框定了谈话的指向。拉家常的方式打消了受访者的顾虑，看似漫不经心的表达就十分有效率。更重要的是，记者的放松降低了摄像机在场的压迫感，将受访者从一种不知所措的紧张状态中解放出来，这样受访者才得以去缜密地思考和回答问题。

　　"放低"是指在技术上放低说话的音调、放低肢体语言的身段、放弃工作状态使用的标准普通话和"播音腔"。要以日常生活的口吻与人交流，尤其是面对儿童和一些特殊人群时，需要降低身体的重心。降低身体重心之际也就放下了自己在身份上居高临下的姿态，使受访者得到尊重，从而达成在心理上的平视感。

　　在上述例子中，老记者蹲下说话和看似闲散的拉家常，都是一种"放低"的行为。交谈中的"装傻",不仅是一种采访的技巧,也是改造场性的方法。

"放松"是指要消除时间紧迫感和工作目的性对拍摄的影响。要放缓说话的节奏和提问的指向性,在被摄对象的言谈举止中寻求共同的谈话兴趣点,进而获得有信息量和质感的音像素材。

"放松"实际上也是一个悖论。记者在现场采访一定是有工作上的效率要求和紧迫感的。放松地拉家常有时会带出很多"废话",甚至花去很长时间都没有办法进入正题。但是舍去掉放松的方法,情况往往会更糟,这就是所谓的"欲速则不达"。

在人与人的交流中,眼神是重要的信息窗口,采访的紧迫感常使记者眼神闪烁,这一点受访者会真切地觉察到。要想让对方信任,记者的眼神先要真诚。放松心态,将采访变成一次与受访者的真诚交流,这是放松的内在心理状态。"放松"不仅要求记者多花一定的时间在那个状态场中做些停留,而且还要注意倾听。业界有云:"问题来自倾听。"也就是说,倾听比提问更重要。不是准备好一个问题就简单粗暴地丢出去期待回答,而是在放松的状态下打开一个谈话范畴,让问题在谈话中慢慢地呈现。言语交往中注意倾听和分析对方的观点,然后进入对方的思路,进一步寻求问题的演进和发展。

"放下"、"放低"、"放松"在笔者的工作实践中仅仅停留在经验层面。现在,我们可以从状态场和微观场理论去理解这个方法的理论依据。从理论层面高屋建瓴地进行思考,或许我们在实践中还会找到新的其他方法来完成由第三场向第二场的状态转化。

三　场的意识:一种节目主持的职业理念

对于优秀的电视节目主持人而言,大体上需要具备两个方面的素质:第一,作为社会文化引领者的素质;第二,作为专业传播者的素质。

关于社会文化引领者的素质这一点,与传播学场理论无关,因此本书不作展开。

这里主要来谈谈作为传播者的素质。在相关研究中,笔者将主持人定义为"具有社会文化理念和专业传播素养的职业传播人"。主持人的专业素养可以分为三个方面。其一,电视节目主持人必须是一个思想者。能够洞悉新闻事件之于社会的意义。其二,电视节目主持人必须是一个学习者。能够快速打通陌生领域，并整合出自己对事件的独到理解。其三，电视节目主持人必须是一个优秀的言说者。能够运用言语和非言语的手段传递信息。在工作中，以上三个方面是相互联系、相互支撑的。

电视媒体及其他传统媒体都具有合并时空的效应。它可以将不同的权力关系组合到一个场境中，并发生复杂的互动效应。作为电视节目的主持人，深刻理解电视媒体合并时空效应的特征尤为重要。电视节目主持人的思考、倾听和言说都必须考虑节目现场的时空属性和权力关系属性。电视节目主持人要有较强的辨识时空性质的能力。

微观场理论在电视节目的构成中清晰地区分了不同状态场的基本属性，并对其中的机理进行了剖析，对于电视节目主持人深刻理解电视节目的权力属性具有基础理论意义和实际应用意义。

（一）主持人在第二场、第三场和第四场的场意识

电视台最需要的是兼具策划、采访、编辑、主持等各种能力的复合型人才。通常说的"记者型主持人"就是其中的一种。这样看来，主持人并不是总待在演播室里工作的那一类人，许多资深的电视记者，他们的形象也许不如播音员那么漂亮，普通话不如播音员主持人那么标准，但是他们具有掌控现场的能力和高超的采访技巧，是电视台的稀缺人才。同时，他们的这些能力也表现出一种厚重的职业感。从微观场理论看来，作为一个优秀的电视工作者，他（她）也应该具备在第二场（被摄对象的自主状态）、第三场（记者的采访状态）和第四场（记者/主持人现场播报状态）的自主意识和工作能力。

1. 主持人在第二场的意识

主持人、记者、摄像师都可能出现在第二场，但是三者的功能和表现有所不同。为了便于区分，我们在这里设定三者的理想状态——记者在现场只需要潜入被摄对象的自主状态，在后续的报道中，能够进入第三场即可；主持人除了进入第二场之外，在后续的报道中还可能转向第三场、第四场和第五场；摄像师则一般不会出现在现场镜头和后续场境中。

主持人在第二场（被摄对象的自主状态）中首要的是扮演一个"次要的在场者"的角色。

所谓"次要的在场者"，就是要限定主持人在现场的行为。首先，主持人在现场是"次要的"，不能主导事件的发生和发展。事件的发生和发展有其客观性，是由被摄对象为主的各种现场因素决定的。主持人如果主导事件的发展就会直接把事件带入第三场（记者的采访状态），从而使事

件失去客观性。其次，主持人是"在场者"，他（她）没有必要完全从现场消失。只要其状态符合当时的场性，其行为在镜头中就不会表现得很突兀。最后，主持人在现场必须时刻准备进入到第三场（记者的采访状态）和第四场（记者/主持人现场播报状态）。

现在我们来讨论主持人在第二场中的意识。

假设主持人和拍摄团队已经和被摄对象建立了良好的关系，彼此信任，交流顺畅。这时，我们认为整个拍摄已经进入了被摄对象的自主状态，即微观场理论中的第二场。

第二场的复杂性在于它会在第一场和第三场之间游移。有些时候第二场的镜头极为迫近第一场，此时我们可以拍摄到被摄对象非常隐秘的私人生活；有时第二场的镜头又非常趋近第三场，被摄对象在轻松的表象下，非常顾忌拍摄团队的存在以及自己的某些言行可能带来的不良后果。主持人对第二场的掌控难度相较于第三场更大。首先，要达成迫近第一场状态，难度很大。若非与被摄对象长期相处，做到形同知己，被摄对象是不会让拍摄团队进入自己的生活场境的。其次，从迫近第三场的方向来说，被摄对象一旦和拍摄团队达成了较好的互信关系，就难以再回到一个纯粹的采访场。这样的情形用俗话说叫"人熟不讲理"。此时被摄对象可能完全无视拍摄团队的要求而拒绝采访。

即使是停留在第二场，由于主持人的介入，这里的第二场已经不是被摄对象与摄像机之间的"共谋"，而是被摄对象、主持人之间的关系组合与摄像机的"共谋"。也就是说，主持人被带入了被摄对象的生活场境。这时，主持人在第二场中的行为就变得十分难以把握。主持人的身份和职业角色与被摄对象的生活场境本身有着一定的距离。要求一个主持人完全放弃自己的职业身份，全情投入到被摄对象的生活场境，这几乎是不可能的。因此，主持人的表现就会在被摄对象的自主场和主持人的职业身份之间变得游移不定。此时，主持人的一颦一笑、一言一语都关系到记录素材的性质。这一点对主持人而言，是一个巨大的考验。

恰如其分的行为状态是通过长期的业界实践培养出来的。在第二场中，主持人的场意识主要有两点：第一，必须真诚地与被摄对象交流和互动，不分神、不敷衍。要注意与被摄对象的眼神交流、仔细揣摩被摄对象的心理活动，成为一个高情商的人。第二，要注意自然地与摄像机/摄像师这一组要素协调互动，不要害怕自己在镜头里穿帮。比如看到电池即将耗尽，可以从自己方便的地方顺手递一块电池给摄像师。这样的行为就有了现场的时空逻辑。此刻，即便是摄像机因停电关闭再启动，录制的镜头也不会衔接不上。比较犯忌讳的是，主持人绕行到摄像机的后方，在摄像机拍摄被摄对象的时候和摄像师"咬耳朵"。因为这种行为会直接把被摄对象拉入第三场。

主持人从第二场转入第三场或第四场也有一定的难度。

这里我们首先来探讨主持人从第二场进入到第三场或第四场的必要性。这里的必要性主要有以下三点：第一，现场的某些信息是无法通过画面语言表达的，比如现场确切的地点、时间、人物的身份等，再比如现场的气氛、温度、湿度、气味等，此时就需要主持人进入现场采访或现场播报的状态。第二，在"5W"和"1H"中，比较复杂的三个因素是What、How、Why。一般而言，这三个要素都需要经过深度的访谈来提供相关信息，有些信息也必须在现场进行佐证和分析。第三，现场的某些关联人物或因素并没有与主持人处在第二场中。对这些人的访谈和介绍就必然会回到第三场或是第四场。

在讨论了主持人由第二场转向第三场或第四场的必要性后，我们再来探讨这种场间转换的难度。

比较起来，从第二场转向第三场相较于从第二场转向第四场要自然一些、容易一些。主持人只需要强调摄像机的在场就会将被摄对象拖拽到接近或达到第三场的场境。比较困难的是，从第二场直接转向第四场，即从被摄对象的自主状态进入到主持人的现场播报状态。这里的难度在于，在表达迫力下对行为和语言的把控。主持人在现场如果要对镜头说话，那他（她）就必须完善地表达出某些既定的内容。面对摄像机的这种陈述，对于任何一个电视从业者而言，都并非易事。更为重要的是，一方面要完善地表达既定的内容，一方面还要顾忌自己的语言和行为。就语言方面而言，主持人必须完全采用日常口语。每个人面对镜头的语言表达都会形成某种定式。主持人在长期的专业训练中，更会强化自己的语言模式。因此，要放弃习惯的语言定式，进入一种大白话式的口语表达状态，对于任何人来说都是一种挑战。就行为方面而言，在现场一转身把视线投向摄像机并且开始说话，这似乎是一个比较容易完成的动作。但是，在实践中人们会发现，这个简单的动作做起来并不容易。在视线转向摄像机镜头的一瞬间，主持人的最细微的一些表情和状态，都足以让受众觉得仍然是在顾忌摄像机的存在。在这里，主持人出现了"肖像效应"。就是主持人在进入被摄对象的第二场时，恰恰是不自觉地落入了自己的某种自然状态中。所以，上文提到的"蓦然回首"就成了从主持人自然状态向播报状态的权力机制透出的一瞥。当然，肖像效应对现场效果的影响并没有那么显著，对结果也不是颠覆式的，它只是能够让受众看出主持人的某种"不恰当"或"不自信"。

更为重要的是，许多主持人根本就没有区分状态场及其场性的能力，更没有在摄像机在场的情况下完成场境转化的主观意愿。某些主持人在现场根本就想不到这样做。这种想不到是由于理论缺失造成的。主持人对现场的场性还没有清晰的辨识能力。迄今为止，我们在各种电视节目中还很少能够看到主持人在不同场境中自由往来的表现。即便是拍摄团队中有人授意主持人这样做，没有经过专业训练的主持人往往在现场也会出现大脑空白和行为失当的情况。因此，了解第二场的场性，明确自己在第二场的意识，学习从第二场向第三场和第四场转换的能力，是提高主持人现场工作能力的重要环节。

2. 主持人在第三场的意识

主持人在第三场中应该时刻提醒自己这是一个采访场。在这个场中主持人应该把自己变成一个挖掘信息的有力工具，通过采访来完成信息的传达。

不少从业人员的经验表明，许多初入门径的主持人往往在采访现场不知所措。迫于环境的压力和对自己提问是否恰当的担忧，主持人往往会"不在场"。这种"不在场"源于顾忌个人形象所造成的紧张心理。微观场理论告诉我们，主持人在现场的意识应该是：放弃对个人形象的顾忌，从平常心出发，把自己看成是一个无关紧要的媒介工具。对于媒体和受众而言，你是谁并不重要，重要的是你在现场可以完成挖掘信息和呈现信息的基本功能。因此，主持人在第三场的意识就是全身心投入对受访对象的聆听，从中发现信息的价值和提问的指向。

聆听是第三场特性对主持人提出的客观要求。其一，聆听是一件困难的事情。除了语言的差异之外，谈话双方的知识域、经验和表达都会成为理解的障碍。记者可能面对不同身份的人。这些人可能是某些领域的专业人士，也可能是社会中的边缘人士。这就决定了理解的难度。其二，事先设定的问题与现场的情况会出现偏差。主持人到现场前，会对受访者的话题进行必要的准备。可是现场的情形瞬息万变，原先准备好的问题也许就不再适合现场的情境。记者必须在现场交谈中发现问题。其三，采访不是漫谈。它需要在单位时间中呈现足够的信息量。由于受访者往往不具有面对镜头的表达技巧，谈话中可能出现拉杂和逻辑混乱。及时地把握谈话的逻辑，礼貌地打断对方并提出新的问题，是使采访具有效率的必要方法。因此，注意在聆听中把握谈话的逻辑是提高采访效率的唯一方法。其四，通过聆听提出问题，本身就达成了一种交谈的情境。这种交谈情境会让受访者放松，也会激发受访者发表观点的欲望。其五，有些信息是一定需要采访对象亲口表述的。时间、地点、人物、数量、状态这些型构事件的基本信息，一定要在现场得到证实和澄清。如果受访者在表达某些重要信息时出现了错误，记者要及时发现并采取重复错误的方法，让受访者进行更改。比如受访者在谈到事件发生于1989 年时，因为紧张说成了"1985 年"。这时有效的技巧是故意重复说："你说的是 1985 年？"受访者马上会意识到刚才发生的错误，并补充道："那件事发生在 1989 年。"这样完整的表达在后期剪辑的过程中才会准确顺畅。

前面我们已经谈到，每一次电视拍摄几乎都是从第三场开始的。在这个场境中，所有人都强烈地意识到这是一场采访。此刻，主持人首先应该分辨这个采访场的基本属性，因为第三场有时也可能极为趋近第二场。在此，主持人还要明确地知道在后续或现场直播的节目中需要什么样的现场属性。有时，我们可能需要一个严肃庄重的采访现场；有时，我们可能需要一次能和被采访者拉家常式的轻松交谈。意识到实在场境和目标场境之间的差异，主持人需要实时地做出姿态调整。在应该严肃认真的场合和受访者拉家常会被看作是草率和轻慢；在应该自然轻松的场境中，板起面孔一味地强调字正腔圆，就会显得做作、不自然。

一个优秀的现场节目主持人应该具备在第三场和第二场之间自由转换的能力。同时，也应该具备对状态场的强度进行控制的能力。比如在一个电视谈话节目现场，大多数时间需要主持人轻松自如地与在场的嘉宾和受众交谈。这可以看作是第三场中的一种比较轻松的状态。如果此时有些受众或嘉宾在谈话中情绪失控，发生了类似于第二场中的情形，那么主持人一定不能不假思索地跟从——别人哭你也哭，别人笑你也笑。别人的哭和笑可能被看作是真情流露，而主持人的哭和笑就会被观众认为是做戏。

3. 主持人在第四场的意识

第四场是主持人在现场的播报状态。这是一项具有一定难度的工作。

这里的难度来自于三个方面：其一，从第二场或第三场向第四场的转换；其二，事件性现场的紧迫感；其三，现场组织语言进行表达的能力。

从第二场或第三场向第四场的转换，表面上看起来非常简单，就是主持人把视线从现场或受访对象投向摄像机镜头并说话。但在实践中，许多主持人都会感觉到别扭。因为两个场境的性质不同，转换的过程当中需要用一定的技巧进行场间的"焊接"。这个基本的技巧是在原先的场境中驻留一下，然后再逐渐地进入第四场播报状态。主持人的第一句话可以是针对现场情境和受访者说的，这时受访者会与主持人有一定的回应。然后，再将谈话的内容转向事先设定好的语言逻辑。

事件性现场的紧迫感是造成场间转化的又一个障碍。在某些事件进程中，主持人转向镜头播报会受到现场因素的干扰。主持人应该排除这些干扰，顺畅地完成表达段落。有时，事件的紧迫性仅仅给主持人一次表达机会，比如对某些事件的现场直播。这就要求主持人顶住压力，出口成章。这里的技巧主要是，主持人要回归到自己在日常生活中习惯的言语状态。这样一来，即使是出现了卡壳、语病、发音失误、表达失常都可以自然地进行补救和转化。许多主持人不明白这一点，拿腔拿调地用一种播音腔的工作状态做现场播报。这样在出现问题时，所有的补救方式都会显得非常尴尬。

现场组织语言的能力，是需要长时间训练才可能具备的。有些教材指示的语言训练方法由于没有以实践为依托，往往会误导学习者。有效的意识和方法是：在第二场和第三场的采访过程中，将大量的信息快速加工，概括为一个关键词，并在这个关键词的提示下，作两到三个方面的演绎。这个方法也被称为"从0到N"和"从N到1"。所谓"从0到N"，就是要有快速获得最大信息量的能力。所谓"从N到1"，就是将复杂内容归纳为一个关键词和关键字的能力。只有完成了上述两个过程，主持人在现场的表述才可能自然顺畅，有深度、有逻辑。

（二）主持人在第五场的场意识

第五场是指主持人在演播室的播报状态。这一场的状态在图1-7的表达中，只是列举了一个最简单的向度。实际上，第五场的情形要复杂得多。

演播室是电视节目中的一个十分重要的场境。在这一场境中，不少节目都超出了简单的播报状态，而演化为具有其他场性的节目。

1. 双主持人播报的节目

双主持人播报节目，主要出现在电视新闻类节目中。如中央电视台的《新闻联播》。它的基本状态如图2-1所示。

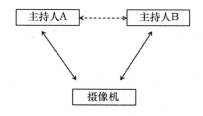

图 2 - 1　演播室双主持人播报节目图示

　　双主持人播报节目的场性属于典型的第五场。

　　在此类节目中，两个主持人（一般为一男一女）的视线只有一个点，那就是摄像机镜头。双方的眼神交流只在开始和结束时偶然发生。双方语言的交替是为了配合节目的流程，没有交流的意义。在此类节目中，注重的是权威、严谨和表达的规范性。两个主持人均须采用字正腔圆的播音腔。一般在镜头前设置有内容提示器，主持人可以在视线不离开镜头的状态下，直接念出提示器上的内容。

　　两个主持人不对内容进行现场即兴加工。在念读提示器上的内容时，更加注重的是表达形式的规范性，而不去思考内容的含义。在段落转换后，主持人也不会再去管已经播报完的内容。整个节目中，主持人处在一种程式化的工作状态中。

　　由于表达缺乏思维的介入，采用一致化的腔势，鲜有肢体语言，这类节目的信息传递往往会出现"听不见"的情形。不是受众听不见主持人的言语，而是对其表达的意义无法理解和记忆。究其原因，主要是主持人的播报状态没有加入个体对内容的理解。因此，语言重音、音调、停留、转接和表情、肢体语言等方面都没有参与到内容的表达中来，这些语言和非语言因素的剔除，弱化了表达的效果。

　　这类节目存在的价值在于通过规范、严谨的形式来传播主流意识形态的声音。"所有的形式都是内容。"[1] 朝鲜的电视节目主持人的播报方式曾经在网络上被网民恶搞，并且因此而引起了朝鲜官方的抗议。尽管我们听不懂朝鲜播音员播报的文字内容，但是通过播报的形式，受众大体可以知道这种权力言说的基本意涵。在我国的新闻节目中，双主持人的播音模式有所改变，主要表现在播出的文字稿越来越口语化。思考这类节目的形式变化绝不能就节目论节目，而要将其纳入权力关系框架进行思考。在可预

---

　　[1]　参见厉震林《艺术的自在》，上海交通大学出版社 2013 年版，第 26 页。

见的未来，双主持人严肃的播报方式还不会被摒除。

双主持人播报这一节目形态客观上区分了播音员与主持人的职业功能。播音员似乎只要能完成字正腔圆的播报就可以了，而主持人除了强调语言的规范性，同时还要求能够做言语表达。从职业技术层面而言，播音员是"从稿件到嘴"，而主持人是"从脑到嘴"。当然，这里讲的是中国传媒情境。在西方媒体中，播音员和主持人并没有做如此明确的区分，许多情形下都要求播音员在播报时也要加入自己对稿件的理解。

实际上，理想的播报状态一定会要求播音员/主持人不仅是"肉喇叭"，而一定是成为一个职业传播者。由于"从稿件到嘴"直接影响了传播效果，因此随着人们对媒介认知的加深就一定会改进这种缺失。事实上，新闻事件具有时空的延续性，只要播音员/主持人多花一些时间了解国内外新闻的动态和动势就能够成为理解稿件的行家里手。希望未来的播音主持职业教育能够提早介入对未来从业者新闻素养的培训。

2. 有嘉宾的现场播报

有嘉宾的现场播报节目的属性是第五场和第三场。它的节目状态如图2－2所示。

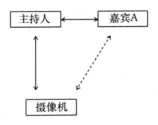

图2－2　有嘉宾的现场播报节目图示

这类节目仍属于新闻节目，只不过这类节目在强调新闻的权威性、严肃性的同时，加入了嘉宾作为另一个信息来源，也增加了一个针对事件的演播室现场，增加了信息量和报道深度。

在此类节目中，主持人的视线有两个视点：一是镜头；二是现场嘉宾。而现场嘉宾的视点只有一个——主持人。主持人在播报节目内容的时候，要面对摄像机镜头。提问时，则会将视线转向现场嘉宾。这样播报过程就会时常在第五场和第三场之间转换。嘉宾只处在一个状态场中，就是第三场。嘉宾的角色功能是提供新闻背景、阐发新闻意义、提供权威观点等。嘉宾的现场状态设定为：在演播室接受主持人的采访。

这类节目的语言方式是相对轻松的。因为主持人要在两个场境间转换，所以其语言方式也必须在"播"和"说"之间进行转换。这样一来，如果主持人在面对镜头播报时语言过于严肃、规范，那么当转入采访时就会显得比较突兀。如果主持人从采访转向镜头播报时语言直接转换成"播音腔"，也会显得不自然。所以，采用比较口语化的语言方式就显得尤为重要。至少需要在转化前的一两个句子中逐渐转换状态。

这类节目的语言方式是两种状态并存的，即可能是播报状态的亦可能是比较口语化的。精妙之处是将电视台的观点转由现场嘉宾进行表达。由于现场嘉宾的身份具有一定的专业性和权威性，同时其身份又可能不是电视台的工作人员，这样嘉宾在表达个人看法时，既显得有依据，又和电视台做了身份切割。尽管不少节目在片尾滚屏时都会标注"节目中的言论不代表本台立场"，实际上受众的理解是，嘉宾的观点在某种程度上就是电视台的观点。

在此类节目中，对主持人的要求相对较高。它要求主持人既能"播"又能"说"。"播"就是播报，需要有较高的语言规范。而"说"则表现在两个方面：一方面是与嘉宾的交谈；另一方面是面对镜头做谈话式的表达。这里的难度还表现为主持人必须控制节目的节奏，需要在节目流程、播报和现场访谈三种时间状态中作转换。当主持人观照到节目流程时，其意识和状态基本等同于导播；当主持人进入播报时，其意识和状态等同于播音员；当主持人投身于采访中时，其意识和状态等同于一个记者。

3. 多嘉宾的播报节目

多嘉宾的播报节目是一种较新的节目样态。这类节目中除了主持人播报时会有现场嘉宾，还可能会切入多个其他场境中的连线人（嘉宾或出镜记者）。如 CNN 的《Larry King Live》。这类节目处于第五场、第四场、第三场和第二场。它的状态如图 2-3 所示。

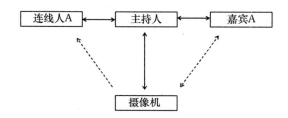

图 2-3　多嘉宾的播报节目图示

多嘉宾的播报节目属于新闻类。所以，图 2－3 中除主持人外，用嘉宾 A 表示现场嘉宾，用连线人 A 表示场外的嘉宾或记者/主持人。使用"A"是为了表明现场嘉宾和连线人都可能有多个，暗指存在嘉宾 B、嘉宾 C，连线人 B、连线人 C 等。

在此类节目中，主持人面对镜头的播报，显然属于第五场。主持人与现场嘉宾和连线嘉宾的交谈则进入了第三场。有时外景主持人的镜头会切到演播现场。这时的场性属于第四场。在节目中，各位嘉宾也可能越过主持人而直接发生交谈或争执，这里的场性游离了第三场，我们可以视作是第二场。

这类节目中主持人的视点比较复杂。大体来说，分为三个向度：对镜头、对嘉宾和对大屏幕。对镜头的视线发生在主持人的播报状态下。当播报完成，需要访谈时，主持人会把视线转向现场嘉宾。与现场嘉宾交谈的过程当中，主持人会示意导播切入连线人。这时，主持人的视线就会停留在现场的大屏幕上。有些节目为了避免主持人视线的游移和混乱，会在摄像机前放置一个屏幕。从这个屏幕中导入连线人的图像，这样主持人的视点就只剩下镜头和现场嘉宾。有趣的是，有时节目主持人的现场还会回到演播室时空。比如在呼叫场外记者时，由于技术上的原因，信号迟迟不能切入现场。此时，主持人的视线又不能总盯着镜头，或者看向现场嘉宾，所以有时会投向播音台或现场的其他地方。这样的视线也造成了比较强的现场感。这也是第二场的镜头。

从语言风格上说，这类节目一般采用的是"说"的方式。由于主持人要在多个场境间进行转换，所以必须运用主持人习惯的相对日常化的言语方式。如果这类节目是现场直播而非录播，那么使用的语言就需要有一定的宽容度和弹性。所谓"宽容度"，就是要去掉语言的规范性，使表达更顺畅，也可能弥补表达的失误。所谓"弹性"，就是语言要有一定的个性化色彩，在表意的同时更多地带入语言的情趣，型构出一种特殊的现场感。

主持人需要在不同的场境当中作转换。理想状态是建构一种趋近于第二场的第三场。主持人要以自己的人格、智慧、素养来建构和保持一种轻松有趣的现场氛围。在这个场境中，既体现了主持人的个人魅力，也确定了此类节目的风格。主持人还需要具有在第五场从容表达的能力。尽管这种表达不是严格意义上的播报，但是也对主持人的新闻素养提出了较高的要求。在连线状态下，如果连线的是场外嘉宾，那么主持人的基本状态就进入了第三场（采访状态）。如果连线的是出镜记者，这时主持人的状态就更像是一个导播。这类节目对主持人的要求，除了像前一种节目那样在节目流程、播报和现场访谈三种时间状态中作转换，还需要一种超强的节目控制能力。因为现场的参与者较多，在一个时间段落中，可能会出现多种复杂的状态。要求主持人具有超乎寻常的节目掌控能力。这种掌控能力首先来自于对新闻事件的快速理解和快速分析能力。主持人必须超越所有的参与者，预想到节目发展的状态，借由不同参与者的口表达既定的内容，将自己的观点（电视台的观点）潜移默化地传达给受众。

4. 有现场嘉宾的谈话节目

有现场嘉宾的谈话节目具有第四场、第三场和第二场的属性。比如凤凰卫视的《锵锵三人行》，其节目的状态如图 2-4 所示。

这一类节目一般由一个主持人和多个现场嘉宾组成。与上述节目不同的是，这一类节目突出的是谈话，即"Talk Show"。"Talk Show"的要点是"Talk"与"Show"的结合，它是借由谈话而构筑的一个表演现场。话题本身可能是新闻，也可能是一个公共媒体和大众关注的媒介事件。事件本身可能非常复杂，也可能是由多个事件组合在一起而形成的议题。如2011年底的"校车事件"，它是由一系列的围绕校车安全的新闻所构成的一类事件的总称。话题确定后，在现场要下功夫的部分是"Show"，也就是要把谈话进行得精彩、丰富、有意味。图 2-4 中显示的嘉宾 A、嘉宾 B 并非是说只有两位嘉宾，意在表明有多个嘉宾在场。

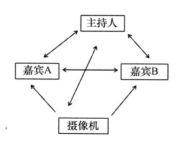

图 2-4 有现场嘉宾的谈话节目图示

此类节目中主持人有两个视点：一是摄像机镜头；二是现场嘉宾。与播报类节目不同的是，节目主持人即使是面对镜头说话，也一般不使用播音腔，而是采用"说"的方式，表达相对口语化，突出亲切感。允许在表达中出现一些语病或是表达不到位的情况。主持人面对嘉宾说话时，就进入了一种讨论。这里用"讨论"而不用"采访"，说明在这样的情境中主持人与嘉宾的谈话呈现出两种性质：一种是主持人提问；另一种是主持人参与交流。主持人提问，其真实的目的并非提出问题让嘉宾回答，而是提出问题，引发讨论。主持人视线投向嘉宾的主要目的是配合与嘉宾的交流。此时，主持人的注意力主要集中在嘉宾的谈话内容上。主持人会挑选嘉宾谈话中可以发挥的部分，适时介入，把谈话引入一种有趣味的状态。主持人参加交流时，其视线可能会在不同的嘉宾身上转换，目的是在不同的嘉宾之间分配时间和注意力。

节目中嘉宾的视线也有两个：一是主持人；二是嘉宾。嘉宾的视线一般都不会投向摄像机，表明嘉宾停留在一种现场状态中。说话的目的是在现场表达自己的观点，而非向观众直接传递信息。实际上，嘉宾在现场的谈话兼有现场表达和向观众宣讲的功用。只不过，嘉宾的视线会强调谈话的现场感和情境的真实性。这就是我们前文所说的"表演仪式"效应。

这类节目的语言风格轻松自然。总体来讲，符合人们日常交谈的状况。他们或阐释观点，或提供背景，或插科打诨。一般而言，嘉宾之间的观点相互对立，从而引发争论。谈话不是为了分出高下、分出对错，而是要突出谈话的现场情趣，增加可视性。

为了不分散注意力，这类节目的现场布置都比较简单，更像是一个喝茶聊天的场所。主持人和嘉宾的衣着与肢体语言都相对随意。坐姿尽可能让自己舒服，甚至允许跷起二郎腿。为了突出现场的谈话氛围，有时演播室还会提供水、饮料。这里的言语和非言语语言，都是为了强调现场的真实氛围。这类节目在录制前，主持人和嘉宾一般都不做面对面的详细沟通，而是仅仅告知要谈论的话题。因为在谈过一次之后，第二次来录像时，谈话就变成了一种表演。不做面对面的详细沟通是可以避免表演给人带来的不真实感。

此类节目中，主持人对镜头说话时属于第四场。主持人与嘉宾交谈时的场性是第三场和第二场。

主持人与嘉宾交谈属于第三场的性质，这一点容易理解。这类谈话节目的设置本身就是一个类似采访的现场。主持人和嘉宾之间有问有答。一般来说，问题来自主持人。有时嘉宾也会向主持人发问。这是我们说的"Talk Show"中"Talk"的那一部分内容。

主持人与嘉宾交谈属于第二场，这一点比较费解。我们说的第二场是被摄对象的自主状态。如果说嘉宾是被摄对象的话，那么他们是很难进入第二场的。实际上，带出第二场场性的是主持人。在这里主持人要清晰地意识到自己就是被摄对象之一。如同我们在现场采访时喜欢让被摄对象进入自主状态一样，主持人此时要主动地、有意识地进入第二场。主持人在抓住内容、逻辑之余，还要尽力地展示自己的语言天赋、谈吐风格、非言语语言特征乃至精神气质。上述这些因素才可能构造出一个活脱的人，一个个性特征鲜明的文化人形象，才能固化一种节目风格。这是我们说的"Talk Show"中"Show"的那一部分内容。

现场的第二场属性是主持人与摄像机"共谋"的结果。这类节目营造出的是以主持人为中心的第二场状态。这对主持人的要求非常高。主持人要在工作场境中的工具化心态和生活场境中的自然心态之间做调试。其中，语言风格尤为重要。主持人面对镜头说话时也必须十分放松自然，这样从第四场向第二场的转化才不会显得那么突兀。

5. 有现场观众的脱口秀节目

有现场观众的脱口秀节目，其场性属于第四场、第三场和第二场。比如中央电视台的《实话实说》。此类节目的状态如图 2 - 5 所示。

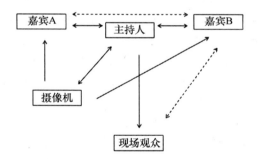

图 2 - 5　有现场观众的谈话节目图示

这一类节目的现场由主持人、多位现场嘉宾和现场观众共同构成。现场区域可分成两块：一块是舞台空间，另一块是观众席。为了营造节目的现场氛围，像《实话实说》这样的节目还设置了小乐队。

这类节目与一般谈话节目的不同之处在于嘉宾。一般谈话节目的嘉宾是节目的参与者，是为节目提供背景知识、观点的人。有现场观众的谈话节目中，嘉宾一般是事件的当事人。话题一般都围绕嘉宾展开。嘉宾们亲历的事件或生活状态构成了谈话的基本内容。当然，有时节目中上述两种不同功能的嘉宾亦会同时存在。

节目流程上也比较具有仪式感。经过一番热场后，主持人持麦克风上场，面对现场观众和摄像机镜头作简单的开场白。这里的场境属性是第四场。之后，便会引出现场嘉宾。嘉宾可能有多个。他们也不一定同时到场。

　　现场一般安排在一个类似于小剧场的空间。嘉宾被依次邀请上台。现场设有观众席。主持人与嘉宾交谈时经常会观照到现场观众。有时现场还设置大屏幕，供播放视频资料用。节目还会安排某些嘉宾在现场"巧遇"。观众是这类节目中的有机组成部分。他们不仅在台下观看和倾听，有时还被邀请到台上去参加互动。主持人也会给在场的观众发言和提问的机会。在场境布置上，观众席也有足够的光照，以便于随时拍摄观众在现场的状态。

　　节目主持人在现场的视线比较混乱，可能对镜头也可能对嘉宾，还有可能注视现场的观众。这里要强调的是主持人在现场的主人（host）地位。他（她）在整个节目进程中，如同在家里招待客人一样，安排不同的人进入节目，并掌控节目的流程与节奏。嘉宾在现场的视点也比较多样化。他们可以看主持人，可以与其他嘉宾交流，也可以看现场观众。观众的视线如同在剧场中一般，可以有选择地关注现场的不同部分。总体来说，现场的参与者视线的焦点，都会投向说话的人。在这类节目的现场，参与者一般都会觉得比较自在。从主持人来说，是要制造节目的现场感。轻松随意的氛围更有利于参与者的交谈。对嘉宾而言，他们讲述的是自己的故事，或者是自己亲历的事件，不需要太多的语言技巧。处于观众席上的观众，其身份更像是看客，更加轻松自如。当然，有时这类节目现场也可能被故意分成两个对立的阵营，一些嘉宾代表部分观众坐在特定的区域中，形成分庭抗礼的场面，引发唇枪舌剑的辩论。

　　有现场观众的谈话节目，语言风格比较平实，就像我们日常生活中的状态。主持人不论是对镜头说话、对嘉宾说话还是对观众说话，都力求使自己的语言简单流畅，富有特色和幽默感。嘉宾由于不是节目当中的"谈话者"，而是参与节目的当事人，所以他们的语言风格带有各自的特点。参与节目的人都显得真实、可信和亲切。主持人语言或犀利或幽默，与嘉宾语言的平实自然风格形成了对比。观众在参与节目发言时，一般都会把自己放置在设定的话题和流程中，有感而发、言尽则止，也带有日常生活中的语言特点。

　　之所以说这类节目性质分别属于三个场（第四场、第三场和第二场），主要是因为此类节目营造了一个气场较大的现场时空。在这个时空中主持人在开头和结尾既要做现场播报，要在现场提问访谈，还要营造一个具有客观真实感的氛围。

　　关于第二状态场性质的营造，这类节目要比有现场嘉宾的谈话节目容易些。众多参与者烘托了现场的客观实在性。参与者状态被强大的现场所控制，产生了随机性。人们围绕设定的话题交谈、倾诉、争论，往往带出自己的真实情感和真实想法。这样就在演播室空间构造了一个具有客观性的多方自主参与的场境。由于每个在场者都知道摄像机的存在，因此这里的场性还只能停留在第二场，无法进入到第一场。

回到现场主持人与嘉宾的谈话段落，尽管双方的交谈比较散漫和自然，但细究起来仍然是典型的第三场镜头。主持人来到观众席的采访，也属于典型的现场采访状态。这样看来，此类节目就也具有第三场的属性。

主持人在开场和结束时的现场播报是对摄像机镜头和电视观众的表达，当然属于第四场。

主持人主持此类节目的难点在于，需要在谈话的内容和节目的风格之间求得一种平衡。谈话的内容是节目运作的动力，失去了这一动力节目就不可能向前推进。恰当地引入新的谈话内容和新的谈话对象，并使谈话言之有物，是主持人必须着力注意的一个方面。另一方面，主持人还必须要"跳出来"，十分注重谈话的形式感。"跳出来"就是要超离谈话内容。在一个较高的视点上，把控节目的形式风格。"谈什么"很重要，但是"怎么谈"更重要。失去了谈话的形式特点，就会冷场，会使整个节目显得索然无味。

在这类节目中，主持人的个人魅力和语言风格是十分重要的。《焦点访谈》节目曾经更换过主持人。不同的主持人当然有不同的个人魅力和语言风格，但是，这些带有个性化的特征如果不能使节目显示出强烈的现场感和一定的风格，那么节目也会流于一种散漫的状态。

6. 有舞台的选秀节目

有舞台的选秀节目，在形式上更像是剧场演出。它的场性是第二场和第一场。典型的节目是《英国达人秀》。节目状态如图 2-6 所示。

有舞台的选秀节目现场由舞台和观众席组成。在舞台上出现的主要是选秀节目的参与者（也称选手）。有时主持人也会出现在舞台上。在舞台下方，主要有评委和观众，有时节目还会有评议人、导师团队等。参与者在舞台上进行才艺表演。评委给出是否晋级的结论，评议人可有可无。若设立评议人，其身份可能是某方面的专家或是知名人士。评议人的功能有两个：其一是评论参与者的表现；其二是通过票决方式影响参与者的胜负。观众在台下观看，一般不进入表演区。现场有镜头反映观众的状态。主持人可能出现在舞台上，也可能在台口随机采访预备上场和退台后的选手。

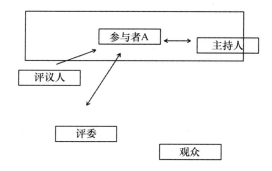

图 2-6　有舞台的选秀节目图示

这类节目的第一个特征是具有极强的动力。表面上看，这类节目在形式上无异于一般的文艺演出。但是，一般文艺演出的演员身份是事先早就确定的，他们必须在演出之前就有一定的经验并取得演出的"资格"。参加真人秀节目的演员，其参加演出的"资格"不是事先给定的。他们的演出是否成功，能否继续，需要经过评委评议、观众的评判。一般而言，选秀节目都会设置高额奖金，甚至提供入职机会。因此，对参与者和观众而言，都具有极强的诱惑力。这类节目往往产生"丑小鸭变天鹅"的现实版童话。成功的参与者也会因此而改变个人命运。节目与选手声誉、机会的关联性为节目提供了极强的动力。评委手中的"Yes"或"No"对参与者的命运有重大的影响。这一切就像一个正在发生的故事，其情节的跌宕起伏和结果的不可预知，会对观众产生一定的吸引力。

这类节目的第二个特征是具有强烈的现场感。数量庞大的参与者制造出了一个大型现场。节目的竞争性和节目对参与者的影响力，为现场增加了张力。在不知不觉间，现场的每一个人都投入到了一种真实的情境当中。灯光、音乐、音效，掌声、欢呼、眼泪，兴奋、激赏、惋惜——在这样的情境中每个人都会被不自觉地带入。

从节目现场的这两个特征来看，此类节目同时具有参与者的自主状态和自然状态，因此我们把这里的场性定义为第二场和第一场。

与一般的演播室现场节目不同，在这类节目中，主持人的功能往往被弱化。这里的主持人几乎等同于一个报幕员。主持人既没有现场的话语权，也没有决定参与者是否晋级的权力，甚至没有评论参与者表演的资格。某种程度上，主持人的功能被分解给了评委和评议人等角色。某些时候主持人更像是一个偷偷跑到后台去，能够在台口处窥视的特殊观众。通过主持人的眼睛，我们可以看到节目参与者上台前和下台后的情绪和状态。主持人的功能只是提供观看节目的一个另类视角。

这类节目的成功与否，基本上取决于两个因素：一是节目对参与者的影响程度；二是参与者表演的精彩程度。如果节目设置的筹码足够高，对参与者命运的影响足够大，那么现场的动力和张力也就会随之加大，参与和观看节目的人就会更多。如果节目表演足够精彩，也会增加节目的可视性。这里的精彩程度不是针对节目本身而言，某些情形下是人物与其才艺之间的巨大反差和命运落差。如《英国达人秀》中的"苏珊大妈"，更能吸引人们的眼球。上述两个因素中第一个因素，即"节目对参与者的影响"更为重要。当这个因素足够强大时，就会吸引更多有才艺的参与者前来参加节目。当参与者的命运在节目中被改变，也会极大地提升节目的知名度。

7. 真人秀节目

"真人秀节目"在英语中被称为"Reality TV"。从微观场理论看，这类节目的终极目标是：克服"第一场悖论"，营造出一个参与者的自然场境。真人秀节目可能是指规定目标、规定情境，让参与者克服极限困难（而非通过才艺）达成竞争性目的的参与式节目，也可能是其他任何可以呈现参与者真实状态的节目。这类节目与电视选秀节目的区别在于，电视选秀节目具有固定表演场所，一般只考察参与者的才艺，而真人秀节目强调的是参与者（参与团队）非才艺的某种极限能力。电视选秀像现场表演，而真人秀节目更像现实中的竞赛。总体来说，这类节目的属性在理想状态下属于第一场，但是由于节目创制的差异，有些节目仍停留在第四场的状态。真人秀节目状态如图2－7所示。

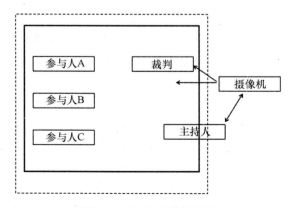

图2－7　真人秀节目图示

　　真人秀节目一般有多个或多组参与人进入节目。这些人是节目中的主要角色。节目会设定一定的目标。这些目标具有一定的难度。要求参与者在限定条件的情况下参与竞赛，完成任务。获胜者将会得到某些利益。此类节目会有多个现场，参加的选手会在不同的现场中完成比赛。有时现场还会被设定为封闭的时空。除参与者外，这类节目中还会有裁判（评委）和主持人。

　　图2-7中的框线采用了道路交通标线的画法，要表达的意思是参与者难以感知到摄像机的存在，而摄像机却能够拍摄到参与者的行为。造成这种效果的原因有两个：一是将摄像机隐匿起来；二是现场的强度设置足够大，以至于参与者无法顾及摄像机的存在。

　　这类节目某些时候有主持人，有时则不设置主持人。有主持人的节目中主持人的功能是播报一些现场无法通过画面传递的信息。由于主持人的在场会影响到节目的场性，也就是说，主持人可能将节目的趋第一场的场性转换为第三场。所以，在这类节目中主持人的设置要因情况而定，一般倾向于不设置主持人。

　　此类节目与有舞台的选秀节目具有一些相同点：第一，它们都为节目设置了一定的动力，即用节目与参与者的利益关联来增强节目的张力；第二，它们都具有一定的现场感；第三，它们都弱化了主持人的功能。

　　然而两类节目也有不同之处，这主要表现在场境的不同。有舞台的选秀节目的场境更像是一个演唱会，而真人秀节目的场境更趋近于纪录片。由于隐匿了摄像机，并设置了一定的现场动力，一般在真人秀节目中参与者无法顾及摄像机的存在，从而使得节目具有了第二场，甚至第一场的性质。另一个不同点在于，有舞台的选秀节目中，参与者的表演时间一般不太长，大约为几分钟。而真人秀节目的参与者会在特定的环境中"存活"较长的时间。比如某个以减肥为目标的真人秀节目，选手可能在比赛现场生活一个月甚至几个月的时间。在漫长的时间中，选手们已经逐渐熟悉了摄像机的在场。在现场的动力机制下，参与者时常会进入一种失控状态。他们会笑、会哭，甚至会做出意想不到的反常行为。这些行为已经不再具有对摄像机的自主意识，而是参与者的自然反应状态。

　　真人秀节目的成功之处，除了设置动力、营造现场感之外，还取决于节目议程的设定。因为节目将持续较长的时间，所以节目的进程必须形成梯度，以使后续的环节区别于之前的环节。这样观众才会保持观看节目的新鲜感。另外，节目参与者的知名度也对真人秀节目有一定的影响，比如韩国真人秀节目《我们结婚吧》就以全明星阵容出现。明星们的知名度极大地增加了节目的可视性。

真人秀节目的优长，可以从各种视角和各种理论加以分析。在微观场理论看来，真人秀节目的成功之处就在于对"第一场悖论"的挑战。由于追逐第一场的摄像机的到场，迫使第一场性质发生转变，所以摄像机记录第一场镜头的可能性变得微乎其微。由于各类电视节目的内在"趋第一场性"，又使得离开第一场电视节目便失去了其诱人的魅力。因此，真人秀节目以导演的方式虚构了第一场。尽管我们知道真人秀节目所型构的第一场并非一个稳定的自然状态，但是，由于诸多的设计，使得此类节目的现场具有了某种不可控的特性，满足了人们对第一场镜头的渴求。

电视真人秀节目也可以被理解为在电视与电影之间存活的一类特殊形态的节目。如果说电视是纪实的，电影（故事片）是虚构的，那么真人秀节目就在真实与虚构之间找到了一种微妙的临界点，达成了某种"真实的虚构"或"虚构的真实"。只不过，电影是以职业的演员和逼真的技术手段营造了"以假乱真"的视觉效果，而真人秀则是用非专业的演员加以特殊的约束条件，最大限度地靠近了真实状态。

四　合格电视作品的三个特征

如果我们把所有的电视节目看作是一个大的类，那么我们会自然地提出这样的问题：什么是合格的电视节目？当然，"合格"本身会有许多的标准，譬如较高的收视率、有价值的电视版权、能够承载较多的广告等。此处我们讲的"合格"是从电视文本的编码特征上进行的分析。这些编码特征可以使电视节目好看，可以在某种理论上得到确认，并且可以指导电视节目的创作。当然，这是一个有难度的问题。

微观场理论对电视拍摄场境中的各种镜头的属性和形式特征作了较为精细的分析。在此基础上，结合实践的经验提出了一个论断——合格的电视节目应该具有三个基本的特征，即节目提供的信息真实、单位时间的信息量充足、各场镜头组合合理。

（一）关于节目的信息真实

电视节目和电视记录都具有趋向第一场的特征。之所以要趋向第一场，是因为第一场镜头具有生活场境中自然状态的特性。来自第一场的镜头，暂时区隔了复杂权力关系的影响，呈现了人在未注意到摄像机状态下的客观真实行为。

电视节目不同于以虚构故事为特征的电影。绝大多数的电视节目都是基于对现实的记录所进行的编码。尽管有时"现实"是被某些社会因素"导演"的，但是，无论如何人们在观看电视节目时主要的动机还是寻求信息、满足服务、参与娱乐。满足这些目的就需要电视节目提供有真实性或真实感的音像内容。"寻求信息"的目的要求电视节目提供真实可靠的信息；"满足服务"在某种意义上也是为了减少生活中的不确定性。信息作为"两次不确定性之差"①就必须具有真实性；"参与娱乐"既需要在虚构类节目中获得模拟第一场效应的故事及其情节，也需要在观看现场娱乐节目时获得现场真实感的支撑。假唱的现场效果与真唱并无差别，或许还更加悦耳动听，可是观众还是不能接受假唱。同理，电视节目提供给观众的信息亦必须具有对应现实的真实性。

关于记录与真实关系的争论，从哲学领域一直延伸到媒介实做，是一个复杂的问题。尽管权威的观点认为客观真实、符号真实和主观真实是三种截然不同的存在，并且将客观真实视为不可知的黑洞，将主观真实定义为"脑中图画"，将符号真实看成是媒体所表达和呈现的真实，②但是，这些观点并不能否定电视作品和媒体作品对真实性的追求。真实性作为人们对真实在主观感受上的确认，支撑着对节目价值的判断。

如果一个电视节目不能提供真实的信息，就会导致人们对电视节目基本质量的否定。新闻报道的失实不仅会引起人们对所涉及事件的否定，也会引发人们对节目乃至媒体的否定。不以事实为根据的谈话类节目，无异于痴人说梦。因此，提供具有真实感的电视节目信息就成了所有合格节目的第一要旨。

（二）关于单位时间的信息量

作为一个合格的电视节目，其单位时间所承载的信息量一定要充足。单位时间信息量充足这一要求，大致取决于四个方面。

第一，节目时间的限制。所有的电视节目都必然有一个固定的时长。这是由电视节目线性排列的时间最大值（24 小时/日）所决定的。就一个单独的节目而言，其必须在固定的节目时间中完成对内容的安排。如果节目要言之有物，那么内容与时间就存在矛盾张力。因此，节目时间决定了

---

① 胡正荣、段鹏、张磊：《传播学总论》，清华大学出版社 2008 年版，第 70 页。

② 陈龙：《传媒文化研究》，中国人民大学出版社 2008 年版，第 142 页。

电视节目必须在单位时间里具有充足的信息量。

第二，镜头语言的制约。按照电影"第二语言学"的相关理论，镜头语言是一个表意的符号系统，具有其内在的语法。也就是说，电视节目的镜头排列如同我们平时说话一样，是通过一定的语法结构所进行的意义表达。镜头不是无序地堆砌，而是按照蒙太奇的结构在讲述特定的语言含义。这就要求每一个单独的语句能提供新的内容。否则，就变成了一种无聊的重复。

第三，节奏的要求。所有的电视节目在完成了基本的意义表达之余，能够吸引人的最重要的因素是节奏和风格。风格问题另作他论。就节奏而言，电视节目的表达，也像我们日常用文字讲故事一样，不仅要把故事讲明白，而且要有抑扬顿挫、起承转合。只有这样，讲述才具有一定的意趣。电视节目必须具有一定的节奏美感。这也要求在信息量的表达和讲述的方法上有合理的安排。

第四，受众心理的需求。人们在长期的节目观看中，逐渐形成了接受画面信息的能力。这种能力具有代际差异。后代在读解动态画面方面的能力一般要高于前代。就一个共时的场境而言，受众也拥有基本的观看节目的心理。一个镜头没有讲清楚问题就一晃而过，可能会导致受众无法理解。但是一些镜头总是同义反复，就会给参与图像推理、获得阅读快感带来困扰。

综上所述，一个合格的电视节目在提供的信息量真实的前提下，单位时间的信息量充足也就成了另一个必要条件。

（三）关于各场镜头的组合

在一个电视节目中，总是会出现多个状态场境的镜头。一般而言，没有哪个节目能单独地用一个状态场的镜头结构完成。按照微观场理论，每个不同状态场中的镜头不仅有不同的性质，也在节目中承担着不同的功能。只有当它们相互配合、搭配合理，才可能完成节目的整体构造。

各场镜头组合合理，是由各场镜头的基本属性决定的。第一场、第二场镜头提供节目的真实感和现场感，第四场、第五场镜头提供信息量，第三场镜头则作为一个较中性的记录资料，可以粘合第一场、第二场和第三场、第四场。每场镜头有其长处便有其短处。第一场、第二场镜头的缺点是单位时间信息量小，而且表意不清晰。第四场、第五场镜头的缺点是真实性太差。所以在节目组合时各场镜头必须互补。在新闻类节目中，缺少第一场、第二场镜头会造成一种没有现场感和真实性的缺憾。如果再没有第三场镜头，那么新闻节目则完全不可能成立。纪录片非常强调运用来自第一场、第二场的镜头，但是仅仅使用第一场、第二场的镜头，许多信息难以得到表达。比如时间、地点、人物的身份、事件的背景、现场的感受等。所以，这也是纪录片为什么总是需要加入画外音、字幕等的原因。这里，画外音、字幕等可以看作是第五场或第四场的衍生形式。

各场镜头运用合理，可以保证节目提供的信息真实，也可以保证单位时间的信息量充足。

一个合格电视节目必须具有上述三个最基本的特征。这三个特征可以看作是电视节目合格的必要条件。这三个条件缺一不可。

提出上述观点的目的，是为了使电视研究和电视实践在节目这样的微观层面拥有一定的定性指标。同时，希望这些定性指标可以通过实践进行运用和验证，也可以成为电视节目创新的理论基点。

节目判断的标准从来都是一个极有价值的问题。人们经常会问：什么样的电影、电视节目好看？什么样的真人秀节目能够成为所谓的"电视大片"，从而吸引观众、吸纳财富？什么样的新闻节目能够吸引观众的眼球，让人们把频道锁定在自己的 Logo 之下？现在我们也许无法提供一个优秀电视节目的客观判断标准，因为好的节目各有其特征。节目类型、风格、题材等的不同，往往使得不同节目不能相互比较。但是，给定一个合格节目的标准却似乎可以做到并且是有必要的。这个"入门级"的指标至少有以下几方面的功用：其一，它提供了一个标准样本，让人们可以去进行模仿和参照；其二，它提供了一个标准，可以去衡量和评判节目的基本状态；其三，它给予了那些初学者一个理论指向，以及达成这些指标的基本方法和途径；其四，它可以为电视节目评价、节目创新等工作提供一个理论工具。

合格电视作品特征的研究起始于优秀电视节目的研究。① 有节目评审经验的人常会思考这样的问题：什么样的电视节目好看？什么样的电视节目是优秀的节目？笔者在长期的经验实践中得出的初步结论是：一个优秀的电视节目应该是一个信息真实、充足、有效的节目。"真实"是指节目所提供的信息必须趋近第一场；"充足"是指单位时间所提供的信息量符合人们的图像推理经验；"有效"是指节目必须具有形式上的合理性和形式美感。这样的认知尽管在经验过程中屡试不爽，但是还没有纳入到理论的高度进行研究。在后续的思考中，笔者逐步意识到优秀的电视节目还可

① 王畅：《浅谈国内电视节目评价标准》，《新闻研究导刊》2015 年第 4 期。

能拥有其特殊的优长。因此，上述三个指标只能看作是优秀电视节目的必要条件，而非充分必要条件。

　　如果不能对优秀电视节目的基本特征做全面的概括，那么我们至少可以转过头来去思考一个合格电视节目的基本要素。在逻辑层面和经验层面，信息真实、信息量充足和不同状态镜头组合合理，就可能成为一个基础的必要条件。当然这方面的研究还没有得到展开和深化。笔者愿意将这里的论断当做一个靶子提供给后续的研究者批判和修正。

第三章　纪录片真实性建构的场理论阐释

一种具有科学性的理论，其价值无非有二：一是理论价值——该理论衍生新理论的功用；二是实践价值——该理论对相关实践的指导功能。

如果把宏观场理论看作是微观场理论的理论价值体现，那么第二章关于电视职业角色的共享理念和本章关于纪录片真实性的场理论阐释就是微观场理论在实践中的运用。

微观场理论是基于影像技术特征及其运用对记录本质的认知。与文字文本的现实主义、浪漫主义分化一样，影像一产生就具有了捕捉真实和演绎意象的双重功能。早期的《火车进站》可以看作是影像胚胎中记录功能的元素；而《水浇园丁》《月球旅行记》则可以看作是演绎功能的元素。如果形象地把人类的文化符号系统看作是飘浮在人类头脑之上的两朵云：一朵由文字符号构成，另一朵由符号图像构成，那么由图像构成的部分又可以分为对现实的记录和对现实的演绎两个单元。在各种以影像为技术依托的大众传媒中，我们已然把记录的功能赋予了电视媒体，把演绎的功能赋予了电影媒体。较之于电影的理论研究，电视的理论研究要薄弱得多。因此，微观场理论在影像记录之于电视媒体的理论研究方面力求触及一些真实问题，并对电视研究的各个方面有所覆盖。

微观场理论对于电视职业角色理念的阐发从职业分工视角覆盖到了电视实践的广泛领域。第二章的论述直接或间接地涉及了电视新闻、电视专题片、现场节目等形式样态，本章将重点阐述场理论对纪录片理论与实践的整合研究结论。纪录片在媒介实践中并非电视台的专利。在不少国家，通过院线大屏幕播放和观看纪录片已经成为一种业态和文化娱乐习惯。纪录片的研究在本质上指向的是人类对于影像记录特征的思考，是一个具有理论深度的论域。

就纪录片而言，"'真实论'是一个常论常新却见仁见智的古老命题，不同的主义、流派，不同的创作方法、风格样式，都试图最大限度地接近真实——或是追求本质真实点或是追求艺术真实点或是追求客观真实点"。① 关于纪录片真实性的各种争论，从影像诞生之初延续到今天。拥有不同知识背景、学术风格、实做经验的人对纪录片的真实性从理论和实践两个层面都进行了卓有成效的探索。其中的一些理论和实践风格形成了截然对立的态势。总体上说，这些林林总总的理论和经验到今天仍没有形成一个可以调和的理论界面，当然更不要谈去进行理论整合。本章，笔者力图运用传播学场理论的微观场理论，对纪录片真实性的争论做一个理论梳理和新的界说。

一　研究现状

"习惯上人们将纪录片与虚构作品分开。无论在世界任何地方，纪录片都是关于报道的，而不是杜撰的。"② 按照麦克·雷诺韦的说法，"每个纪录片都发表某种类型的'真实宣言'，他假定了一种与历史的关系，这种关系的地位要高于与历史的虚构关系。现实主义作者的推动力是极其重要的：纪录照片和纪录影片意在展示一种情形的真相。"③ 通过表 3 - 1，我们可以清晰地看出"文献摄影观"和"艺术摄影观"之间的区别。

表 3 - 1　　　　　　　　艺术摄影观和文献摄影观的对比④

艺术片	文献片
作为幻想家的摄影师	作为见证人的摄影师
作为表达的摄影	作为报道的摄影
关于想象和概念真理的理论	以经验为根据的真实理论
感染力	信息价值
象征主义	现实主义

国内的纪录片真实性研究在 20 世纪末已经澄清了一些基本概念和范

---

① 张宇丹、孙信茹：《应用电视学：理念与技能》，云南大学出版社 2003 年版，第 241 页。
② ［英］阿雷恩·鲍尔德温等：《文化研究导论》，陶东风等译，高等教育出版社 2004 年版，第 386 页。
③ 同上。
④ 本表来自于［英］阿雷恩·鲍尔德温等《文化研究导论》（陶东风等译，高等教育出版社 2004 年版）第 388 页的表 9.2 "艺术摄影观和文献摄影观"。

畴，把过去建构在"纪录"与"真实"之间的关联性研究澄清为"纪录"与"真实性"研究。钟大年在 1992 年的一篇论文中提出了"纪实不是真实"的观点。① 他把纪实定义为一种"美学风格"，认为"纪实是与真实的关系"。三年之后，他又对这个论题作了进一步阐发②。他说："真实是个变量，是人介入现实存在的结果。从哲学上讲，'真实'是人们对物质存在的内涵的判定；从美学上讲，'真实'是一个关于现实的神话。""电视中的'真实'是形而上的。真实是内容层面事物内涵意义的属性，确切地说，应该叫做'真实性'。"在这些论述中，已经把纪实与真实这种悬浮于从哲学争论到业界实践的巨大关系命题转换为了纪录性质的研究。这也正是此处的论题。

笔者在这里的研究重点是"纪录片的真实性"。"建构"一词表明了两个方面的观点预设：其一，纪录片的真实性是建构的，是一种人的活动的结果；其二，这里研究的重点之一是纪录片真实性的建构过程或称建构机理，是为了解说纪录片的真实性是如何在实践和理论层面建构的。

（一）纪录片理论演进的历史脉络

"摄影和电影的记录传统，作为一种生动描绘世界现实的、具有社会意识的努力，出现在 19 世纪晚期的欧洲和美洲。"③ 纪录与现实的关系是电影本质属性自然指示的一个结果。早在电影诞生之际，卢米埃尔兄弟拍摄的记录自己家人和周围人们活动的生活片段就已经展示了这种影像性质。《婴儿喝汤》《水浇园丁》《工厂大门》《火车进站》这些信手拈来的默片场景在当时引发的哄动，今天看来甚至有些可笑。电影技术使得人类第一次可以把稍纵即逝的生活场景"捕捉"下来，并把它进行保存和展示。

1922 年，美国人罗伯特·弗拉哈迪展示了他拍摄的反映因纽特人生活的纪录片《北方的纳努克》。他花了 15 个月的时间到北美哈德逊湾记录了"未受现代文明污染和腐化的纯洁的野蛮人"④。此片也被认为是"第一部真正的纪录片"，弗拉哈迪也被公认为"纪录片之父"。这里要提到弗拉哈迪的妻子弗朗西斯·H. 弗拉哈迪，在她撰写的《一个电影制作者的探索》

---

① 钟大年：《纪录不是真实》，《北京广播电影学报》1992 年第 3 期。
② 钟大年：《再论纪录不是真实》，《现代传播》1995 年第 2 期。
③ ［英］阿雷恩·鲍尔德温等：《文化研究导论》，陶东风等译，高等教育出版社 2004 年版，第 386 页。
④ 刘洁：《纪录片的虚构：一种影像的表意》，中国传媒大学出版社 2007 年版，第 100 页。

中，把电影的制作方法分成了两种，即"制造和创造"以及"发现和解放"。① 她认为，"制造和创造"类的电影是"故事片"；而"发现和解放"类的影片则是"顺从自然，忠实于电影的本质和机能承担电影的使命"②。弗拉哈迪的创作，改变了早期电影制作中的好奇心理和游戏心态，主张以人类的眼光从内容观察事物，放弃了对诸如风光风俗、新闻事件的泛泛记录。但是，弗拉哈迪在创作中并不回避导演和摆拍。③ 正如人们能从鸡胚中找到未来小鸡所有生命基因一样，人们在早期的那些影像中也总能看到后来电影发展的全部信息和向度。弗拉哈迪的创作和理念，既崇尚于真实的记录，又不反对摆拍和搬演，这就为后来的纪录片发展和争论埋下了伏笔。

英国人约翰·格里尔逊在1926年纽约《太阳报》上发表的对弗拉哈迪第二部影片《摩阿纳》的评论中，第一次使用了"纪录片"（documentary）一词，并把其定义为：一切摄制自然素材的影片。但是在随后的解释中，他又将纪录片定义为"对现实的创造性处理"（the creative treatment of actuality）④。这个定义的向度与弗拉哈迪十分相近。在回归历史情境的研究中我们可以看到，产生这种"记录与创作"双重取向的原因，是为了区别于卢米埃尔兄弟早期机械复制现实的电影把戏。格里尔逊进一步把电影描述成"打造自然的锤子"，而非"观照自然的镜子"。格里尔逊所谓"创造性处理"的含义，是对所记录内容赋予教义的形式加以戏剧化，对现实进行"搬演"（reenactment）甚至"重构"（reconstruction）。⑤ 这样做的意义在于，把电影从封闭的摄影棚中解放出来，实现"敞向真实世界的可能性"，并且更倾向于把电影的镜头从异域他乡转向"门前石阶上的戏剧事件"及对公民日常生活的发现和表现。他并不回避电影的宣传功能。1933年，他宣称："我把电影看作讲坛，并用作宣传，而且对此不感到惭愧。"随着有声电影的兴起，格里尔逊很快意识到声音尤其是解说词的作用。他认为："纪录电影获得的声音，它必然被号召来参加战斗。于是，

---

① 参见单万里主编《纪录电影文献》，中国广播电视出版社2001年版，第226—245页。

② 同上书，第245页。

③ 张宇丹、孙信茹：《应用电视学：理念与技能》，云南大学出版社2003年版，第246—247页。

④ 参见赵曦《真实的生命力：纪录片边界问题研究》，中国传媒大学出版社2014年版，第16页。

⑤ 张同道主编：《真实的风景：世界纪录电影导演研究》，同心出版社2009年版，第229页。

纪录电影领域，台词电影便成了斗争的工具。"[1]

　　狄加·维尔托夫是 20 世纪 20 年代苏联电影艺术的先驱之一。他提出了"电影眼睛"学说，认为摄像机比人的眼睛更完备，可以记录"真实的现实"，应当"出其不意地捕捉生活"，即在没有准备甚至不让被摄对象知晓的情况下进行拍摄，发现人们常态下难以看到的世界。他主张"无演员、无布景、无剧本、无表演的"纯记录性的叙事电影，以区别于故事片和新闻片。1923 年 7 月，他发表了论文《电影眼睛人：一场革命》，[2] 被认为是"电影眼睛"理论的宣言书，提出"通过电影对世界进行感性的探索"。他认为，摄像机是有生命的，比肉眼更完美，可以用来"探索充塞空间的那些混沌的视觉现象"。1929 年，他又发表了《从电影眼睛到无限电影眼睛》[3]一文，将其理论归纳为公式：

　　　　电影眼睛 = 适时的电影记录
　　　　电影眼睛 = 电影视觉（我通过摄像机看）＋电影写作（我用摄像机在电影胶片上写）＋电影组织（我剪辑）

　　维尔托夫的理论深刻地影响了 20 世纪 60 年代在法国等区域兴起的"真实电影运动"。"真实电影"在法语中表达为"cinema-verite"。后来的电影理论家乌拉达·派屈克对"电影眼睛理论"作了一系列的归纳，认为摄像镜头可以在人眼和摄像机的客观之间塑造一种共生状态，像"在风暴大洋中迷失的独木舟"一样，表达影像实体的"动感冲击"；主张不用剧本或任何关于生活的先验理论；提倡在被摄对象全然不知的情况下进行拍摄；设定摄像师作为一个不偏不倚的观察者。上述的理论归纳无非是在强调电影记录最大限度地客观展示了外部世界真实性的可能性和客观机理。

　　"二战"以后，随着"新现实主义运动"的出现，纪录电影出现了两种样式："真实电影"与"直接电影"。

　　这两种样式都诞生于 20 世纪 60 年代，它们分别继承和演进了早期的弗拉哈迪的电影理论和维尔托夫的真实电影理论。两种电影型构了截然不同的方法、理念，这也形成了今天纪录片真实性辩论的两个基本阵营。表3－2 对真实电影和直接电影作了对比。

---

① 张宇丹、孙信茹：《应用电视学：理念与技能》，云南大学出版社 2003 年版，第 249—250 页。

② 单万里主编：《纪录电影文献》，中国广播电视出版社 2001 年版，第 510 页。

③ 同上书，第 517 页。

表 3 - 2　　　　　　　　　　真实电影与直接电影比较表①

对比项目	真实电影	直接电影
代表人物	让·鲁什（法）	罗伯特·德鲁（美）
身份	人类学家	记者
拍摄理念	参与式	旁观式
拍摄方法	介入采访	不介入不采访
摄像机描述	"现场的媒介"	"墙壁上的苍蝇"
拍摄者与事件的关系	促成事件发生	等待事件发生
剪辑方法	强化剪辑	淡化剪辑
理念	意义藏匿于事实，需要挖掘	意义存在于事实，可以浮现

　　通过表 3 - 2，我们可以清晰地看到真实电影与直接电影之间的明显差异。这种差异既是理念的也是实践的。

　　另一位在纪录片电影历史上有重要地位的人物是弗雷德里克·怀斯曼。他对纪录片的理念似乎延续了直接电影的理论脉络，但是他本人却予以否认。怀斯曼的纪录片被称为是"理性观察"的纪录片。在谈到其纪录片的拍摄技巧时，怀斯曼说："我的最基本的技巧（technique）就是在某个地区待 4 周到 8 周，有时待到 11 周时间，在这么长的时间里，你可以看到许多事情不断继续和发展，在拍摄到 80 到 100 个小时素材以后，回到我的剪辑房里，这样我就能很清楚地看到那里到底在发生什么事。"可见，冷静观察的代价是相当长的拍摄时间和不小的片比。怀斯曼并不事先确定主题，而是让主题在剪辑台上慢慢呈现。他认为剪辑实际上是"自己与自己说话"。这种怀氏"剪辑思维法"表达了两种含义：一方面理性地在纷乱的素材中找到一种秩序使片子顺理成章；另一方面以非理性的情感投入找到灵感，使片子生发出灵气和意味②。

　　在声音表达方面，怀斯曼从不使用解说，不用音乐，甚至没有提示字幕，只有被记录对象之间的对话。他把受众看成是有独立思考能力的人，不想用旁白把事情变得简单化。因为每个人对电影内容都有不同的理解评

---

①　本表资料来自于对张宇丹、孙信茹《应用电视学：理念与技能》（云南大学出版社 2003 年版）第 254—257 页相关论述的表格化提炼和总结。
②　参见张宇丹、孙信茹《应用电视学：理念与技能》，云南大学出版社 2003 年版，第 262 页。

价，旁白就是在强迫观众去理解你的观点。

怀斯曼的冷静观察，在拍摄阶段似乎更接近于直接电影。而在剪辑时，又有与真实电影相似的做法。只不过怀斯曼的剪辑更强调对事件内在结构的感知和呈现，用他的话说是"对现实的虚构"。这里的"虚构"主要是指素材经过处理，被结构成一个新的时间和空间关系。他认为，作家的写作是一种发明创作（invent），而纪录片是从生活中分辨出（recognize）有趣的东西，并加以结构化和戏剧化①。这与直接电影的"淡化剪辑痕迹"不同，也和真实电影人为的结构影片的方法有本质的差异。所以，怀斯曼尽管被划在直接电影的流派当中，但他自己却不认可。

20 世纪 40 年代，出现了用虚构手法拍摄的纪录片。1943 年，英国导演汉弗莱·詹宁斯拍摄了故事性纪录片《消防员》。在影片中消防员自己扮演自己，类似于非职业演员表演的故事片。不仅如此，影片中的一些人物对话和行为动作，都是预先设定的，甚至还虚构了消防员遇难的情节。这种拍摄手法不可避免地遭到了非议，但并没有动摇詹宁斯的大师地位。

20 世纪 90 年代的"新纪录电影"被认为是对纪录片虚构拍摄手法和理论的一种继承和发展。新纪录电影提倡用故事片的拍摄方法和叙事策略来型构纪录片，形成了对传统纪录片理论的反叛。

"'新纪录电影'出现在 20 世纪末期的西方发达国家，可以说是电子时代的纪录片人对传统纪录片手法提出的质疑，是对传统纪录片的真实观发出的挑战"，"高科技时代的事物比以往任何时候都更加真假难辨"，"在利用计算机炮制画面的电子时代，摄像机是'可以撒谎的'"，"'新纪录电影'之'新'，就在于它肯定了对以往纪录电影（尤其是'真实电影'）否定的虚构的手法，认为……纪录片可以而且应该采取一切虚构手段与策略以达到真实"②。需要指出的是，"新纪录电影"的虚构策略不同于以往纪录片对事件的简单"搬演"或"重构"，也区别于通常故事片采用的"虚构"手段。威廉姆斯称之为"新虚构化"（new fictionalizations）。为了讲述真实，人们必须复活（relive）错过的事件，因为"过去的事件不会自动重复"③。这种虚构"能够产生真正的幻觉，将现实与想象的边界

---

① 参见张宇丹、孙信茹《应用电视学：理念与技能》，云南大学出版社 2003 年版，第 261 页。

② 单万里主编：《纪录电影文献》，转引自张宇丹、孙信茹《应用电视学：理念与技能》，云南大学出版社 2003 年版，第 265 页。

③ 同上书，第 266 页。

完全融为一体"。① 其后，"新纪录电影"的拍摄手法在纪录片的实践中得到了广泛应用。英国广播公司（BBC）拍摄的纪录片《广岛》利用虚构的手法再现了"二战"期间美国使用原子弹轰炸日本广岛的过程。在影片中，所有的"情景再现"都不是凭空设计的，而是按照历史资料和当事人的口述史进行的一种"复原"。史料和当事人口述史的相互印证、补充甚至是冲突，造就了再现历史的真实感。在我国的纪录片创作中，这种手法也大量运用在了历史文献纪录片的实践当中。

最新的纪录片发展表现在被称为"科技式超长记录"的一种纪录片中。《爱的凯歌》是由瑞典科技工作者拍摄的一部记录生命诞生的影片。拍摄者将直径只有一毫米的内窥镜放入人体内，拍摄了从精子的产生到受精卵、胚胎、胎儿的整个生命过程，提供了一种全新的视觉经历和感受。美国 Discovery 频道四大类节目中包括科学与科技、自然生态、旅游探险和人文历史。其中的科学与科技、自然生态两类纪录片就广泛运用了高科技的拍摄手法，科技元素造就了人们新的"看"的可能，同时也为纪录的理念注入了一种"科学实证的现代色彩"②。

（二）纪录片理论演进的双线结构

张宇丹、孙信茹对纪录片的发展历程进行了卓有成效的梳理，并将理论的历史轨迹进行了归纳总结。

在《应用电视学：理论与技能》一书中，作者把纪录片的理论发展描绘成两条分立的轨迹（见图 3-1），并将其称为"旁观式记录轨迹"和"参与式记录轨迹"。"旁观式记录轨迹"是以弗拉哈迪的早期创作为肇始，以梅索斯兄弟的直接电影为继承，以怀斯曼的"冷静观察"为巅峰，形成了不介入、非虚构、不搬演的拍摄方法和理论线索；"参与式记录轨迹"，是以格里尔逊的"打造自然的锤子"的理论为开端，与维尔托夫"电影眼睛"理论相承袭，以让·鲁什的"参与式、访谈式拍摄"为依托，一直延续到"新纪录电影"的发展脉络。这样的归纳删繁就简，勾勒出围绕纪录片真实性展开的两种截然不同的实践和理论逻辑。

---

① 单万里主编：《纪录电影文献》，转引自张宇丹、孙信茹《应用电视学：理念与技能》，云南大学出版社 2003 年版，第 266 页。

② 张宇丹、孙信茹：《应用电视学：理念与技能》，云南大学出版社 2003 年版，第 268 页。

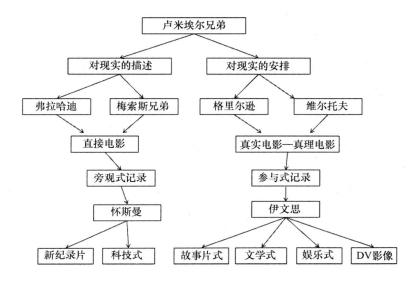

图 3 - 1　纪录片理论演进的双线结构图①

　　但是，从理论发展的细微之处来看，也有很多溢出上述归纳的部分。实际上理论和实践往往存在于"是"与"不是"之间，没有绝对的边界。弗拉哈迪的早期拍摄，既有后来"直接电影"的理论偏向，也有对被摄对象的摆拍和搬演。格里尔逊的英国纪录学派电影，既有"对现实的创造性处理"，也有对"真实世界"和"原初状态素材"的倚重。

　　最能说明理论与实践复杂性的是被称为"飞翔的荷兰人"的尤里斯·伊文思的纪录片人生。他早期的作品《桥》（1928）和《雨》（1929）均以唯美的方式对自然和城市建筑做了极富美感的描述，并因此被称为"先锋电影诗人"。这一阶段他的创作无疑是"旁观式"的。到了 20 世纪 30 年代，伊文思又转向了对社会现实和人类进步的关注。"直接参与"和"干预社会"成了他的纪录片创作理念。他的足迹遍布西班牙、苏联、中国、阿尔及利亚、印度尼西亚、老挝、越南、古巴。这一阶段伊文思为自己的电影定义了新的价值标准："社会性"和"意识形态"。在中国拍摄的反映抗日战争的《四万万》（1938）等作品，留下了非常珍贵的文献资料。到了晚年，伊文思再次来到中国，与妻子罗丽丹联手拍摄了《风的故事》。在这部影片中，伊文思自己扮演了自己，记述了自己将近一个世纪的生命体验和心路历程。影片中纪实与虚幻、客观现实与主观臆象、纪录片手法

---

　　①　张宇丹、孙信茹：《应用电视学：理论与技能》，云南大学出版社 2003 年版，第 269 页。

与故事片手法自然地融合交替，成就了伊文思的"绝唱"。该片于 1988 年在威尼斯电影节获得"金狮奖"。影片放映结束时，观众鼓掌长达 20 多分钟，伊文思在最后的喝彩中圆满谢幕。① 伊文思的创作轨迹如同一个缩影，从一个侧面反映了纪录片实践的复杂性以及理念的游移。

二　纪录片真实性建构的场境分析

在微观场理论中，我们把电视记录模型中的五个状态场分成了两类不同性质的场境。基本上，第一场和第二场的形式特征以动作性为主，我们称之为"动作场境"；第三场、第四场和第五场是以语言特征为主，我们称之为"语言场境"。纪录片实践并没有剔除和拒绝某一个或某一类场境素材的加入。在纪录片阅读中我们可以看到五个场的境头都参与了编码。它们都是纪录片的基本构成材料。所不同的是，纪录片中动作场境的素材比其他类型的节目要明显多一些。所谓的"明显多一些"，也是在表达一种直观的感觉。实际上，我们没有办法将巨量的纪录片文本和海量的其他文本进行状态场比例的统计分析。应该说，动作场境和语言场境在纪录片的真实性建构中，分别有着不同的功能和机制。

（一）动作场境分析

1. 第一场再现真实性的可能

电视记录能否再现现实生活的客观真实，这是一个似乎有了答案的问题。

现在几乎所有的理论都倾向于认为，记录不能反映客观真实。美国学者阿多尼（H. Adoni）和曼恩（S. Mane）提出了客观真实（objective reality）、符号真实（symbolic reality）和主观真实（subjective reality）的分析框架，他们把客观真实描绘成一个不容置疑的真理，不需验证，也验证不了。客观真实在某种意义上如同天体物理学里的"黑洞"；而符号真实是基于传播者立场所表达的真实；主观真实则是人们"脑中图画"。符号真实不可能表现和反映客观真实，而是影响和扭曲了人们对客观真实的看法。

---

① 参见张宇丹、孙信茹《应用电视学：理念与技能》，云南大学出版社 2003 年版，第 257—260 页。

这种观点大体可以归结为一种建构论。建构论认为，客观真实不可知。媒体是从无数零碎的社会事件中主动挑选、重组、编排信息，所以形成了对客观真实不同角度的诠释和不同意义的争夺。

符号真实与客观真实关系的第二种观点，是拟像论。这一派的代表人物是波德里亚。他认为媒介真实就是客观真实，媒介真实甚至比客观真实还要真实。一味追求社会本源的真实在现代社会没有意义。波德里亚甚至极端地认为，海湾战争甚至根本没有发生，人们看到的只是影像。拟像论强调所谓"真实"不过是"客体—符号系统"中的一部分。这种观点看似同构了符号真实与客观真实，但实际上是对符号真实与客观真实错位的一种"肯定的否定"。"真实性已经不重要了，重要的是看起来真实。"①

另一种符号真实与客观真实的关系理论叫作"照相论"。照相论比上述的建构论和拟像论出现的时间更早。该理论认为媒介可以像镜子一样准确地表达和再现真实。因为照相机、摄像机是客观的、中立的。它们摒弃了人们的主观判断，而忠实于客观世界呈现的真相。但是，现今这种理论已经被认为过时了。它和建构论、拟像论相比显得不那么深刻，所以在当下的理论框架中它只是一种偶尔被提及的过时的理论文献。

回到微观场理论的框架，我们把目光投向基本模型的第一场，即被摄对象的自然状态。在这个场境中，被摄对象并不知道有摄像机的存在。就像一个独自在家的人，坐卧起居毫无顾忌。如果这时通过偷拍的方法记录到了这个人的生活片段，那么这里的影像记录实际上就完全地捕捉和再现了此人的生活片段。所以说，来自电视记录第一场的信息无疑具有客观的真实性，或者说它捕捉再现了现实生活的时空片段。

既然客观真实是不可知的，那么对于事物客观性的认识，就必然以观察客观事物的表现状态为起点。抛开对事物表面真实和本质真实的一般性辩论，我们看到电视记录或影像记录在这个场境中，无间隙地迫近了事物的真实状态。当然，这种状态是记录工具可以见到的。这里"记录工具可以见到"的表述含有较深的认识论意义，它告诉我们记录工具在某些层面已经超越了人的肉眼。如微型摄像头可以进入到人的体内，射电望远镜可以遥望星空，这些观察和记录工具不正是人类科技进步所带来的对世界真相窥测、记录、研究、理解的技术支撑吗？所以在电视记录第一场这个层面上，我们可以得出这样的结论：电视记录（影像记录）在事物的自然场境中是可以具有最大限度的真实性的。这里的最大限度是相对于其他的文

① 参见陈龙《传媒文化研究》，中国人民大学出版社 2008 年版，第 142—145 页。

本、其他的记录方式而言的，比如故事电影和新闻报道。换句话说，电视记录第一场的素材具有比任何一种记录方式和文本都更靠近客观真实状态的属性。在这里被抛弃的"照相论"复活了——摄像机的客观中立状态和无限的技术发展可能，真的可以成为人们观察、记录和研究外部世界的有力工具。

现实中所有的以真实性为标签的文本方式都十分注重来自第一场镜头的采集和使用。在电视和网络上，我们时常可以看到一些偷拍的镜头。这些镜头的真实性和质感都给予我们极大的视觉冲击力。不仅如此，我们还对这些图像所表达的现场的真实性深信不疑。这里的第一场真实感是专属于影像记录的。照片似乎也可以表达来自第一场的信息。因为它是"凝固的瞬间"，省略了时间和逻辑发展的过程，所以它对现场的反映就失去了动态的真实感。电视新闻中来自第一场的素材比例较小，但是每一次这样镜头的出现，都会造成人们对现实发生的事实的确认。比如在汶川大地震中，DV摄像机拍摄下来的并不专业的镜头，其真实性无人能够否定。

现在我们可以回答电视记录能否再现客观真实这一问题。电视记录（影像记录）在第一场（被摄对象的自然状态）中拍摄的画面可以反映客观事物的真实状态，具有相对于其他状态场而言最大的真实性。

上述回答并没有直接对应客观真实性在宏观层面的一致性关系，原因有以下四点：其一，关于记录对象的选择。拍什么、不拍什么并不是由技术决定的，而是人的社会性选择的结果。在这个意义上，拍摄一个事物就同时等于忽略了与其相关的和相似的其他事物。基于这一点，我们确认记录与真实之间不可能存在绝对的真实关联。其二，素材本身的发散性。记录素材在第一场的状态往往具有发散性的语义。不同的人由于对事件的了解不同，可能对相同的记录素材会产生不同的理解。其三，素材的编辑导致现场时空关系的中断。素材一经编辑和取舍，现实的真实性时空就被人为地切断了，当再次组合时就变成一种人为的建构。其四，影像技术的发展对长镜头理论的挑战。早期，人们拍摄的长镜头往往以时空的连续性产生惊人的视觉效果，然而时至今日任何不存在的影像都可能通过技术"伪造"出来。因此，再雷人的连续动作画面都可能是一种虚构。以上四个方面提供了人们否认影像真实的证据。

因此，我们在谈论第一场的真实性时只能确认来自第一场的镜头在事物外部状态和时空关系上的时空真实性价值，并且针对一个生活片段的真实性来谈论这一问题。

对来自第一场镜头记录真实性的有限确认并非没有意义。这一点只要结合微纪录片及其发展现实就能得到令人振奋的答案。

动态影像记录生活片段的可能，长期以来一直由于技术的、资金的、渠道的、政策的、意识形态的诸多原因，没有来到人们的面前。今天，以互联网为依托的新传媒系统越来越成为一种广泛普及的社会资源，社会公众参与影像记录的障碍逐渐消除，运用影像对历史的大众书写已然成为一种现实可能。互联网不仅提供了人们利用影像进行传播的可能，并且提供了海量影像被长期储存和检索的可能。我们可以极端地设想，如果一个人随时携带摄像机，并在可控的范围内装置摄像机来记录自己的人生，那么多年后当他（她）离开这个世界时，人们就可能看到一个全息的、不间断的个人影像口述史。如果说一个人的影像口述历史只是一个片段的话，那么这种片段的海量存在就使得人们可以复原历史的逼真样貌。也就是说，在理论上，来自第一场的镜头素材可以型构历史的样貌，也可以通过记录影像的相互比照印证，提供人们对社会历史的最接近真实的理解。所以笔者在另一篇文章中预言，不久的将来，随着微纪录片的普及，考古学式的实物研究对象将消失，取而代之的是数字化存在的实物影像。

历史总是循环往复，某些片段往往惊人相似。基于微观场理论对第一场素材在个别状态运作的考察，在某种程度上复活了关于真实的"照相论"。我们也可以从中看出否定之否定往往是对真理认知的一般规律。

2. 第二场的游移状态和真实性建构机理

第二场即被摄对象的自主状态，是被摄对象主观上忽视摄像机存在的一个场境。这个场境在理论上是由"第一场悖论"造成的。追求第一场的摄像机的到场导致了第一场的丧失。也就是说，摄像机一旦出现在被摄对象面前，被摄对象的自然状态立即消失，直接被拖入第三场（被摄对象的采访状态）。在第一场和第三场之间存在着一个巨大的游移空间。在这个空间中，有时被摄对象可以忽视摄像机的存在，使拍摄的镜头像第二场接近第一场的性质；有时被摄对象又会十分顾忌摄像机的存在，而使拍摄的镜头趋近第三场。所以我们说，第二场是游移在第一场和第三场之间的一个场境，它在本质上是被摄对象和摄像机"共谋"的结果。

实际上，第二场镜头是构成纪录片的主要素材。

一般而言，纪录片的拍摄都要告知被摄对象，并通过长时间与被摄对象相处，打消被摄对象的顾虑，取得信任。这就如同建立在弗拉哈迪和纳努克一家之间的那种信任关系。必须指出的是，不管摄像机镜头进入了多么隐秘的私人空间，拍摄出了多么逼真的人物场景，这些镜头仍然是对一个建构性场境的记录。

　　这里的归纳回答了人们对某些纪录片或人类学电影的真实性困惑。比如一些理论家在观察和研究弗拉哈迪的《北方的纳努克》时，一方面为影片的真实性叫绝，另一方面又试图找出摄像机的存在和位置。弗拉哈迪的高明之处在于他让人们在明知有摄像机存在的前提下，又在画面中找不到摄像机的行迹。于是，某些研究者就在一种思维的模糊状态下开始否定"所有看似真实的镜头"的真实性。实际上，在微观场理论中，"所有看似真实的镜头"可以被精细地区分为两类：一类是来自第一场的镜头，它们具有对现实生活片段记录的真实性；另一类是来自第二场的镜头，它们的真实性取决于拍摄过程中摄像机和被摄对象两者的微妙关系。

　　在理论上和现实中，第二场的镜头可以无限迫近第一场，也可以无限迫近第三场。

　　第二场迫近第一场情形一般发生在两种状态下。一是在拍摄过程中发生了突发事件。拍摄现场发生的某些突发事件，天灾抑或人祸，会导致被摄对象完全失去摄像机在场的意识。这时拍摄下来的镜头就很接近被摄对象的一种自然状态。它不再受到摄像机在场的干扰。有时我们很难区分这一类的镜头与第一场的镜头。所以，我们用"无限迫近"来形容这里的记录效果。二是被摄对象忽视了摄像机和摄像机背后的权力机制的存在。在纪录片实践中，被摄对象的身份千差万别、形形色色，但是有一类人占了较大的比重。这一类人不能简单地以身份来划分。但是，在描述上可以用"容易忽视摄像机的人"来定义。这些人包括生活在边远区域的少数族群、现代社会的边缘人群和受教育程度较低的人群，婴儿、儿童等。

　　微观场理论认为，场是现场诸要素及其权力关系形成的客观实在。上述现象可以用权力的概念加以解释。在拍摄现场，一旦某一个摄像师/摄像机进入，它所带来的外围权力关系是基本确定的。可是，不同的被摄对象对这些权力关系的认知截然不同。一个有深厚知识背景的现代人面对摄像机时，他（她）可以判断摄像机背后的权力机制，也可以评估拍摄可能对他（她）造成的影响程度。但是，一个"容易忽视摄像机的人"面对镜头时，就可能全然不知这种拍摄会对他（她）造成何种影响，也可能对这种影响不十分确定。湖南卫视于2013年拍摄的亲子真人秀节目《爸爸去哪儿》实际上就是利用了儿童对摄像机权力关系的无知和单纯，达成了接近被摄对象自然状态的记录。

　　当然，第二场也可能无限迫近或是被拖入第三场。当摄像机及其权力机制清晰地暴露在被摄对象面前时，受访者就会非常自然地遁入第三场。

　　第二场的游移性还表现为一种变化状态。拍摄者、摄像机、被摄对象三者的关系是十分敏感和脆弱的，会发生一些不可控制的变化。这种变化的机制来自于在场人员的心理状态、现场事件和情境状态。比如，被摄对象会因为记者现场的行为而产生细微的心理变化。这种心理变化又会直接影响所拍摄镜头的语言含义和形式特征。纪录片的拍摄有时会变得十分困难，素材状态场的非一致性也会导致后期剪辑的困难。

总体上说，第二场的镜头仍然是建构性的，只不过这种建构性更多地取决于现场要素以及权力关系而非别的因素。由于被摄对象在第二场中基本还是处于与自己生活现实相同的时空当中，所以他们的状态相对比较自然。摄像机的到场尽管改变了他们的生活原态，但是第二场仍具有一定的客观性，可以理解为一个有摄像机在场的社会现实场境。因此，建构性的第二场也有一定的真实性。

（二）语言场境分析

语言场境包括第三场（被摄对象的采访状态）、第四场（记者现场主持状态）和第五场（主持人演播室播报状态）。这三个状态场又可以分成两类：其中，第三场的属性是语言和动作的；而第四场和第五场完全是语言性的。

第三场是一个采访场，但是第三场的性质也不是一致化的，它有时可能无限迫近第二场。

第三场迫近第二场的情形完全取决于记者和摄像机在现场与被摄对象的关系。一些具有丰富采访经验的记者会在现场表现得非常自然，足以打消被摄对象对于摄像机在场的顾虑。记者的自然状态在本质上不是记者形体和语言上的放松，而是记者主动放弃了自己采访的工作状态，进入到被摄对象的生活场境。我们在某些纪录片中可以看到记者一边帮被摄对象做着手边的活计，一边和被摄对象自然地交谈的镜头。这样的场境十分接近第二场，尽管在本质上它还是一个采访场，但是我们也可以把它看作是由记者和被摄对象共同组成的一个现实场境。

第三场的真实性当然是建构性的，但是来自第三场的镜头也可以为社会事件提供多向度的真实性佐证。

采访所获取的众多语言信息的相互比对，可以在客观上呈现某种真实性的要素。就新闻的五要素而言，采访场可以直接呈现时间、地点和人物，也可以在某种程度上对"为什么"和"怎么样"提供必要的素材。在摄像机面前，一个被采访对象可能会因为压力而说一些假话或者是违心的话。但是，他的表情、语气都会让人们读出一些潜在的信息。人们甚至会判断出他（她）所处的尴尬状态。如果一个被编辑的文本中，有多个被采访对象发出的截然不同的声音，我们更可以通过这些观点的相互佐证来获取与事实较为接近的看法。采访作为一个当事人的主位话语表达，建立了当事人与事件和社会的直接联系。同时，也使多种不同的声音可以在媒体上传播。这是来自第三场的信息与第四场、第五场的区别。

第四场和第五场完全是建构性的。这种建构性是通过语言表达实现的。影响语言真实性表达的主要因素是言说者的立场，或者说是主体意识。延平岛炮击事件是一个客观事件，但是对于这一事件的报道，朝鲜媒体、韩国媒体、中国媒体和美国媒体截然不同，甚至相互矛盾。这些不同观点的产生，既来自于对事件报道的出入，也来自于不同国家职业传播人的不同立场。

三　纪录片情景再现的原则

随着新纪录电影的出现，"搬演"和"重构"成为了纪录片创作常使用的手段。尽管威廉姆斯称之为"新虚构化"，但是这种对事件复活的方法在纪录片创作中也出现了滥用的倾向。在中国的电视纪录片中，我们将这种事件复活称之为"情景再现"。中央电视台纪录片栏目于 2001 年开播，这个栏目定位为"触摸历史、勘探文化、积淀意义、实录变迁、抢救文明"。其运作理念与操作模式，也反映出一种"新纪录气象"。[①]

新纪录电影出现的理论依据在于，过去的事件不会自动重复，人们也无法在事发现场捕捉事件，所以虚构就成了一种必然。但是，这样的理论导致虚构泛滥化的现实，也导致了人们对纪录片真实性发出新的疑问。

在微观场理论看来，纪录片的情景再现应该有基本的原则。情景再现的理论也必须深化，以型构出一个必要的边界使纪录片区别于以虚构为特征的故事片。

在电影诞生之初，人们首先发现的是电影具有对现实的捕捉和记录的功能。由于一开始的简单记录，导致了电影记录文本缺少必要的信息量和故事化的动力。为了克服这些缺憾，满足人们生产有意义的文本的客观需求，故事片电影开始大行其道。人们在看电影时又总是有意或无意地把电影当成一种真实的影像来观看。微观场理论认为，正是由于"第一场悖

---

① 张宇丹、孙信茹：《应用电视学：理念与技能》，云南大学出版社 2003 年版，第 266 页。

论"（追逐第一场的摄像机到场导致第一场消失）和简单记录缺乏故事性，人们才渴望看到电影中模拟的第一场镜头。

实践中，由于人类影像记录文本的分化，我们已经把虚构的功能指派给了故事片电影，那么纪录片就应该以第一场镜头和第二场镜头为形式特征，而不是去超越边界重复电影的创作方法。如果纪录片完全虚构化，那么纪录片还有存在的价值吗？同时，电影和纪录片两者的形式内容的独立性也就都消失了。

纪录片的虚构在实践上必须有基本的原则。所谓的"情景再现"，一定不是对情景的虚构。"再现"是有依据的。它必须建立在对既往事件的真实性复原的主观努力和客观技术可能的基础上。也就是说，主观上纪录片的创作者必须要寻求既往事实的真实性证据。客观上，必须尽可能利用各种文献方法找到情景再现的依据。这样，就有了几个最基本的情景再现的原则。

其一，没有发生过的事件，不可以作为情景再现的虚构化的内容。汉弗莱·詹宁斯拍摄的纪录片《消防员》不仅用消防员来扮演自己，重现了救火的场景，还虚构了一个消防员的遇难。在这个例子中，消防员扮演自己，无可厚非。重现救火现场，也是情景再现的经常化手段。但是，虚构一个故事或事件，就完全打破了纪录片和故事片的边界。在这里也违背了"建立在对既往事件的真实性复原"的原则。

其二，情景再现必须以历史资料、影像文献、口述式访谈等多种文献资料作为依据，使复原有据可依。这一点英国 BBC 拍摄的纪录片《广岛》堪称典范。在复原广岛核爆这一历史事件时，作者运用了大量的历史文献资料、影像资料和访谈资料。这些文献呈现出了多样化的来源、多样化的视角和多样化的观点，并且坚守了纪录片创作"不主题先行"的基本原则。

其三，情景再现必须注重细节。我们用现代技术复制任何既往的事实和场景时，必须意识到事件和场景都是由细节构成的。历史文献和口述史资料可以帮助我们完成对细节的追寻和再现。这里任何的凭空想象都是不被允许的，除非文献资料和访谈资料无法描述这些细节。

现在的某些关于"真实"与"再现"的文化理论，存在着武断和偏颇。德里达认为，在当代"再现是一个最重要、最富有生产性的问题"。相对于"在场"来说，再现不仅是可能的，而且是唯一的可能。在这个意义上，"文本之外一无所有"。不可否认的是，世界上客观存在着原初的事实（raw reality），它的存在不因语言、历史、个人或集体利益而有所改变。

但是，正如霍尔所言："我们要了解它，则必须要通过分析话语行为。"①
菲斯克的观点更是无视"原初事实"的存在。他认为，人们无法将意义化
的符号与所谓的"原初事实"比照真实性，因为后者根本无法得知，所以
"符号"与"事实"之间的分析不再必要。"一切只是人们在不同的意识
形态领域中所玩的'意义化'游戏而已。"② 上述这些理论深刻地影响了
当下中国的文艺文化理论和实践。纪录片虚构化的泛滥也与这些理论和观
点有着某些联系。

　　如果说"在场"的不可能导致"再现"的唯一可能性的话，那么
"再现"不管在任何层面上都是人类叩问真实性的一种努力，而不是一种
符号游戏。纪录片和其他媒介文本一样，当然也会受到意识形态的规约。
但是纪录片的内容和形式特征都在力图使自己避免主观立场的直接影响。
从微观场理论看，对客观事实真实性记录和还原，在第一场的拍摄中是可
能的。这一点在理论上打破了真实不可再现的论断，也成为纪录片区别于
其他媒介文本的重要特征。

　　实践中正是因为纪录片可以记录和反映事物的真实性，才有了多向度
运用的可能。人类学电影实践的兴起和理论的发展也说明：音像记录方式
已经成为一种重要的研究方法，加入了人类学的研究。辩证唯物主义既承
认世界的物质性本质，又反对不可知论。纪录片早已成为并更加有力地成
为人类探索外部世界的基本工具之一。

　　从微观场理论出发，纪录片的理论建构应该坚守两条基本的原则：其
一，事件本源的原则；其二，探索的原则。所谓事件本源的原则，就是要
坚守纪录片以客观事物或事件为表现对象，以真实的记录和再现为手段，
竭力呈现外部世界的现象及其规律，而不是为事物蒙蔽上人为的虚假表
象。所谓探索原则，就是反对主题先行。在面对表达对象时，要以探索的
心态和探索的方法来寻求事物本来的逻辑，而不是给事物臆造一个想象的
逻辑和意义。这两条原则可以作为纪录片理论与实践最基本的边界。如果
超越这个边界，纪录片就变成了其他类型的文本。

　　在梳理纪录片历史线条与结构的基础上，本书运用微观场理论从微观
视角出发，分析了对客观事物真实记录和再现的可能性以及纪录片的真实
性建构方式，提出了纪录片实践和理论应该遵循的一些基本原则，回答了
纪录片创作中一些纠缠不清的现实和理论问题。

①　陈龙：《传媒文化研究》，中国人民大学出版社 2008 年版，第 142—145 页。
②　同上。

四 微纪录片的实质与概念

微纪录片无论被认为是纪录片的变体，还是一种诞生于互联网的影像记录形态，其实践方兴未艾、如火如荼。相形之下微纪录片的研究却流于肤浅。尤其是关于微纪录片的概念研究尚处于各自定义、各自描述、各自阐释的状态。人们谈及事物无不从概念着思、从概念入理。概念的漂移会造成学术对话的障碍。离开明晰的概念，言说就会失去既定的对象和明确的范畴，遑论研究。无疑，厘清微纪录片的概念是一项基础工作。

（一）概念梳理

遍览中外文献，关于微纪录片的概念有一个共同特征——将时长或篇幅作为微纪录片定义的依据。

从国内文献看，有的研究者用了"篇幅简短"①、"时长短小"②这样的定性表述，有的研究者将微纪录片通过时长定义在 5—30 分钟之间③。

英文文献虽然没有对微纪录片的长度做出明确的限定，但仍可从词汇运用④和相关表述⑤中看出其以时长这样的形式特性来定义微纪录片的倾向。

用显见的外在形式特征来定义事物，先不论学理性，在常识上也难以自圆其说。当然，在指陈微纪录片研究缺憾的同时，我们也在文献中找到了一些有益的启示。

---

① 何苏六主编：《中国纪录片发展报告》，社会科学文献出版社 2013 年版，第 282 页。

② 李然：《微纪录片美学研究》，博士学位论文，南开大学，2014 年。

③ 高亮、占予川：《浅谈当代微纪录片的概念及价值》，《东方企业文化》2013 年第 2 期；史菁：《中国微纪录片探究》，硕士学位论文，河北大学，2015 年；刘烨：《微纪录片叙事研究》，硕士学位论文，南京师范大学，2014 年。

④ 无论是微型纪录片还是微纪录片，其"微"大体指向了英文中的"mini"与"micro"。

⑤ A mini documentary is a great way to share your story if you don't have the time or budget (or need) for a full length feature documentary. 参见 What is a Mini Documentary and How Do You Make One? http：//www. desktop-documentaries. com/mini-documentary. html. A particular kind of video called the mini-documentary is one that really needs 2 people to pull off. One will be on-camera and one will be behind the camera. 参见 Making a difference-Mini Documentaries，http：//www. brainyvideo. com/articles/the-mini-documentary-pt – 1/.

Jetnikoff Anita. "Making a Micro-documentary on a Shoestring Budget." *Screen Education*，2008，No. 51，pp. 98 – 100.

　　分析起来，国内研究大致将微纪录片分成了三种类型，可表述为"短小的纪录片"、"跨界的纪录片"和"网络的纪录片"。

　　所谓"短小的纪录片"，就是仅仅以时长来定义微纪录片，将微纪录片看作是一个"简单的文本"。所谓"跨界的纪录片"，是将微纪录片定义为具有纪录片特征又具有网络特征的纪录片。所谓"网络的纪录片"，就是指称微纪录片与数字技术、网络平台的关联性，凸显微纪录片的互联网特征。当然，上述定义方式也可能杂糅在一起，相互复合。

　　通过上述归纳，可以看到微纪录片的发展逻辑。其一，较早的研究者仅仅把微纪录片看成是传统意义上纪录片篇幅和功能的缩略版，折扣了微纪录片的价值。其二，晚近的研究者开始注意到微纪录片的网络特征。但由于无法割舍微纪录片与纪录片之间的本质连接，故而将微纪录片看成是一种跨越传统媒体和新媒体的影像记录形态。其三，随着实践的进一步深入，研究者开始了思考并将微纪录片的本质特征归结为互联网特性。

　　总体上，对于微纪录片的定义研究，在让微纪录片脱离纪录片的仆从地位的同时，挖掘其与互联网之间的内在联系成为一倾向。当然，这种倾向在总体上是所有研究者合力作用的结果，亦给了研究的深化以明确的指向。

（二）质思的问题

　　在常识上和学理上否定了微纪录片现有定义的同时会遭遇这样一个问题：舍弃纪录片的文本特征，我们应该从哪里入手来研究微纪录片呢？答案是：微纪录片的研究必须回归实践。只有在实践中观察、研究微纪录片的发生、发展，才能洞悉其内在的规律性。

　　微纪录片的发生与互联网密切联系且是较为新近的社会文化现象。在国内，凤凰视频最早开始微纪录片运营，并在 2012 年的首届"凤凰视频纪录片大奖"中特别设立了"最佳微纪录片奖"。首奖由《花朵》获得。① 同时，凤凰视频将建立国内最大的微纪录片资源库，并结合斥资千万打造的"新拍客运动"打造国内首个微纪录片传播平台。② "中国纪录片学院奖"也于 2012 年开辟了"最佳微纪录片"单元，向世界各地征集 12 分钟以内的纪录片作品。评选出了《故宫100》《二十四节气》《插旗》等多部

---

①　和讯网：《"凤凰视频纪录片大奖"开启新媒体微记录时代》，新闻频道，http：//news. hexun. com/2012－11－02/147553105. html。

②　易观智库：《凤凰卫视启动"新拍客运动"年内发展 3 千草根拍客》，http：//www. enfodesk. com/SMinisite/index/articledetail-type_ id－2－info_ id－274552. html。

优秀微纪录片作品，并且将新媒体用户视为重点营销对象。① 而这两个事件发生的 2012 年可以看作是中国微纪录片的重要时间节点。

微纪录片在发生时间上较为新近和本质特征上与互联网密切相关已经成为共识。只有找到微纪录片与纪录片的本质区别以及微纪录片与互联网的本质联系，才能在学理意义上重新定义微纪录片。

对于上述两个重要问题的回答，需要从以下三个问题向度进行思考：一是用记录还原历史的技术功能为何没有成为现实；二是纪录片与微纪录片的本质区别是什么；三是两种文本样态有何差异性。

以上三个问题是相互联系的。第二个问题是思考的动因。在思考微纪录片与纪录片的差异时，首先应当看到的是在实践层面上微纪录片为大众的影像书写提供了机会。大众的影像书写和机构的影像书写是两个分立的概念。当把"机构的影像书写"这一特征指派给纪录片时，我们就不得不回答第一个问题——如果影像记录具有呈现事件和历史的可能性，那么机构生产的纪录片为何没有使这种可能性变为现实，而第三个问题则是为了在外延和内涵上来区分纪录片与微纪录片。

问题一：用记录还原历史的技术功能为何没有成为现实？

1895 年之前，人类对现实生活片段的记录一直十分简单。只能是刻于山崖石壁之岩画、书于竹简布帛之文字、寓于故事传说之声音。但动态影像指涉现实的真切性、生动性、共时性远远超过了这些方式。1895 年之后，影像的记录性在卢米埃尔兄弟那里得到了实践阐发，人类确认我们可以通过影像记录事件、描绘人物、捕捉时间、还原历史。至少在理论上可以留存每一个个体的终生影像。时间来到 21 世纪，人类的影像记录仍没有为真实历史的呈现提供依据。如同日本人的历史中没有南京大屠杀。即便是新近发生的事件，相似的影像却会有相反的意义。技术功能本身并没有导致真实的记录。

个体由于不同的意识形态、政治倾向、文化基质和身份差异，对于记录对象和方式的选择大相径庭。在较长的时期内，影像记录还无法成为个体的自发行为。资金、技术、媒介、存储、规制等方面的原因导致了记录仍是机构的特权。这里的机构用英文来表述就是 organization。它是社会权力整合社会资源所形成的具有一定目标的人群集合。机构与权力的复杂关系使其可以跨越资金、技术、媒介、规制等方面的门槛，成为记录的主

---

① 中国网络电视台：《第二届中国纪录片学院奖揭晓》，纪实台，http://jishi.cntv.cn/20121224/100075.shtml。

体。与此同时，权力关系也指派给机构以特定的主体性。机构的主体性在强度上远远超越了技术的可能性，技术毫无例外地再次成为了服务主体性理念的工具。如此，我们看到了内容相似、形式相近而观点迥异的各种记录影像。

问题二：纪录片与微纪录片的本质区别是什么？

在前文的书写中，笔者暗示微纪录片提供了影像还原真实的新的可能性。

互联网的第一属性是开放。数字技术不仅消除了资金、技术、媒介、存储、规制等的障碍，同时也提供了一个所有个体可以参与内容生产的开放场域。在这里，机构独占的文本场域被海量的个体所替代。有限的机构立场被无限的个体立场所替代。因此，基于开放网络的影像记录就有了海量存载、相互比对、共建事实和还原历史的新可能。

一个事物只有拥有差异性，才具有存在的特殊价值和意义。正因为微纪录片"微"特征凸显在网络终端传播的灵动快捷，以及一部手机就能满足制作需求的简单化上，而不仅仅体现在具体物理时间数值上，所以 mini documentary film 、micro documentary film 都不能定义微纪录片。we media（自媒体）影像形态的特征的确认让微纪录片被定义为 we documentary film。由此，微纪录片成为互联网环境造成的新物种，不再是纪录片的"儿子"。"微"与"we"不只是音近，同时也指陈了微纪录片与互联网的深层联系这一必须要回答的理论和现实问题，区分了纪录片与微纪录片这一所有研究合力作用的倾向。

问题三：两种文本样态有何差异？

除了机构与个体主体性上的差异，纪录片和微纪录片在文本样态方面也具有许多截然不同的特征。

其一，相较于纪录片，微纪录片的文本样态具有微型化的特征。由于个体拥有的资源和资本相较于机构生产者的明显弱势，微纪录片在文本样态上总是被描述为"小的"、"微型化的"、"诉求单一的"、"耗费低的"、"视角微观的"、"风格简约的"。本书所讲的"微型化"指向的是"we"特征。"小"只是互联网场域文本生产的一般特征。考虑到互联网聚集社会资本和社会权力的巨大潜能，在某些时候或一定的历史阶段，微纪录片也可能是一个大文本。按照本书的定义，《穹顶之下》无疑是一个微纪录片，这个文本的体量和传统意义上的纪录片并无区别。所以，"微型化"既是指微纪录片的现实状态，也指涉微纪录片的"小"是"we"的一般文本特征，并提出其变化的可能性。

其二，相较于传统纪录片，微纪录片的文本样态具有个体化的特征。微纪录片在本质上是个体。即便它不是"one man's job"，松散的合作群体也不具有机构化的特征，微纪录片也从一出生开始就打上了个体的烙印。开放的互联网场域众声喧哗，因此微纪录片的个体化特征造就出了一种泥沙俱下、良莠不齐、风格杂陈、兼容并包的总体景观。微纪录片并没有设定一个文本门槛，所以它可以是 8 秒钟的微视，也可能是有一定规模和影响的文本。当然，在初始阶段，微纪录片的个体化特征导致的是一种粗糙的质感。另外，个体化特征在以往的微纪录片研究中未曾被揭示。

其三，相较于传统纪录片，微纪录片的文本样态具有业态普适化的特征。总体上说，微纪录片是属于网络场域和网络文化生态的影像记录形态。这并不否定微纪录片可以变身为其他影像形态的可能性。微纪录片如果契合主流意识形态和主流话语，那么它就可能变身为媒体纪录片。如果微纪录片的可视性、深刻性、娱乐性、奇观化等特征非常明显，谁也不敢否认它可能变成院线上映的商业纪录片。这种在不同文本样式之间转化的可能性在这里被称为微纪录片文本的业态普适性。

其四，相较于传统纪录片，微纪录片的文本样态具有泛功能化的特征。传统意义上的纪录片的功能是确定的，大致上我们可以把这些功能指派给三种类型的纪录片，即媒体纪录片、商业纪录片和人类学电影。媒体纪录片是指在传统媒体上播放的纪录片样式。这些影片大体上与主流意识形态和主流话语相契合，同时也包容了一些作者个性。从中国的纪录片发展过程看，这类纪录片的意识形态功用、社会公器功用、文化场域功用远远大于商业功用和娱乐化功用。商业纪录片是在西方发展和成熟起来的一种纪录片样式，一般在电影院放映，采用的是票房经营模式。这些纪录片是相对个性化的，其主要的功用是文化场域和娱乐方式，或言是一种文化式的娱乐。人类学电影是将影像的记录功能运用于人类学研究的文本样式。这些纪录片一般不用于公开放映，其体现的主要是学术研究功能。而论及微纪录片，其功能无法被限定在某一种传统架构的特定功能当中。微纪录片在担负个体化的利益诉求功能的同时，也可能延伸到上述任何一种功能中去。微纪录片的泛功能化是其被工具化运用的内生性动力。

（三）"WE"视域下的微纪录片

让我们回到一般概念定义的基本范式，从外延和内涵两个方面来为微纪录片下一个定义。当然，我们在定义微纪录片时，主要考察的是微纪录片基于"WE"时代的土壤所生成的本质属性和个性化特征。

1. 外延分析

本书不主张将时长作为微纪录片定义的外延因子。

将微纪录片定义为"小纪录片",还停留在物理现象描述的层面。所有文献中给定的无论是 5 分钟还是 30 分钟的时长确定都没有采信的依据。客观上说,各种时长的微纪录片都可能存在,那么以一个未经证实的时长来作为标准就没有任何意义。在现实功用中,某一时长的规定性可能会毫无道理地排除某些微纪录片文本。由于微纪录片的实践方兴未艾,所以微纪录片的时长问题可以在实践的基础上作进一步考察。

本书拟将主体作为微纪录片的主要性质特征纳入定义。

纪录片和微纪录片的不同创作主体给定了文本的基本属性和基本功能,甚至决定了文本的基本样态。舍去主体这个因素,微纪录片的本质特征便无法锚定。当然,现实中并没有一个机构有权力去审定主体的性质。但是文本一旦产生,其主体性便会表露无遗。这点可以在媒介融合的可能性中得到启示。在互联网时代,我们看到的是,传统媒体可以轻易地在技术上、资本上、组织上与互联网媒体进行融合。但两者在功能上却无法融合。这些功能的差异在根本上是不同的生产主体造就的。在微纪录片与纪录片的分割与融合方面,情形亦十分相似。

本书拟将互联网作为微纪录片主要的传播渠道特征纳入定义。

微纪录片的传播媒介和存储媒介无疑都是互联网。带有极强个体化特征的微纪录片,没有必要也不可能在传统媒体中进行传播。从某些社会治理的理念出发,所有的传播文本都应该进行事先审查。可是由于互联网生产的微纪录片的数量庞大、形式不一,事前审查在技术和成本上都难以实现。互联网的开放性给微纪录片的上载和传播提供了现实可能。任何行政化的管控都可能遭遇宪法和法律的阻力。除了传输,存储也是重要的方面。互联网的巨大容量使微纪录片的历时存储和共时检索成为可能。如此巨大的容量和如此广泛的渠道在互联网诞生前是难以想象的。因此,以互联网为平台就是微纪录片区别于纪录片的渠道特征。

在此本书给出的微纪录片定义是:微纪录片(we documentary film)是由非机构生产的、借助互联网传播和存储的、非虚构的影像记录形态。

2. 内涵分析

微纪录片在实质上是社会公众通过影像书写社会现实的文本样态。它提供了民众以个体身份书写历史的可能性。

大众史学观认为,人人都有自己的历史观。人民既是历史的创造者,也是历史的书写者。① 抛开人民与精英的对立，所有给包括你、我、他在内的民众提供的言说可能都具有至高的正义性和合法性。微纪录片存在的意义在于，它给民众提供了一种可以操作的记录、书写和传播的工具，它让民众借助影像发声。在"有图有真相"的基本判断之下，每个个体都可以"我所见到的"为依据来发表对于事实的倾向性观点。同时，海量的影像文本和观点相互激荡、印证，也为靠近事件的真实性提供了新的技术手段和新的可能性。这一点是传统纪录片时代无法企及的。关于纪录片的真实性研究是一个旷日持久的论域。但是到了微纪录片时代，真实性问题发生了转向，不再是某一个文本对真实性的趋近，而是众多文本对真实性的建构。

笔者并非盲目的历史乐观主义者。确认微纪录片书写历史的可能性并非昭告民众书写历史时代的到来。如果将互联网承载的记录文本看作一个整体，其在局部和总体上都存在着某些还原真实性的障碍。就局部而言，每个个体的身份既是个性化的同时又是群体化的。人必然归属于不同的人们共同体，必然受到性别、年龄、宗教、信仰、文化、地域、教育、职业等方面的建构。没有人可以超越立场代表整体进行言说。在局部层面，不同人群掌握资源和资本的差异性可能是巨大的。因此，对一个事件的记录并非均质化地来自所有利益相关的人群。我们在确认"大狗小狗都要叫"的同时，也应看到"大狗"的声音可能淹没"小狗"的声音。从总体来看，随着记录工具的普及化、低廉化，微纪录片的文本总量一定是巨大的。信息过剩会导致信息失去消除不确定性的功能。面对信息的大海，每个人都只能取一瓢饮。因此，总体上来看，文本产生的真实性或许是不可见的。如此，影像记录提供给人类的还原历史真实的可能性也可能再度消失。

纪录片是一种以节目和现实对应关系为前设条件的文本样态。正是影像技术捕捉时间、还原场境的技术特征导致了人类将真实性原则天然地赋予了纪录片。当我们思考为何动态影像诞生120年后，其记录和还原历史真实的功能的可能性没有成为现实这一问题时，微纪录片实践给出了新的思考向度。如果确认人的主体性差异会导致影像记录与真实的偏差，那么微纪录片所提供的海量的、多元的、个体的主体性就可能造就记录影像的印证比对，最终使文本集合迫近真实。

---

① 赵世瑜：《小历史与大历史：区域社会史的理念、方法与实践》，生活·读书·新知三联书店2006年版，第10页。

为了避免把微纪录片看成是纪录片在网络时代的变体，为了凸显微纪录片的网络特性，为了阐明微纪录片的本质特征，本节对微纪录片做了重新定义。

微纪录片的研究尚处于初始阶段。其社会功能、传播特征、业态模式等问题都是实践提示的研究方向。本书提供的微纪录片定义只是一家之言，相信随着研究的深化，我们可以加深对微纪录片本质的认识。

第四章　宏观场理论

　　微观场理论主要是从电视和其他传统媒体的技术构成及其运用出发，来进一步思考传统媒体的那未被揭示的基本属性。微观场理论第一次把传统媒体从封闭的传—受关系管道中解放出来，将其看成是由权力关系作用和连接的开放场域，并将以往对传统媒体功能的认知从传播渠道、意识形态工具、社会公器、文化场域、文化产业等具体的功能表述归结为社会规制效应，并认为这种效应主要是通过合并情境的功能得以实现。最终传统媒体在传播学场理论中成为了一种权力导演的社会表演仪式。

　　如果微观场理论是关于职业传播活动的理论，那么宏观场理论就是关于社会传播活动的理论。[①] 社会传播的概念来自既成的社会实践。社会传播在内涵上是指所有传播文本生产和消费的人类活动；在外延上它包含了职业传播和非职业的传播活动。宏观场理论建立了一个理论模型来阐释社会传播场境中的过程、结构、动力等相关问题。

　　传播学宏观场理论找到了4个核心要素和2个环境要素来建构自己的理论框架。这4个核心要素分别是：文本、受众、意义、文化。文本是联系受众与传播活动的窗口和通路。受众是社会传播活动的主体。意义是受众的话语形态总和。文化是被传播活动激活的符号系统和生活方式。传播学场理论将这4个要素都看作是场态的存在，因此将其命名为"文本场"、"受众场"、"意义场"和"文化场"。宏观场理论将社会传播看作是由文本场、受众场、意义场和文化场相互连接构成的一个复合场域。社会场和意识形态作为重要的环境因素也纳入了理论的基本框架。

　　宏观场理论将受众作为传播主体放置在了社会传播的核心地位。整个理论模型也是为了说明受众作为主体参与传播的途径、方式和功能。传播学场理论采用了与经典传播学理论不同的范式。简单地说，就是用"场

---

① 参见程郁儒《电视记录的"场"特性》，《浙江传媒学院学报》2010 第 5 期；程郁儒《电视记录场理论及其应用》，《现代传播》2011 年第 7 期。

论"范式取代了以往的"系统论范式"。

传播学技术主义学派把传媒的所有问题归结于"媒介"这一个因素，技术主义学派的理论要素可以表述为"1"；传播学经验学派主要考察的是"传—受"关系，我们把经验学派的理论要素概括为"2"；传播学批判学派将传播学考察纳入了无限发散的社会场域，我们把批判学派的理论要素归结为"N"。

一　总论

（一）理论建构的问题

宏观场理论的发展必须回答以下三个问题，它们关乎传播管道突破后传播学边界的重建，社会传播场域中传播机制及动力确立，以及受众作为传播活动主体参与传播的方式。

问题一：从理论发展本身来看，微观场理论已经将传播从传—授关系的封闭管道中释放出来，那么宏观场理论是否还需要一个研究的边界？

先期的这些研究有一个最基本的理论效应，就是把职业传播活动导入了更加开放的社会场域，并认为职业传播活动和社会传播活动是相互承继的过程，所以在本质上我们可以将职业传播活动和社会场境中的非职业传播活动都看作是社会传播活动的组成部分。这也是互联网新媒体产生发展提出的新坐标。

接下来的研究就必须面对这样一个问题——既然传播已经成了社会场域中的一种社会行为，那么是否还能沿用传播学批判学派的范式、理论、方法呢？

传播学从一开始就是一个以"拿来主义"为特点的学科。其借鉴了许多社会科学的理论方法和范式。因此，传播学的独立性从一开始就受到质疑。以文化研究为代表的传播学批判学派也延续了一以贯之的"拿来主义"风格，使得研究边界不断拓展。对此，一些学者并不认同。同样，毫无限制地借用和拼凑其他学科的范式、理论、方法不是理论创新的必然路径。任何一个学科必须有看家的研究范式、专属理论和特殊方法。如果范式、理论、方法可能独有，至少必须有一个明晰的边界。传播学宏观场理论如果进一步拓展传播学的研究范畴，把传播从职业传播理论推衍到社会传播活动中，那么就可能自然地沦为传播学批判学派的一个变体或一种新的版本。学科的分野确实肢解了广泛联系的现实，然而不可否认的是不同学科在各自范畴中的精耕细作，其成果总合起来却丰富了人类的知识园地。如何在极其丰富的社会场境中选择一些充分必要条件来型构传播学的理论框架，并使这个框架有一个学科归属的必要边界，就成了传播学场理论从微观到宏观建构的第一个基本问题。

问题二：从社会实践的发展来看，传播活动已经从职业传播为主导的状态进入了公众参与的社会传播状态，那么在宏大的社会场境中如何考察传播的权力作用机制？

在开始建构宏观场理论之前，有必要讲清一个概念：社会传播。

本书所说的社会传播是指在社会场境中进行传媒文本生产和消费的传播实践。社会传播是将以往的职业传播行为纳入社会场域进行观察而得到的一个更加宏观的传播过程。如果我们把受众既看成是文本的受者又看作是文本的传者，既看成是传媒文本的消费者又看作是传媒文本的生产者，那么在确认受众对传播活动的现实影响之后，以往的职业传播行为就从传一受关系的过程延伸到了更加开放的社会场域。因此，社会传播实际包含了职业传播活动和受众参与的非职业传播活动。两者既是前后继起的过程又共同构成了一个整体的社会传播过程，并且从中人们逐渐看到非职业的（受众参与的传播）传播文本在消费和生产两个环节对职业传播活动的反作用。

首先，从过程的前后继起看，受众参与的传播活动从来都是职业传播活动的延续。在社会场境中，传播从来没有在文本到达受众后戛然而止。无论职业传播的权力向度如何具有单向性，如何居高临下，传播活动都不可能离开受众的存在而单独成立。传播学研究曾一度将受众的作用局限在反馈层面，而当传播作为经济化过程进入理论和实践，受众又被视作"消费者"，甚至"商品"，且被动地纳入传媒文本的消费之中。互联网时代，受众主动参与传播过程已经成为了一个基本事实。可见，受众作为传播的主体的功能在实践和理论层面都日益显现。当然，由于受众的非职业的传播活动已经不能被涵盖在经典传播学理论当中，所以关于受众的能动性研究就分散在了不同的学科中，研究成果呈现碎片化的状态，也没能形成有规模的学术社区。可是，无论如何，离开受众传播过程就远没有完成。

其次，从社会场境中的传播活动看，传播活动从来都不是专属于某些人的封闭的职业活动。与一般商品服务于特定人群满足特定消费相区别。传播活动生产一般化的社会信息和文化文本，面向整个社会进行传播。传播活动从来都不仅仅是功能表述中的信息通路、社会公器、意识形态工具、文化场域、文化产业，而是涉及每个人的社会活动。从现实的情况看，传播活动已经是人们的生活方式。今天，在网络上人们不仅收发信息、联络社会，甚至还参与社区、购物消费，谋职创业、生产经营，书写创作、阐发思想。网络传播活动已经是现实生活的一部分。今天的传播学理论研究应该将社会场境中的传播活动和传播行为以及相关问题纳入研究的视野，建构新的理论体系。相反，把在"传—受"关系领域产生的某些经典传播学理论生搬硬套到社会传播场境中的做法，无论在学理上还是在常识上都是站不住脚的。

最后，从受众参与的社会传播活动对职业传播活动的反作用来看，我们越发不能忽视受众的存在和巨大的作用。受众作为媒介文本的消费者，对文本的传播已然有着决定性的影响。某些知名导演拍的电影没人看，无法收回成本。这就是受众作为消费者影响职业传播行为的一个证据。今天，无论你是多大的腕儿，不了解受众就难以实现社会效益和经济效益。从受众作为传媒文本的生产者来看，受众的作用就更加惊人。这是一个众声喧哗的时代，昔日的技术障碍、资本障碍、制度障碍、渠道障碍正在逐渐消失。传播文本的生产已经成为每个人都可能完成的工作。时下，"网生代"导演已经指涉的是一大批经由网络而成长起来的电影人。随着时间的推移，"网生代"将成为所有网络文本生产者的一般指称。2015 年，中国电影市场井喷爆发，同时结束了中国电影学院垄断电影创作的代际逻辑。不管精英们多么不乐意，无论精英们如何评价当期电影的质量与功能，不可否认的是，无论从消费还是生产环节来看，今天的观众都变成了生产者（producer）及消费者（consumer）为一体的 pro-sumer。

如果我们确认职业传播活动和社会传播活动已经相互连接并形成了整体的传播场域的话，那么在这个宏大的场域中一定要按照传播学场理论的基本思想去洞悉社会传播的权力关系的结构，这便是宏观场理论研究的第二个基本问题。

问题三：从网络媒体的发展来看，受众已然成为传播活动的主体，那么受众作为一个数量巨大、差异巨大的社会群体，他们参与社会传播活动的路径、方法、作用能不能做一般化的概括？

受众是传播学传统理论中的一个重要概念。但是，在既往的研究中这个重要的概念被忽视了。大众传媒中的大众一直是一群无法辨识、难以定性、无从计量、眉目不清的社会人群。他们曾经被当成"文化傻瓜"。稍后的研究考虑到了受众的能动性和对传播过程的反作用，然而受众的地位仍然是被动的。意见领袖、沉默螺旋、知沟、涵化等这些宏观传媒效果理论无非是对这些社会传播现象的描述，还没有深入到传播活动的内在机制。这些理论可以被众多的资料证实，同时也可以被证伪。导致这种情形的原因是，传播学研究尚未洞悉受众参与社会传播活动的根本内在机制。

那么，受众是通过什么样的渠道或机制来参与媒介实践和媒介文本建构的？当然，这是一个极其复杂的问题。问题的复杂性来自于受众作为一个群体，其质与量的规定性无从考证。既然我们不知道受众是一种什么样的存在，那么我们就无从探讨受众参与传播活动的机制。

宏观场理论在考察受众参与传播活动的机制时，一定要既观照到受众有形的参与过程，也必须观照到受众作为一个类的无形的参与机制。因此，抽象归纳出受众作为传播主体参与传媒意义生产与消费的内在机制就成了场理论研究的第三个基本问题。

上述三个问题指示了宏观场理论研究的方向，也是理论研究的起点。

（二）理论思考的向度

1. 系统论范式与场论范式

经验学派的传播学模式均采用了系统论范式，将传播看成是一个系统。其优点是再现了传播过程，确定了信息流方向，定位了要素的位置和功能。缺点是线性思维剔除了必要因子，信息的流向忽视和否定了反作用力，要素定位否定了要素的动态和广泛联系。

场论范式主要从范畴与动力两个方面来考察传播场域。优点是包容了所有可能的发展方向，在动态中看待因子的位置与功能，兼容了内外因素的交互作用。缺点是无法说明传播的过程机制，难以提供结构化的模型供思考和讨论。

两种范式的优长和缺陷都十分明显，那么我们能不能用其所长，舍其所短？基于这种想法，宏观场理论在场论范式的基础上加入了系统论范式的思维，并将模型构建成一个循环的开放系统。传播一定可以看作是一个循环的系统。尤其是在社会传播中，信息的运动方式就表现为循环状态。如果把信息看成是人类减少不确定性的方式的话，那么无论是知识还是信仰，从来都不曾一蹴而就，而是在循环往复中螺旋式地上升。社会传播当然可以看作是一个循环，只不过在场理论看来，这个循环并非是一个封闭的系统，而是一个开放的场域。信息的流动总是不期然地受到来自社会各个层面的权力结构的影响。正如我们在微观场理论看到的那样，巨大的权力机制只需要通过一个简单的摄像设备就可以瞬间来到拍摄现场。但是在传播学场理论看来，权力的作用机制不是传导而是共振。

基于对系统论范式和场论范式的分析，并观照到社会传播场境中复杂的权力作用方式，宏观场理论首先将其模型建构成一种开放的循环场域。如果确立了受者的核心地位，那么受者如何主导传播过程和效果，就应该是研究的重点。

2. 中国情境还是西方情境

经典传播学理论都是西方情境的产物，是以美国、欧洲的传媒实践为依托的理论构造。

经验学派的理论观照到美国的商业媒体实践，崇尚科学文化和多元社会观，站在保守主义的立场上，着眼于社会维护和传播效率之间的关系，建构出一整套系统论范式下的理论体系。经验学派的理论采信的科学文化理念、媒体服务于社会、服务与意识形态的基本姿态，暗合了中国的社会政治情境，因此长期以来占据了中国传播学教程的主要篇幅。

批判学派的理论观照到欧洲的公共媒体实践，崇尚人文文化和阶级支配观，站在激进主义的立场上，着眼于社会变革和权力机制之间的关系，建构出一整套社会化的理论体系。批判学派的激进姿态和尖锐观点恰恰与中国的基本政治文化生态相悖，加之其理论体系的繁杂与庞大，在中国传播学教程中就被有意或无意地忽视了。

技术主义学派的理论主要根植于技术发明对社会传播的影响。因为大量的传媒技术均发端于西方，是现代科学的产物，所以技术之于媒体产生的冲击力最早为西方学者所感知并被西方学者理论化。当这些理论传到中国时，作为技术使用者的中国媒体人只能印证传媒技术对于传媒性质论述的科学意义。技术发展的时间差使得中国学者在这一论域完全失声。由于技术在政治上的无害性，技术主义学派的理论还是被大量地翻译和介绍到了中国。当然，技术主义学派的理论强调单一技术因素对传播实践的决定性作用不符合辩证唯物主义的基本原理，因此也未被全面地纳入传播学教材而是散见于各种译著中。

以上表述呈现了传播学理论输入和采信方面存在的尴尬局面。理论的片面倚重失去了传播学整体理论的全局观和平衡性。功利化的取舍导致了学科理论科学性的流失。对于批判主义和技术主义学派的忽视，使得传播学研究失去了理论的深度和技术的依托。如此看来，"三足鼎立"的传播学版图在中国传播学理论的基础构成方面已变得破碎、倾斜，难以为后续的研究提供平衡的理论支撑。

宏观场理论研究是要承继西方的传媒情境还是要植入中国的传媒情境？是要功利地对西方理论做取舍还是要全面地汲取人类传播学研究的共同成果来对应于中国情境进行理论创新？这是本书必须要面对的问题。

中国的传媒实践较之西方的传媒实践更加具有丰富性。较之于西方媒体，中国传统媒体的社会角色和社会功能要复杂得多。在一般化的表述中，中国的大众传媒既是事业法人也是企业法人，既是党的喉舌也是人民的喉舌，既是信息工具也是意识形态工具，既是文化场域也是文化产业，既是党委管理的宣传机构也是社会公器。不仅如此，中国媒体的社会角色和社会功能在不同的历史时期还有不同的倾向性表述——有时这种功能会强调得多一些，有时那一种功能会强调得多一些。政治、经济、文化方面作用于媒介实践的机制难以廓清。机制的变化性也难以捉摸。

中国媒体实践的复杂性还表现在互联网诞生对传统媒体的挑战和冲击上。对于西方媒体而言，互联网的出现更大的影响在于传媒技术导致的新的传播方式和传播业态以及对人们信息运用方式的改变。这种影响可以看作是历次技术改变传播过程的延续。可是对于中国的传媒实践而言，互联网的开放性使得政府完全失去了对新媒体的管控。昔日管理传统媒体的方法在新媒体规制中基本失效。而技术的、行政的、法律的手段也无能为力。互联网对中国传媒实践的影响并不是一种递进式的技术更迭，而有可能导致的是媒介生态的断裂。

传播学场理论的研究必须要观照中国的传媒实践情境。中国传媒实践的丰富性和复杂性无疑为人类理解传媒和传播提供了新的资源背景。中国作为蓬勃发展的经济体和拥有自身社会发展特色的国家，已然在国际舞台上发挥着极其重要的作用。当然，基于中国传媒实践所产生的传播学理论思考也将极大地丰富传播学研究的范畴、理论和范式。要做到这一点有许多前设条件，其中之一就是要理性地、科学地看待不同学派的经典传播学理论。抛弃功利性的研究姿态，以实事求是的态度引入真实的情境、真实的问题，力争寻求具有学理性的答案。

3. 受众参与和受众主导

在经典传播学理论设计中，受众在传播过程中的地位是相对被动的。受众只是参与了传播而非决定性的力量。早期的传播效果理论，如"靶子论"、"枪弹论"认为，受众面对传播简直不堪一击。尽管后期的使用满足理论不再把受众看作"文化傻瓜"，但受众的"使用"与"满足"，仍然是作为一个信息消费者而存在的。如同一般商品的消费者面对强大的跨国制造企业一样，他们仍然是市场中的弱势群体。

以往我们把受众当成信息的消费者，主要是因为我们认为受众无法影响封闭的职业传播行为。在信息匮乏的时代，每家的黑白电视都会一直开机，直到屏幕上出现"雪花点"。由于信息的匮乏和传播地位的不对称，受众参与传播活动的功能与作用一直被认为是有限的。

时至今日，受众之于传播还依然只是参与吗？他们可能作为传播的主导者进入社会传播场域吗？

较为乐观的观点认为，在互联网日益普及的社会情境中，受众已然是社会传播的主导者。受众的主导作用主要表现在两个方面。其一，在海量传播文本中做选择性的关注，影响社会效应和经济效益。其二，直接生产网络文本。无论是通过 8 秒钟的微视，还是 140 字的微博，抑或是 Facebook、Skype。

较为悲观的观点认为，无论受众如何参与社会传播，相较于传统媒体的职业传播行为，受众的传播行为仍然是序乱的、非理性的和碎片式的。受众不可能主导社会传播，也不可能影响社会传播的效果。

传播学场理论在阐发过程中注意到受众参与传播的更大功能和效用在于，作为广泛存在的主体对文本意义的生产与再生产，并生产出属于受众的文化。

当然，在单一事件传播过程中受众的功能与作用相较于专业媒体明显地处于弱势地位。问题是，今天传统媒体还能垄断对意义解说的权力吗？传统媒体还能够主导民众的社会文化生活吗？对于这两个问题的回答，无论如何都不会像 30 年前那么清晰明了。基于受众在意义和文化生产中的主体地位，传播学宏观场理论当然将受众看作是社会传播的主导力量而非参与因素。

4. 传统媒体抑或新媒体

在传播学场理论看来，职业传播场域已经演进到社会传播场域，那么在理论构造上就有一个基本的范畴选择——宏观场理论是要仅仅适用于社会传播情境还是必须要兼顾职业传播和社会传播两种情境？

以互联网为基础的新媒体从诞生到现在都被看成是一个特殊的媒介。基于经典传播学理论甚至无法对它进行媒介归类。互联网媒体是不是大众传媒，这依然是一个处于争论中的问题。考虑到互联网媒体的特殊性，一般的传播学研究总是将新媒体看作是一个独立的单元，较少考虑互联网与传统媒体之间的联系。可是，在实践中我们看到，网络媒体中大量的事件性内容，其信息来源都是传统媒体。或者说，网民的传播活动仅仅是传统媒体事件报道与社会经验互动的个体反馈集合。网络无所不在，网络又"寸草不生"。网络包含一切是由网络作为信息平台的功能所致，承载和输送一切信息；网络空无一物是因为网络中并没有生产信息的专业人群。孤立地考察互联网为特征的社会传播场境，可能失去了观察事物的整体性。

如果我们确认应该把传统媒体和新媒体，把职业传播场域和社会传播场域联系起来作为一个整体来观察，那么也会出现一些问题。显著的就是，我们将产生和发育在前互联网时代的经典传播学理论作为理论工具来观察、分析以互联网为背景的社会传播实践，这也缺乏基本的学理和常识。宏观场理论认为，借用或沿袭昔日的理论，或者是对过去的理论小修小补来解答今天的社会传播问题，也是不可取的。必须有一套理论，可以观照传媒实践的源流，可以联系传统媒体和新媒体，可以融合经典理论与新的情境。

因此，关注传统媒体和新媒体的内在联系，关注职业传播行为和社会传播行为的相互作用，就应该成为理论创新的基本思路之一。理论应该对职业传播场域和社会传播场域的内在规律和联系给出一致化的理论解释。这样才不会割裂理论的延续，割裂现实的联系。

（三）宏观场模型

1. 基本要素

宏观场理论以受众参与传播活动的一般规律为基础，型构了一个具有6个要素的理论模型（见图 4 - 1）。这些要素的选定既来源于对已有传播学理论的继承，亦考虑传播学微观场理论在文本生成后的宏观场域中的衍生，同时也考虑到了中国的传媒实践和互联网时代的背景。

文本场是宏观场理论的第一个基本要素。

文本是所有传播活动的核心。文本连接信源和信宿，连接社会与意识，连接媒体与受众，亦连接传统媒体和网络媒体。剔除文本这一要素，宏观场理论的研究与过去的传播理论和模式就失去了连接。各种传播环节和要素就成为了碎片化的、相互游离的场域和片段。因此，文本是宏观场理论纳入研究的第一个基本要素。文本不是特定节目的代称，而是所有传播文本的集合。由于文本本身所具有的自生产性和它生产性使得哪怕是单一的一个文本，都会成为一个巨大的意义集合。因此，我们将文本作为场的存在来加以考察，以提示文本内外社会动力机制的关系。

受众场是宏观场理论的第二个基本要素。

在互联网情境下，"受众"这个中文词汇已经无法概括"参与社会传播的非职业传播者"这样一个人类群落。在英文中，有人将 producer（生产者）和 consumer（消费者）两个单词复合为 pro-sumer，意指在社会情境中生产者都是消费者，消费者都是生产者。① 由于在汉语中无法找到一个恰当的词来对应 pro-sumer，在宏观场理论中，我们还不得不沿用"受众"这样一个能指。在这里"受众"的所指已经变成了传播中的 pro-sumer——"传—受合体"。作为 pro-sumer 的受众，当然是一个巨大的群体。理论上这个群体可能与人类的数量相等。因为在今天，与世隔绝的社区已经不复存在。每个人或多或少都参与了传媒文本的生产和消费。

意义场是宏观场理论的第三个基本要素。

意义场是受众话语的总和。在社会传播中，我们无法锚定受众，但是我们可以感知受众参与文本生产和消费过程中，经由语言的实践所建立起来的一套话语。话语，我们可以称之为"一个为知识确定可能性的系统，一个用来理解世界的框架"②。这套话语决定了对于受众而言什么是知识、什么可以被谈论、什么是受众接受的、什么是受众排斥的。之所以将受众的话语形态命名为意义场，是因为受众的话语是在生产和消费传媒文本过程中，随着意义的生产而产生的。在技术层面，使用"意义场"也有与"话语"、"意识形态"等概念相区分的目的。话语本身在文化研究中是作为意识形态概念的替代物而被生产出来的，为了标示受众话语与意识形态之间的区隔，我们使用"意义场"来为之命名。

文化场是宏观场理论的第四个基本要素。

这里的文化不是一般的泛指，而是指被社会传播激活的生活方式和符号系统。它既是作为文化资源的存在，也是作为文化资本的存在。这里的文化场某种程度上是大众传媒文化的当下性的概称。文化场中的文化首先是受众意义生产的产物。就文化的三种形态而言，它可能是精神的，也可能是器物的，但绝非是制度的。这里的文化场是每个受众都可感知的作为一种活态的文化存在，它也比照出更加海量的处于沉淀状态的文化存在。

宏观场理论的两个环境因素是指社会场和意识形态。

社会场是作为传播活动基础而存在的。更重要的是，每个人生产和消费传媒文本时，无时无刻不受到社会场因素的影响。传媒文本充其量是社会文本的投射，不纳入社会因素就无法理解传媒文本和传媒文化生产的发

---

① 参见蓝云《马克思主义基础教研文稿（上卷哲学编）》，学术研究杂志社 1998 年版，第386 页。美国学者阿尔文·托夫勒在其 2006 年的新著《财富的革命》中着力强调"pro-sumer"（产消合一者）是新造词。它是由 producer（生产者）和 consumer（消费者）两个词汇组成，意指一种生产者即消费者，或消费者即生产者的现象。

② ［英］阿雷恩·鲍尔德温等：《文化研究导论》，陶东风等译，高等教育出版社 2004 年版，第 32 页。

散性。传媒文本来自于社会，也在与社会的比照中产生意义。

意识形态作为宏观场理论的环境因素，是传媒实践中不得不考察的要素。意识形态如空气般弥散在社会场境中，当然也在社会传播活动中发挥着巨大的作用。意识形态居于权力关系的最高端。其对社会传播活动的影响是不言而喻的。

需要指出的是，宏观场理论的两个环境因素——社会场和意识形态，在整个理论结构中是辅助性的，或者说是次要的。这两个因素没有被纳入从文本到受众再到意义和文化的社会传播过程的场际关系。这两个因素也不是直接作用于宏观场理论的各个研究环节。但是，它们作为环境和背景因素也是非常重要的。

2. 理论概述

宏观场理论将社会传播看作是由文本场、受众场、意义场和文化场组成的一个复合场域。这个场域以社会场为基础，意识形态弥散其中。文本场、受众场、意义场、文化场型构了受众作为主体直接参与传媒文本生产和消费的社会动力学机制。这四个场的线性关系表达了媒介文本的金融资本生产过程和文化资本生产过程。四个场的非线性关联（共振），揭示了社会传播文本生产的场态机制。宏观场理论与微观场理论一道构成了对中国情境下以互联网为背景的职业传播活动和社会传播活动的系统理论框架。

宏观场理论认为社会传播活动（包括职业传播活动）是一个以受众为主体的信息场域。

首先，受众是文本的生产者。

在宏观场理论模型中首先建构的是受众场和文本场之间的关系，从向度上说"文本—受众"的过程表达的是传播学经验学派传播模式的过程延续和理论确认，但并不止于此。经典传播学理论认为文本生产了受众。这个论断是经验事实可验证的。因此，宏观场理论对此进行确认。从传播过程看，从文本到受众本身就是一个普遍存在的社会传播过程，因此也在宏观场理论中得到表达。然而宏观场理论的文本—受众关系的重点恰恰相反是"受众—文本"。因为受众在两个方面生产文本，一方面是受众对文本的意义进行再生产，另一方面是受众已非传统意义上的信息消费者（information consumer），而同时也是信息生产者（information producer）。

其次，受众是意义的生产者。

指认受众是意义的生产主体，宣告了文本作者对意义垄断的破产。以罗兰·巴特等西方理论家阐发的文本理论在中国大致还是一种学术研究工具。文本理论高居于"象牙塔"中，似乎与媒介实践并没有太多的联系。用文本理论来观照传媒实践，我们会发现媒介文本既是传者的作品，也是受者的文本。以往我们往往认定作者与文本的专属性关系。无论从大型传媒文本的版权或是从"豆腐干"文章的署名权，都在确认传媒文本隶属于具名的作者。但是文本到达受众之后情形就发生了变化。作者再无法坚守对文本的意义垄断。受众嘲笑、恶搞和解构传媒文本的情形已经是一种常态。或许在传媒渠道被机构垄断的时代，受众的反馈只能消散在三五成群的聊天当中。时至今日，简单地点赞或在网络社区的只言片语都如雨滴般汇集成意义的溪流，聚集成意义的大海。所以我们在确认文本作者在意义生产中的意义建构功能的同时，也必须确认受众在文本消费中意义再生产的功能。

指认受众是意义的生产主体，表明了受众生产意义具有的一般规律性。受众作为一个庞大的人群，其身份和主体性的复杂性导致了定量研究和定性分析的难度。但是，宏观场理论在设立意义场时并没有把意义场看成是简单的意义集合，意义不是堆在一起的散沙，意义场本身是一种带有内在结构和动力机制的场域。我们无法感知每一个受众生产意义的个别状态，但是人类的社会活动确是一种奇妙的文化存在——当我们忽视了每一个水滴的特殊性时，我们看到的是江河湖海的磅礴之势。意义的海洋也是如此。受众意义的集合往往在话语形态中表现出带有规律性的存在和运动的方式。意义无法探寻来源，但是意义呈现状态。话语作为社会场域中的语言实践，它会在不同的个体心目中建构出相同或相似的脑中图景。尽管有时这些脑中图景并不具有理性，但是它的文化功能仍是可感知的。"贾君鹏，你妈叫你回家吃饭"这个被海量转发的帖子，表面看起来是一种无厘头的搞笑，实际上它正是中国网络传播实践中，人们获得传播与言说权力后的一种无意识窃喜。受众总是能在这种集体狂欢中找到既模糊又确定的话语状态和话语结构。

再次，受众是文化的生产者。

宏观场理论强调文本从来都不是文化精英或是专业传播机构可以垄断的，而是社会文化的产物。就专业传播而言，表面看来是媒体和机构生产了文本。但实际上我们知道，传媒生产什么？如何生产？何时生产？这些都不是封闭的传媒管道可以确定的。就社会传播而言，文化生产已经成为一种广泛的社会行为，甚至成为人们的生活方式。今天的"低头一族"在消耗颈椎和活动拇指的执着与坚持中，每天都在生产和推动强大的社会信息流，这些信息流又促进着物流、资金流、人流在全球移动和分配。在这样的状态下，所有的传媒文本生产都不再是传播机构的意志可以决定的，甚至不是居于上位的权力可以控制的。我们说，社会传播已经成为社会公众的一种生活方式。

如果把文化场看成是人们具有当下性的生活方式和符号系统，受众也当然是社会生活方式和符号系统的生产主体。从第一个层面说，受众当然生产自己的生活方式。受众的生计模式和参与社会生活的程度，型构了自己生活方式的主要方面。在社会场中，受众作为一个场态的集合存在，当然也受到社会的政治、经济、文化状态的影响。可是作为有主观能动性的人，具体的生活方式是各人在诸多可能性中选择的结果。从第二个层面说，受众生产自己的符号系统。这一点初看起来似乎不那么顺理成章。我们从来都认为人类的符号系统是由知识精英、文化教育机构以及政治权力生产和确认的。一般的老百姓只学习和分享这些符号系统的成果，但是今天我们必须看到文化垄断的局面正在被打破。大众文化已经将"精英"变成了一个贬义词。经典在精英们的大声惊呼中不可避免地被大众文化解构。受众的共享文化成了一种隐秘而伟大的存在。这些文化符号可能先由年轻人分享和掌控，渐渐地它们经由广泛的社会联系，扩散到社会场境中并成为流行与时尚。因此我们说，受众不仅生产了自己的生活方式，也生产了与这种生活方式相对应的符号系统。

宏观场理论除了以受众为中心的基本场际关系表述，还建构了文本场与文化场，意义场与文化场的关联。

文本场与文化场存在着双向互动关系。

一方面，文化生产了文本。在文化与文本的关系中，我们确认文化作为资源的基础性地位和作为资本的推动力量。文化作为资源，并且是一种可再生的资源，不停地为文本生产提供基础性的生产资料。文化作为资本可以带动协同其他资本加入文本的生产过程。在这个意义上，我们说文化生产了文本。

另一方面，文本生产了文化。在宏观场理论中文本作为所有节目及其文际性的总和，型构了某个时期社会传播的整体样貌。文本集合日积月累，砥砺震荡形成了文化。我们又说，所有的文化都寄居在传播场域中，并在传播场域中再生，确认的是传播生产文化的基本事实。"离开传播无文化"表述了文化场域与传播场域的对应关系。①

---

① 潘忠党：《传播媒介与文化：社会科学与人文学研究的三个模式》，《现代传播》1996 第 4 期。

意义场与文化场存在着相互作用关系。

一方面，文化场生产了意义场。文化作为受众的生活方式和符号系统，它从两个方面生产和制约着作为受众话语集合的意义场。先是生活方式在意义场的建构中具有基础性的作用。社会存在决定社会意识，受众的社会生活方式具有实践的第一性。千变万化的意义场形态与结构在根本上是社会生活的符号化反应。符号系统当然也生产意义场。社会的符号系统是一个母概念，而相形之下意义场只是一个从属的子概念。符号系统和意义场是一般与个别的关系。符号系统不仅包含意义场，并解释意义场产生的基础。

另一方面，意义场生产了文化场。作为受众话语集合的意义场，是产生文化场的能动性因素之一。谈到话语，我们不得不观照意识形态。意识形态可以看作是被权力加持的话语。在以往的研究中我们十分关注意识形态对社会文化的形塑作用。传播学场理论也确认意识形态广泛的作用机制。而作为受众的话语，其在文化生产中的地位始终没有得到确立。意识形态创生的是主流文化，相形之下受众话语所创生的则是非主流文化。即便是这样的界分，我们也能从中看出受众话语参与文化生产的路径。如果说社会文化是由主流文化和非主流文化共同构成的。那么，非主流文化当然也是文化场的一部分。另外，一个社会的主流文化和非主流文化并非永远固定的。30多年前，我们批判的社会价值，在今天绝大部分已经变成了我们崇尚的社会价值。这正是主流和非主流之间的互动和交流。抛开上述两分法回到受众的社会传播实践中，我们看到的情形是社会传播为受众意见的扩散与交流提供了巨大的平台。受众话语形态正在从前互联网时代的隐形存在状态变成一种显性存在状态。受众的话语形态是自在的。它并不以对抗主流文化为存在的前提。宏观场理论确认受众经过传播活动建构社会文化的能力。这一观点也暗合了人民创造历史的唯物史观。

3. 模型结构

传播学宏观场理论认为，基于当前的传媒实践传播，传播学研究除了考察职业传播中的"传—受"关系，还应该考察文本生成后在受众中的社会传播过程。职业传播过程和社会传播过程共同构成了传播学研究对象的必要范畴。由于职业传播过程已经有大量的理论研究成果，宏观场理论主要把视线投向受众作为传播主体参与的传播实践。

宏观场理论认为传播文本生成后，传播活动并没有完成，而是进入了更加开放的社会传播场域。在社会场域中，受众既是传媒文本的消费者，也是传媒文本的生产者。受众生产了作为受众话语集合的意义场，并进一步衍生出具有大众文化特征的文化场。在这个过程中，社会场居于基础地位。意识形态弥散于整个传播场域中。

宏观场理论将社会传播活动看作是具有多场复合结构的传播场域。这个场域是由文本场、受众场、意义场、文化场作为核心因素，由社会场和意识形态作为环境因素，共同构成的复杂立体网络。宏观场理论可以通过图4-1得到形象化的展示。

宏观场理论的模型将社会传播活动理解为一个多场复合的、立体互动的、广泛联系的复合场域。关于这个模型作如下说明：

二个层级 社会传播行为可以在两个层级的场域进行建构和理解。作为核心的场域是处在同一个概念层面的文本场、受众场、意义场和文化场。宏观场理论认为：文本场、受众场、意义场、文化场存在着相对水平的互动关系，同时这四个场还受到作为基础层级的社会场、意识形态的影响。鉴于意识形态的作用机制是泛在的，故没有在模型中予以标示。广泛的、多向度的特征，没有在模型中予以图示表达。

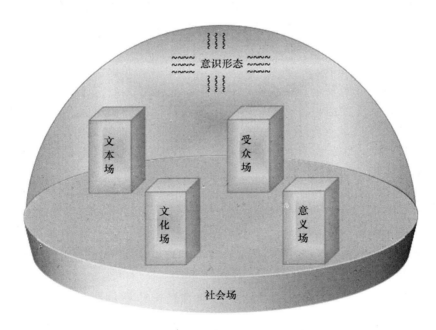

图4-1 宏观场理论模型图示

线性关系 宏观场理论模型首先可以从线性关系进行理解。"文本场—受众场—意义场—文化场"的线性关系可以表明，传统媒体的传播文本作用于受众后，受众对文本进行了意义生产和文化生产。这个过程说明传统媒体的文本到达受众后，其传播过程并没有停止。尽管受众在职业传播过程中对文本的反馈和影响是有限的，但是这并不妨碍受众在社会传播中对文本意义的解读和再生产。传媒文本再不是媒体的作品，而是由受众掌控的文本。"受众场—文本场—文化场—意义场"这个线性过程表明了受众进行文本生产的内在机制。这里受众作为文本的生产者，直接生产出媒介文本，并将这些文本投放到社会文化场域，使其产生出属于受众的话语结构。这个过程确认了受众的社会传播主体地位，为解释以网络媒体为代表的社会传播活动提供了理论工具。另外，线性的社会传播模型还可以用以说明金融资本的生产过程和文化资本的生产过程（这两部分内容将在稍后展开论述）。

非线性关系　将模型绘制成立体状态是为了说明各场之间存在的非线性的交互作用关系。平面图形容易在视觉上造成线性关系的刻板理解。就是说，当 A 要素被放置在 B、C 两个要素的直接对应关系之外时，我们会误认为 A 没有参与 B、C 的相互联系，甚至会认为 A 是在 B 与 C 的对应关系时空之外的一种因素。立体模型不仅使我们可以清晰地看到四个基本场（文本场、受众场、意义场、文化场）之间存在的非线性的相互联系，同时，我们还可以看出另外两个环境要素（社会场、意识形态）对社会传播所形成的多向度的复杂影响。

广泛联系　在这个模型里，每一个场跟其他的场不仅存在着"一一对应"的关系，而且存在着"一多对应"的关系和"多多对应"的关系。当我们观照一个场时，其他三个场和社会场以及意识形态会同时对被观照的场形成作用。

由于现实中我们对任何一个看似最简单的传播文本的解读，都不得不超脱一般的传—授关系，而被当作是一种基于社会实践的、意识形态主导的、植根于共享的文化系统的社会传播活动，所以广泛联系的观点是宏观场理论的最为基本的观点之一。这不是一种简单的哲学理论的派生物，而是基于社会传播实践进行的理论归纳。

经济因素　应该指出的是，经济因素在社会传播过程中也起到了十分重要的作用。这里没有将"经济场"这样的概念带入，是因为我们把文本场、受众场、意义场、文化场之间的相互作用已经看成是一个金融资本和文化资本的双重生产过程。就是说在宏观场理论看来，受众为主体的传播活动本身就是以信息生产和消费为特征的经济活动。本书中这一部分内容还没有得到阐发。

共振效应　宏观场理论还将场际间的相互作用描述成一种广泛的共振

效应。这样的描述意在说明，那些看似不在场的因素，实际上也无时无刻不在参与社会传播的复杂运动。这里要说明两个层面的意思：其一，场际之间的联系是一个复杂的立体网络关系，正如前文所论述的那样，场际之间的关系不是一一对应的、线性的、单向度的，而是在历时和共时两个向度上，存在的一多对应的、非线性的、多向度的复杂联系；其二，使用"共振"一词是为了表明场际之间的作用存在着某种潜在的确定性因素。场际之间的关联不是随意的、散漫的。就某个具体的传播文本运动来看，各场之间的关联具有某种不确定性。但是从内在机制来说场际关系是有迹可循的。如果物理学上的"共振"是由于物体间的相同震动频率所产生的震动，那么宏观场理论各场之间的"共振"根本上是共同的社会情境中的某些一致性的属性导致的。我们可以说，共同的社会实践型构了作为共同体生活方式和符号系统的共享文化，而这些共享文化为社会传播的要素、单元、场境提供了内在的一致性，从而可以引起互动与共振。

社会场的基础地位　社会场在社会传播中具有基础性的地位。社会存在决定社会意识。这里表明的是社会存在的先在性和基础性。人们的意识总是对特定存在的反映。离开社会存在人们的意识便成了无源之水、无本之木。尽管社会存在还有不可窥测的"黑洞"。某些理论声言社会总是存在于话语当中，相同的社会情境可能产生不同的社会认知。然而人们无法否认存在的第一性特征。无论一种存在可以上升为多少种话语，但是确切无疑的是这些话语都是社会存在和历史的反映。当然，这样的观点牵涉到"存在与意识关系"旷日持久的哲学争论。限于研究的边界的著作的篇幅，这里不做深论。

宏观场理论认为：文本本身可以被看成是文化的具体表征。当然，它也直接地受到了社会场境的影响。把文本加总起来，成为一个文际性的网络，我们可以得到文化的概念。可无论单个的文本还是文本之间的关联性，都不能离开社会存在这个基础。意义的产生不仅是对文本的解读或重构，它同时也必然参照到具体的社会情境。是社会决定了文本的意义而不是别的。人们在观照具体文本时，总是会参照自己的社会经验，而不是仅仅聚焦于文本和文化。人既是文本主体，又是社会主体。这两个概念不是对等的。社会主体在外延和内涵上都要大于文本主体。社会主体在参与具体文本的解读时才同文本主体发生同构。社会主体既是文化建构的一种主体性，而同时又是具有特定历史和文化感的真实的人。在根本层面上，是社会生活型构了人的主体性，这既说明了主体性的复杂构成千差万别的状态，也说明了主体性存在的制约因素来自他们赖以生存的社会场境。

弥散的意识形态　意识形态是社会科学中最有争议的概念之一。在宏观场理论中，意识形态被看作是一种观念体系，这种观念体系往往受到权力的加持而成为一种社会共享的价值系统。

弥散的意识形态的观点，是把意识形态的作用看成是社会实践的精神结果，它在更广泛的领域里发生着潜在的作用。意识形态的作用不是在每一次传播中经由某一个特定的文本对某一群特定受众实施的。它像雾一样弥散在社会的各个场境之中，并和不同的场境之中的不同的个体和不同的系统发生着广泛的联系。这种联系不是一种强有力的直接作用，而是像水汽一样濡染着它的对象物。社会中广泛存在的现象是，一种意识形态总是和那种意识形态相一致的社会实践相配合。意识形态控制的社会实践覆盖了人们生活的方方面面。因此，意识形态不是在传播的管道中发挥着一种单向度的影响或抵抗，而是早就潜伏在社会生活的方方面面。

二　分论

（一）文本场论

文本场在宏观场理论中是指所有传播文本及其文际性的总和。

文本是一个涵盖广泛的概念。它既可能是一部作品，也可以是某种器物。在宏观场理论中，文本首先是指所有传媒文本的总和。最直接地，我们可以把它看成是所有传播媒介每天 24 小时中运载的各种传播文本的集合。理论上，我们可以在互联网海量的存贮功能中找到这些不同的传播文本。其次，文本场不仅包括了每一个单独的文本，还包括了每一个单独文本的文际性。这些文际性不仅仅是编码者赋予文本的，更是在解码过程中受众生产出的文际性及其组合。"一千个人的眼中有一千个哈姆雷特"。将每一次解码的文际性加总在一起，我们就得到了文际性总和的概念。至此，文本场就成为了一个由文本和文际性共同构成的巨大的场域。

1. 布幔与星系

文本的概念在诸多经典作家那里得到过阐发。其中，罗兰·巴特对文本的研究是本书参考的重点文献。①

文本是罗兰·巴特阐发的一个重要概念。罗兰·巴特从 1968 年的文章《作者之死》到《文体及其意象》，从 1971 年的论文到 1973 年的著作

---

① 参见秦海鹰《互文性理论的缘起与流变》，《外国文学评论》2004 年第 3 期。

《文本的快感》，再到1975年的著作《罗兰·巴特论罗兰·巴特》，在前后七年的时间中，罗兰·巴特创建和发展了他的"文本观"。

在罗兰·巴特那里，对文本有许多的比喻，从早先的"编织物"到"洋葱"，再到"蜘蛛网"和"星系"，形象地构建了文本观的发育过程。①

在《作者之死》一文中，罗兰·巴特认为，"一个文本不是由从神学角度上讲可以抽出单一意思（它是作者与上帝之间的'讯息'）的一行字组成的，而是由一个多维空间组成的，在这个空间中，多种写作相互结合，相互争执，但没有一种是原始写作；文本是由各种引证组成的编织物，它们来自文化的成千上万个源点"②。在这里，罗兰·巴特否认文本是作者的创作意图，认为作品不是"表现"或"记录"，而是语言的表演形式，它不是一种创造而是存在于广泛的文际性中。罗兰·巴特以这样的方式宣布了作者之死亡，也同时宣布了文本之解放。

罗兰·巴特进一步把文本比作"洋葱"，在《文体及其意象》的演讲中，罗兰·巴特说："直到现在，我们还把一个文本视为带有果核的水果（比如说，一枚杏子）；文本的形式是果肉，文本的内容是果核。不过，最好还是把文本看作一颗洋葱，由许多层洋葱皮构成（或者说，由很多层次或系统构成）。洋葱的身体最终并没有核心、秘密、不可削减的原则。除了包裹着它的一层层洋葱皮，便不再有别的东西——洋葱皮裹住的，正是洋葱头自身表层的统一性。"③ 罗兰·巴特的理念是不存在某种终极意义，只有片段的或是分散的意义。阅读的行为不是对"深层结构"的获取，而是一种过程性的行为。

到了1970年，在著作《S/Z》中，罗兰·巴特提出了另一个重要的观点，他认为"文学劳动（作为劳动的文学）的赌注不是要使读者成为一个文本消费者，而是成为一个文本生产者"④。到了1971年，在被称为罗兰·巴特纲领性论文的《从作品到文本》中，罗兰·巴特提出了一系列的观点来建构他的文本理论，车槿山教授认为，巴特"……从'方法'、'文类'、'符号'、'多元'、'承袭'、'阅读'和'快感'这七个方面，

① 参见周启超《罗兰·巴尔特"文本观"的核心理念与发育轨迹》，《江苏社会科学》2013年第1期。

② ［法］罗兰·巴特：《罗兰·巴特随笔选》，转引自周启超《罗兰·巴尔特"文本观"的核心理念与发育轨迹》，《江苏社会科学》2013年第1期。

③ Roland Barthes, *Style and its Image*, in Seymour Chatmaned., Literary Style: A Symposium. London: Oxford University Press, 1971, p. 10, 转引自陈平《罗兰·巴特的絮语》，《国外文学研究》2001年第1期。

④ ［法］罗兰·巴特：《S/Z》，车槿山节译，《法国研究》1990年第2期。

详细论述了'作品'与'文本'的区分，而这两个概念也正是结构主义与后结构主义的辨别性标识"①，"在他看来，……作品是一元论的，有来源和影响，而文本则是多元的，它不仅有多重意义，而且是对意义本身的穿越和超越，是意义的爆炸和发散，它是匿名的引言，失去来源的互文，各种先在与同在的语言在这里相互指涉；……作品带来的是一种消费的快乐，因为读者脱离了作品的生产，不能重写，而文本带来的则是一种极乐，即没有阻隔的快乐……"②

　　1973 年罗兰·巴特提出了文本"蜘蛛网"的概念，"以前文学批评（文学理论在法国所熟悉的唯一形式）仅把重心放在'编成物'上边（文本犹若一块'幔布'，需要到其背面探询真理和真实信息，总之，探询意义），现在的文本理论与文本 – 幔布相背离，并试图从编织过程中，从规约、格式、能指的交织中发现编织物，主体就置身并消解于这种交织之中，犹如分解于自己网中的蜘蛛一样"③。罗兰·巴特在论述"幔布"与"蜘蛛网"的差别时指出，"文本是一种生产力。……每时每刻，且无论从哪个角度看，文本都在"工作"；即使写成（定型）以后，文本仍然不停息地工作，维持着某种生产程序。文本工作什么呢？工作语言。它毁坏交际的、再现的或表达的语言（个人主体或集体主体可能存有模仿幻觉或表达幻觉的语言），而建立另一种体积庞大的、既无底层也无表面的语言"④。在这里，罗兰·巴特强调的是文本的生产性和互文性，他认为，任何文本都是互文文本；其他文本存在于它的不同层面，呈现为或多或少可辨认的形式——先前文化的文本和周围文化的文本；任何文本都是过去引语的重新编织。⑤ 在这个层面上，文本就被看成是一个方法场，"文本不应该与作品相混淆。一部作品是一件完成物品，可以计算页码，可以在图书馆的书架上占据位置；文本则是一个方法场；因此，人们无法（至少正常地）计算文本的相关数据；人们最多只能说，在某部作品中，有（或没有）文本：'作品捧在手中，文本寓于言语中。'……换言之，'文本只有在某种工作中、生产中，才能被感知'：通过其成义过程"⑥。

---

① 周启超：《跨文化的文学理论研究》，百花文艺出版社，第 258 页。

② Roland Barthes. *Oeuvres completes*, Seuil, 1994, tome 2, pp. 1211 – 1217, 转引自周启超《罗兰·巴尔特"文本观"的核心理念与发育轨迹》，《江苏社会科学》2013 年第 1 期。

③ 史忠义等主编：《风格研究文本理论》，河南大学出版社 2009 年版，第 303 页。

④ 同上书，第 300—301 页。

⑤ 同上书，第 302 页。

⑥ 同上书，第 303 页。

这样最后，文本在罗兰·巴特那里就变成了一个"星系"。罗兰·巴特宣扬这样一种基本理念，如果把作品看作是一块"可见的布幔"和"无形的力场"，如果作品是一个"可触及的实体"，那么文本就是能指的"星系"。作品的概念强调的是"编织物"，文本则强调的是"编织过程"；作品适用于结构分析，而文本只能用文本分析；作品的批评是意义的追寻，文本的分析则是能指的游戏，是新文本的生产。① 如果每一个单一的作品都可以向文本向度演绎为一个"星系"的话，那么，作为文本集合的场域，就是包含了众多文本星系的巨大文本"宇宙"。

2. 自生产性与它生产性

文本场是一个生产性的场域，这是文本场作为一个活态社会文化场域的基本特性。文本场的生产性从两个方面得到体现，即自生产性和它生产性。

文本的自生产性可以理解为文本不是一个一般的、无生命的产品。它像是一种生物，无时无刻不在自我繁衍。

首先，文本的自生产性是指文本可以生产自己的下一代文本。

就文本生产而言，我们当然找不到元文本。这就像是"先有鸡还是先有蛋"是一个无解的问题一样。在文本的存在中，我们也无法找到一个源头。为了表述文本的自生产性，我们假定有一个作为起点的文本，这样我们就可以看到文本自我生产的过程。比如我们把曹雪芹的小说《红楼梦》看成是一个起始文本，随后我们看到它在历史过程中生产出了自己的后代文本和变体。这些文本是戏剧、电影、电视剧，也可能是一种商品的 Logo（如以"金陵十二钗"命名的酒或者是以小说中的其他符号冠名的其他商品）。文本自生产性的动力就来源于文本自身。不是张导演或者李导演想要创制一部以"红楼梦"为题材的传媒文本，而是所有的导演都想创作这样的文本。文本自身在漫长的历史中存留下来的广泛的文际性，本身就是一种资源和动力。它促使着文本不断生产出自己的后代，并且文本自生产的代际越多，每个代际中的文本数量越多，文本自生产的动力就越发强大。

其次，文本的自生产性是指文本生产出不同类的变体。

在当代的社会传播中，文本不仅生产自己下一个代际的文本，也还生产出不同的变体。在文本的分级理论中，文本被分为初级文本、第二级文

---

① 参见周启超《罗兰·巴尔特"文本观"的核心理念与发育轨迹》，《江苏社会科学》2013年第 1 期。

本和第三级文本。这个理论提供了理解文际性的一种方法。初级文本被看作是某一个特定的节目本身，次级文本是那些对初级文本的再创作，包括节目预告、广告、评论等附着在初级文本上的二度创作的文本。而三级文本则是指对于前两种文本的口传和口碑。[①] 不管是二级文本还是三级文本已经不再是前一个文本本身的演绎，而是一种新的生发。广告也好，口碑也好，它们对于当今的传媒文化生产的重要性不言而喻。想想今天的广告业养活了多少人、蕴藏着多么巨大的资本和财富，想想某一个文化场产品的口碑和品牌所蕴含的社会巨大影响和无形资产，我们就能够明白文本的自生产性所具有的意义。

文本的它生产性是指文本是被受众生产出来的。

既然文本已经不是作品，文本的生产就和作者失去了联系。"作者之死"宣告了文本的解放。到这里，文本的意义生产已经交给了受众。某导演在自己电影的首映式上对受众喊："这里不准笑！"换来的是更大的笑声。在社会传播场境中，文本的意义是由海量的受众创生的。不仅如此，每一个受众由于其不同的主体性，又会创生出更加广泛的文际性。就这样，一个媒介文本产生了类似爆炸的效应。媒介文本的互文性碎片，像星系一样发散开来。在这样的描述之下，我们更容易理解一部内容有限的传媒文本（如电影）何以能在市场上攫取数量惊人的财富，造成万众瞩目的文化事件。

文本场的生产性精细地描绘出了文本场的内在要素、结构和动力学机制。

3. 两个文本场

文本场尽管是一个庞大的、发散的、具有强大动力的符号集合，但是把眼光从文本场的巨大星系转向可感知的传播实践，我们会看到存在着两个截然不同的文本场。即传统媒体文本场和网络媒体文本场。我们也可以表述为职业传播文本场和社会传播文本场。

做这样的界分首先是为了区分两个文本场截然不同的性质，以便我们在讨论传统媒体和网络关系时，有一些基础概念来帮助理解，同时也是为了确定传统媒体文本场在社会传播场域的枢纽地位，建立职业传播场域和社会传播场域的内在联系。

传统媒体文本场由于受到意识形态自上而下的作用，在性质上受到了

---

① 参见陈道夫《文本、受众、体验：约翰·菲斯克媒介文化研究》，北京邮电大学出版社2008年版，第86页。

一定的规约。传统媒体文本场在初级文本的生产中表现出较强的一致性。这些初级文本一般都不直接挑战意识形态和主流价值观。在生产层面上，传统媒体文本场中的绝大多数文本是由官方媒体或官方授权的机构生产出来的。传统媒体文本场既受到制度、技术、组织、行政等方面的直接控制，也受到了泛在的意识形态的规制。传统媒体的主体性在既定的权力框架中被剥夺和削弱。因此，这一文本场中的某些文本直接就是意识形态的故事化表达。

网络媒体文本场是社会传播实践的产物，其性质更加具有多元化。由于互联网的开放、实时、交互、虚拟、泛在、海量等特征，社会传播场境中的非职业传播行为变成了个体在自主空间中面对传播终端的个体行为。意识形态的有形规制力量完全被屏蔽，只有无形的规制力量发生作用。因此，社会传播文本场的权力结构不是自上而下了，而是多向度的、发散的和迅动的。

传统媒体文本场和网络媒体文本场性质不同，却有着极其密切的联系。传统媒体文本场是网络媒体文本场发生的资源和依据。在社会传播场域中，由于没有职业的传播机构和传播人，因此隔断了与现实生活的直接信息互动。受众的传播行为是随机的。由于专业素养和技术手段的缺失，受众也很难全面呈现社会事件。因此网络媒体文本场需要传统媒体文本场提供信息源。就一般的事件传播而言，往往是传统媒体文本场提供初级文本，网络文本场是对这些初级文本的反馈、补充与评论。

（二）受众场论

受众场是对经典传播学理论中受众的解放，也是在社会传播场域中对受众主体地位的确认。

在经典传播学理论中，受众始终是一个被动的社会群体。他们在传播实践中往往被影响和被利用。被影响表现在他们总是受到传媒文本这样或那样的控制；被利用是指他们是文本的消费者，他们在自己的业余时间仍然无偿地进行社会文化的生产。他们的注意力被媒体出售给广告商以换取巨额的利润，而这些"文化傻瓜"们又受到媒介文本的影响，在生活中变成"沙发土豆"、非理性的消费者和越发失去思考能力的一群人。传播学宏观场理论并不把受众当成是上面中说的那一群被代言、被控制、被利用的社会人群，而是把他们从既有的刻板印象解放出来，看作是社会传播活动的积极参与者。受众在消费文本时并不是被动的，他们没有那么轻易地被人利用，也绝非"文化傻瓜"。受众地位的确立宣告了职业传媒文本作者的死亡。受众突破了以往的"大众"角色，生产出传媒文本的意义，并使这些意义结构化来抗衡居于上位的权力言说，进而成为社会传播文本的生产者，自主地创造自己生活方式和符号系统。

宏观场理论第一次确认了受众在社会传播活动中的主体地位。在宏观场理论看来，受众不仅通过传媒文本的解读来生产意义和文化，更重要的是，他们本身就是传媒文本的生产者，他们的生产活动直接型构了社会文化的状态与样貌，并且将传媒文本的生产活动变成自我文化资本积累和转化的一种实践。

受众场不仅是参与社会传播生产和消费人群的集合，同时也是这些海量人群的复杂主体性的集合。他们本身就是一种生产主体，因此在宏观场理论描述的社会传播中，受众是居于核心地位的主人（host）。

1. 多元的主体性

受众就是那些社会传播活动中信息的生产者和消费者。在互联网支撑的大数据时代，如果每一个人的社会行为都被观测和记录的话，那么受众作为一个群体就是可质化和可观察的。然而，社会传播活动本身是复杂的。在社会学意义上受众又是不可定量和定性的。这是因为人的主体性十分复杂。所以我们无法在质和量两个方面去明确受众的规定性。

"主体性"一词来源于英文的 subject。它在政治伦理、唯心主义哲学和语法中分别指称的是"公民"、"思维主体"和"主语"。但是在这里，主体性被认为是社会关系的产物。社会关系通过社会、语言或话语，以及心理过程，在人们的身上发生作用。主体性不是人们的个性所固有的，而是各种社会力量的产物。因此，主体性是我们和他人共享的。[①]

社会关系通过三种方式来形塑人们的主体性，即社会、语言和话语、心理过程。

首先，人是社会主体。哈特利列举了七种主体性，包括自我、性别、年龄、家庭、阶级、民族、种族。菲斯克认为，还应该加上教育、宗教、政治忠诚、地区、城市或乡村等社会力量。[②] 哈特利列举的主体性实际上大部分属于身份的范畴。菲斯克在其中加入了"教育"和"地点"等要素（菲斯克提到的"宗教"和"政治忠诚"这两项基本上可以在阶级、民族和种族三个要素中得到体现）。实际上，主体性和身份是有差别的。主体

---

① 参见［美］约翰·菲斯克《电视文化》，祁阿红、张鲲译，商务印书馆 2005 年版，第68—70 页。

② 同上书，第71—72 页。

性是建立在身份基础上的个体认知。遑论世界上不存在两个身份完全相同的人，即便设定世界上有身份完全相同的人，他们的主体性也不会完全一样。这是因为话语因素和心理因素仍然会对人们的主体性建构产生巨大的影响，导致相同身份的人会有不同的个体认知。

其次，人是话语主体。霍尔指出："一套社会关系显然需要各种意义与框架来支撑并保持它的稳定。"① 在这个意义上，主体性是话语的产物。

阿尔杜塞把话语建构主体性的方式称为"质询"。他认为：任何话语都是说话者和受话者之间关系的一部分，而这个关系又必然是更广阔的社会关系的一部分。"质询"就是使用话语"招呼"受话者的方式。人们对"质询"作出反应，意味着默认了话语对"我们"的定义。就是说，我们接受了话语为我们准备的主体地位。②

现实中话语对主体性的影响几乎是全方位的。如果把话语当成是语言的实践，③ 那么它必然是以知识框架和权力为依托的一种操作。这样人们的主体性就成为了根本上受到权力关系支配的、由知识体系形塑和构造的一种实践性的结果。

再次，人是心理过程主体。拉康的"镜子理论"通过儿童第一次照镜子看到镜中影像而产生自我和世界相区别的认知，并把这一理论推衍到电视屏幕和电影银幕上，认为只要虚拟能代表真实，就能给受众带来快乐。菲斯克批判地吸收了拉康的理论，认为拉康学派对主体概念的解释虽然在电影研究方面成果丰硕，可是它并不适用于电视研究。他认为"体验电视的主体是多种社会主体，而不是单一的心理分析主体"④。福伊尔也作了相同的理解："'单个'电视受众是恋母情结前的所以是拉康模式能适当理解的，而家庭中的电视受众则是恋母情结后的、社会化了的，因而需要一种从社会转化来的主体理论而不是心理分析理论。"⑤ 菲斯克认为人们没有无处不在、一成不变的人性，虚拟也并非取决于自我的理想化，"事实上是先有统一的虚拟世界然后才通过感受差异而进入符号世界"⑥。因此，"虚拟、潜意识、快乐与愿望都是文化的概念，至少受到了文化的影响，而不

① 参见［美］约翰·菲斯克《电视文化》，祁阿红、张鲲译，商务印书馆 2005 年版，第 74 页。

② 同上书，第 75 页。

③ 参见邢建昌《文艺美学研究》，河北人民出版社 2006 年版，第 150 页。

④ 参见［美］约翰·菲斯克《电视文化》，祁阿红、张鲲译，商务印书馆 2005 年版，第 61 页。

⑤ 同上书，第 86 页。

⑥ 同上书，第 85 页。

是人性中那些一成不变或无法改变的方面"。这一理论把精神分析带入了
人的社会心理层面。在这里，一致性的结论是心理因素在塑造人的主体性
方面具有不容忽视的作用。

最后，人是多重复合因素建构的主体。社会因素、语言因素和心理因
素参与了人的主体性建构，同时又是相互渗透、相互作用的。① 奥沙利文
等认为，我们的主体性是一个肯定与否定的"同一性"的矛盾混合体。②
主体性本身是复杂的。它既是心理的、话语的，又是社会的；它既是个体
的，又是群体的；它既是统一的，又是矛盾的；它既是确定的，又是变
化的。

2. 能动的消费主体

宏观场理论中的受众当然首先是传媒文本的消费者，但是不同于经典
传播学理论对于受众的定位和理解，宏观场理论把受众看成是能动的消
费者。

经典的传播学模式把传播过程描述成一个有向度的传播过程，传者居
于主动地位生产出文本传输给受者。由于在这个模型中受众的反馈被看作
是间接的、有限的，因此受众在传受关系的天平中一直处于不平等的、被
轻视的状态。宏观场理论设定了一个受众参与社会传播的场境。在肯定职
业传播行为对受众影响的同时，也将受众看成是能动的信息消费主体。

受众的能动性主要表现在他们不仅消费传媒文本，同时还决定了传媒
文本的内容和形式特征。

传播学场理论是沿着社会场的一般规律寻找到的一个考察受众参与传
播机制的有效渠道。在物理学研究中，当考察一种微观存在的工具手段尚
不成熟时，往往科学家们会通过考察这种物质的力的作用方式来观察其存
在方式。这种方式简单地说就是一种从"功能"到"结构"的观察事物的
方法。

受众作为一个难以捉摸的社会群体，我们尚难以看清他们的结构特
征。但是受众参与节目的一般路径是可感知的。在传媒文本的策划阶段考
虑到成本投入的风险，制片方总是要考察目标受众接受产品的可能。这里
的考察方式并非运用任何社会科学的既有方法：统计、问卷、介入观察、
定量、定性分析。这些方法往往在实做中都全然派不上用场。此刻最重要

---

① 参见 ［美］约翰·菲斯克《电视文化》，祁阿红、张鲲译，商务印书馆 2005 年版，第 74
页。
② 同上书，第 71 页。

的是发行机构的经验。正是这些经验保证了影片可以收回成本和盈利。当追问这些经验为何物时，我们得到的是一个相对模糊的概念，即受众对意义的理解。因此，研究受众理解意义的方式就成了影响传媒文本编码的重要因素。

受众对传媒文本意义理解所形成的话语结构是可感知的。这些话语结构往往是在消费环节中产生的那些时髦的、新奇的甚至怪诞的语汇、形象和情趣。"呆"、"萌"、"贱"、"囧"这样的文本意象，无论在昔日的文化时空中还是在当下的政府话语中都不是褒义的字眼，今天它们已经成为了最受欢迎的传媒文本的人物形象特征。"呆"不再是蠢、傻、木讷、愚笨这些意涵的能指，而是一种天真、真诚、质朴和可爱的形象特征。"萌"大约在旧语义中是混沌、未开化、初始那样的状态，可是当下它已经成了一种生命本真的、动人的、令人愿意去呵护的形象表征。"贱"在过去就是一个骂人的字眼，意指某个人的不自重、低下和顽劣，然而时下是指人物可爱的狡黠、无伤大雅的顽皮、略带自恋的执着。"囧"字原来的意思是"光明"，但网络中新出现的这个"囧"字与传统汉字的囧毫无联系，而是来表示"尴尬"、"无奈"、"真受不了"、"被打败了"等意思。如果不能理解受众场中这些话语形态和结构，还沿着"高、大、上"的路径去进行人物形象的创制就可能遭遇票房失败。当一个文本无法有效地传达到受众，那么社会效益和经济效益也就无法实现。

作为消费者的受众，即便在不参与文本生产的情况下也在对文本进行着再生产，并且型构出属于受众场的话语结构点，并以此来规约文本生产者的编码行为。这种规约并非大而化之，而是直接指向了确定的内容和形式。什么样的形式是受众愿意看到的，什么样的形式是受众喜闻乐见的，什么样的风格是受众所称道的。所有这些在受众话语中都有清晰的指示。

3. 生产主体

在经典传播学理论中，受众仅仅是传媒文本的消费主体。但是在宏观场理论的模型中受众是完全意义上的生产主体。

受众生产传媒文本的意义、话语乃至文化。这在前面的篇幅中已有所论证。

受众作为生产主体主要表现在受众直接就是传媒文本的生产者。"WE MEDIA"在中文中被译为"自媒体"。这个称谓更接近于受众在网络媒体中的活动状态。自媒体就是属于每一个受众的媒体。技术、资金、资质、制度等障碍的消失或正在消失。这种生产可以是消遣式的自娱自乐，可以是基于社会认知的观点发布，也可以是博取知名度的形象资本积累，还可以是以营利为目的的传媒文化商品的生产。

　　当然不是每一个个体都有传媒文本生产的能力，也就是说不是每个人都能使自己编码的文本上升到文化商品的层级。但是这并不妨碍"大狗小狗都要叫"。传媒文本生产主体的普及造就了一个"众生喧哗"的公众传播时代。受众场作为一种强有力的社会文化场域，必然从传媒文本消费功能逐步转化到拥有更多的文化产品的生产功能。如果有些关于受众生产能力的判断还是一个将来时，那么认识到传媒文本消费也是生产性的这一事实，我们今天就可以说受众已然是无可争辩的社会传播的生产者。

　　2015 年 IP 电影的出现为笃信受众生产力的人们提供了最新的实证。这一年中国电影井喷式爆发①。在关注票房、观众数量、影片质量的因素之余，更令人欣慰的是，我们看到了碎片化文本的价值。"IP"是一个运用英文字母创生的中文词汇。IP 在英文意义上可能指向知识产权，即 Intellectual Property，也指向了互联网协议（Internet Protocol）甚至"互联网＋"（Internet Plus）。但实际上，在中国电影情境中的 IP 与上述那些英文的所指并没有最直接的关联。"IP 可以是一首歌，一部网络小说、话剧，或是某个人物形象，甚至只是一个名字、短语。"② 这些只是表象。在本质上 IP 是碎片化文本的代称。在前互联网时代，所有碎片化的文本都不能直接参与生产。因为这些小小不然的东西无法衍生为一个标准的、宏大的文本（比如电影）。进入互联网时代我们看到的却是另一番图景：任何一个碎片化的文本都可能在粉丝经济的黏合力作用下，迅变为一个大文本，并且在市场上赢得关注和财富。高晓松的那首《同桌的你》变成了同名电影。电影《夏洛特烦恼》的前身是小剧场话剧。筷子兄弟的电影《老男孩之猛龙过江》似乎并不是非常火爆，但其中的插曲《小苹果》却成为在全球传播的"神曲"。文化产品的生产如此戏法变换，最根本的原因在于互联网将昔日散落在不同文化业态中的观众聚合在一个同一的身份下——粉丝（Fans）。粉丝注意力的指向性和持续性给了文化生产者明确的市场信号和保障。如此我们看到的是，任何一个碎片化的符号或是文本都有可能发生文化的"核裂变"或"核聚变"，从而在推动另类文本的生产和另类业态的创生中产生神奇的力量。IP 时代受众参与文本生产的门槛消失了。受众的生产主体身份进一步地得到了事实确认。

---

①　贺炜：《解析 2015 中国影市：440 亿票房，五年来最大奇迹》，2003 年 1 月，凤凰娱乐，http：//ent. ifeng. com/a/20160104/42555990_ 0. shtml。

②　百度百科词条：IP 电影，http：//baike. baidu. com/item/IP% E7% 94% B5% E5% BD% B1。

4. 场态的受众

将受众视作是一个场，并非从统计学意义的命名，而是考虑到受众作为一个群体所具有的社会生态学意义的自在属性。这些属性主要表现在作为一种结构性力量的基础性、抵抗性和自洽性。这些性质使得受众场表现出了清晰的社会动力学机制。

首先是受众场的基础性。受众场作为一个以行动区分的庞大社会群体，此前从未在人类的社会结构中出现过。以往我们在考察社会结构的时候，总是以可观察的身份来进行划定和区分。比如中国当代史中，曾经以阶级来区分社会人群。阶级这一社会结构的划分，主要考察的是社会人群的经济状态。当然我们也用受教育程度、社会职业等来划分社会人群。但是受众作为一个集合已经远远超越了年龄、性别、阶级、民族、宗教、国籍等这些身份的界限。受众作为信息的生产者和消费者，在其一生中耗费了大量的时间来从事社会传播活动。他们在传播活动中感知自己的社会存在和社会地位，寻找自己参与社会的可能性和渠道。人们在共同传播场域的共同生活状态使他们成为一个可标识的社会人群。这个人群的最新代称是"网民"。"网"所指的正是受众参与社会传播的公共平台，而"民"在中文里从来都是一个复数的指称。在网络化的社会中，没有人能无视受众作为一个类似人们共同体的存在，他们无疑是一种基础性的、结构性的社会存在和社会力量。

其次是受众场的抵抗性。受众作为一个群体并不以阶级、教育文化背景等身份标签来划分。受众可能包含社会中的不同年龄、性别、民族、阶级、宗教、地域、国籍、教育背景的所有人。但是这并不意味着受众就是一个社会的中产阶级或者是在权力结构中不偏不倚的社会力量。值得思量的是，受众不论在社会传播场域还是在社会场域中，都是居于权力下位的、带有草根性的民间力量。受众场如同一个巨大社会文化生态空间，将不同权力状态的人群吸纳到同一个层级中，并相对稳定地沉淀到社会的最底层。当一个官员脱掉制服离开办公室回到家，坐在电视机或电脑前，他（她）就变成了一个游离于社会层级参与信息消费和生产的无差别的网民。如果这个网民的身份可以匿名而变成一种虚拟化的数字存在，那么他（她）复杂的主体性就会像梦魇一样飘散出来。如果把他（她）在官场上的讲话和在匿名网络中的言论放置在一起，两者的矛盾性一定是惊人的，甚至会吓他（她）自己一跳。受众场就是如此奇怪的，在建构自己的基础性的同时使自己同居于上位的权力场域形成了区隔。

按照传播学场理论，社会是一个复杂的立体权力网络。不同的权力空间必然存在着相互的联系，也必然存在着矛盾与对抗。受众场的基础性决定了受众场具有的抵抗性。受众场作为一种泛在的社会力量，不会简单地认同、附和或屈从社会的主流意识形态与主流文化。他们的草根性使他们真实感受到脚下的社会场境，同时也感受到社会场境中的状态与意识形态话语之间的抵牾。因此受众在私人空间中被解放出来的那些主体性会让他们对社会事件、传媒文本以及权力言说形成自己的定见，并且将这些见解以直白或含蓄的方式生产成为传播文本。在这些传播文本的消费与再生产中，受众确认自己作为一个群体的存在并逐渐感知受众场具有的抵抗性力量。

再次是受众场的自洽性。受众场的自洽性表现在对社会文化的生产上。我们上文谈到受众场具有基础性和抵抗性。但是这绝不是说，受众场是一种激进的社会变革力量。受众场并没有一致化的动力方向。受众没有社会行动纲领。受众既不寻求"谋食"，也不寻求"谋反"。受众是在温饱之余寻求对社会的有限参与，他们参与社会传播活动本身就是参与的目的。

受众场建构受众文化实际上也不是一种社会行动力量的产物，而是一种基于社会传播技术运用特性所造成的、散漫甚至是无意识的行为。受众在受众场中型构自己的词汇、句法和语言方式。这些语言实践的结果迅速地扩散到社会场境中。以"时尚"、"怪诞"、"不规范"等为标签，成为社会先锋文化的组成部分。有时最严谨的官员也不得不借用受众场中的"网言网语"来表达对网络文化和受众场文化的认同。不仅如此，受众还在消费文本和生产文本过程中型构自己的符号系统和生活方式。因此受众场文化或称社会传播文化就成了一种一般化的生活方式。受众怡然自得地生活在自己营造的符号系统中，并使自己的生活方式被自己的符号系统所标识。进入网络时代，受众场变成了一个文化空间。受众在其中营造出自己自洽的生活状态。

（三）意义场论

宏观场理论将意义场定义为受众的话语场域。

宏观场理论设定意义场解决了受众参与社会传播路径的问题。在经典传播学理论中，传—受关系的系统是封闭的和单向运行的。受众参与传播的渠道仅仅是反馈。传播学场理论将经典传播学的系统论范式转化为场范式之后，传—受关系管道的封闭性就被打破了。但是问题来了：在社会传播场境中，受众又是如何作用于传播过程的？基于从业经验和理论思考，笔者认识到作为泛在的受众是无法被统计和被观察的。但是受众的话语结构却每每清晰地呈现在社会传播场境中。受众话语结构的呈现方式往往是大众文化，大众文化中最新近发生的潮流和时尚。正是这些结构化的话语力量间接或直接地决定了文本场的生产，型构出文化场的活脱样态，并且回过头来参与了受众本身的生产。

1. 作为话语的意义

意义场最本质的属性和功能就是话语。

话语是一种思考权力、知识和语言之间关系的方法。用福柯的话来说"话语就是一个理解世界的框架"、"是一系列的规则"。话语定义了真理的标准。话语决定了什么样的事情可以被谈论。

意义场并不是受众在读解传媒文本时产生的意义集合，更重要的是意义场产生出了一种结构化的意义。它生产出一整套属于受众的话语。受众话语在文本生产中处在一个承上启下的中间环节。一方面，话语为言语和语言提供了演绎的可能性，并指示了言语和语言这些处于符号层级的文本素材的发展方向。话语将意义指派给符号，同时也给出限制性的指令。中学生就已经可以认读报纸上几乎所有的文字，其中的优秀者也有用这些文字进行书写的能力，但他们并不能成为报社的记者。其中的主要原因是这些懵懂少年还无法理解社会话语的形态和结构，他们还不知道哪些话能说哪些话不能说。这就是我们常说的"不是人在说话而是话在说人"。另一方面，作为受众意义场结构出的话语也和意识形态博弈与苟合。通常一个特定社会场境中的意识形态是固定的、简单明了的。如美国人的自由、民主、消费主义；如中国的马克思主义、社会主义、爱国主义和集体主义。如果一个文本生产者仅仅知道这些标语、口号，是无法有效地完成文本编码的。因为那些被编制出来的文本往往流于说教和图解。意义场中的话语与主流意识形态的互动会产生出一些最新的文本"规则"。恰恰是这些文本"规则"使得传媒文本的编码新颖和富有意义。

意义的生产应该被看成是一种多向度的生产，由于上述分析的诸多复杂因素同时介入，意义的产生就可能是既有认同又有反抗，既有保留又有妥协，既有压制又有快乐，既有理性又有感性的复杂过程。甚至是不在上述对立状态下，而是在一种散漫的状态中产生的无法量化分析和质化分析的复杂意义生产过程。意义生产的结果要和具体的社会历史情境结合来进行分析。意义的生产本身是一种无法简单概括的生产过程。

2. 三个作用渠道

受众场参与宏观场境的运作进而作用于整个传播过程的机制可以通过

三个渠道加以表述。

其一，意义场作用于文本场。

在"意义场—文本场"的对应关系中，我们也可以做两个方向的理解——意义生产文本的无限性和文本生产意义的有限性。

一方面，意义是决定文本的主要因素之一（另一个主要因素在传播学场理论看来是意识形态）。在现实的文化生产中每一个文本的生产都必须要考察目标受众的接受可能。什么样的文本是观众喜闻乐见的？什么样的文本有可能被观众唾弃？这些问题在实践中都有确定的答案。就作品人物而言，改革开放以前需要"高大全"，而今天需要"呆萌贱"。文化产品的生产如果罔顾观众的话语结构，那么就有可能遭遇投资风险，既无法获得经济效益也更谈不上社会效益。在电影生产中过去有"政府市场"的说法，不少国有电影机构通过做"命题作文"的方式生产低成本电影以获取政府的补贴。时至今日，人们越发认识到这种政府包揽的文化生产方式在本质上是社会资源的浪费，从社会宏观场境来看并无经济性可言。

另一方面，文本也生产意义。可是在传播学场理论中文本对意义的生产被降格了。在经典传播学理论中，意义就是文本的产物。经验学派的理论无论是早期的"枪弹论"、"靶子论"还是后来的"二级传播理论"、"使用满足理论"，都在强调文本对受众的作用，只是强调的程度不同。但是在宏观场理论中，由于纳入了受众作为生产和消费主体，文本就失去了与意义的直接对应关系。文本只提供了作品和触发意义的基本素材。意义的产生是文本无法控制的。在宏观场理论中，诸多场际的对应关系都是平衡的、双向互动。只有在文本和意义的对应关系中，我们更加强调文本生产意义的有限性。这种不平衡的场际关系表达正是基于互联网时代的传播特征和中国传媒实践的复杂性的理论归纳。

其二，意义场作用于文化场。

在"意义场—文化场"的对应关系中，我们也可以做两个方向的理解——意义生产文化和文化生产意义。

一方面，意义生产文化。实践中，社会场、意识形态和意义场都在不同的层级中建构文化、生产文化。当我们观察上述三个因素时可以辨识出社会场和意识形态的基础价值，也可以确认意义场的直接效用。就一个相对稳定的社会场境而言，社会场的基本结构和意识形态的基本状态都具有一定的稳定性。这两个因素提供了意义生产的基础和环境，而真正发挥作用的是作为受众话语场域的意义场。受众在社会传播场域中生产出来的海量意义逐渐在语言实践中结构成某些特定的话语。这些话语在受众的社会生活和符号系统中被广泛地接受和认同，型构出属于他们自己的鲜活的文化样态。

另一方面，文化生产意义。我们反复强调这里的文化场指的是被激活的符号系统和生活方式。文化是一个极其复杂的概念。在文化之前可以加上任何定语，在其之后也可以加上任何状语。从文化寄居于传播场境这一基本判断出发，我们认定文化与传播有着最为直接的关系。如果把大众传播和互联网传播与文化相对应，我们得到的就不是一个全息的文化概念，而是一个可以被冠名为传媒文化或大众文化的文化存在。传播学场理论中的文化场所指正是传媒文化和受众生活方式共振的部分。这里的文化场和受众的意义场可以看作是一个事物的两种状态。从语言的社会实践角度，我们把文化中的可结构部分当作话语；从文化资本和文化资源的角度，我们把意义生产的符号和生活方式当作文化。

其三，意义场作用于受众场。

在"意义场—受众场"的对应关系中，我们也可以做两个方向的理解——意义生产受众和受众生产意义。

一方面，意义生产受众。意义作为一种结构化的语言力量当然参与了社会中的所有人的主体性建构。如果把每个人的主体性看作是身份、话语和心理特质三种因素联合作用的结果，那么我们看到，绝大多数的身份标签都是相对确定和固定的。比如，人的性别、年龄、民族、宗教、国籍，这些身份标签都是与生俱来的。人的心理特质在心理学层面虽然大相径庭，可针对某一个体又是相对稳定的。所以在上述三个要素中对人的主体性建构发挥最重要作用的，恰恰是经由语言实践而产生的话语。所以我们说意义生产了受众。从场的概念说：意义场生产了受众场。

另一方面，受众生产意义。受众在生产和消费传播文本时，由于各不相同的主体性，生产出了巨大的文际性。但是这些文际性并不是序乱的、无规律的。由于每个受众都生活在同一个社会场中，受到共享文化的长期涵化，受众生产出来的意义就有了产生话语的可能。话语是语言实践的必然结果，意义场即是受众的话语场。这里使用"意义场"是为了体现受众话语与社会话语和意识形态的区别。受众话语更多的是民间的和潜在的，有时这些话语只可意会不可言传，有时这些话语又成为明晰的话语时尚。相对于受众的话语场而言，社会话语更多的是由传统媒体、组织传播等方式确认的。社会话语的结构是相对清晰的。比如，我们对同性恋的理解就有一个清晰的话语发展过程。受众话语的萌发、积累、震荡，最后被结构化的过程并不容易观察。意识形态从本质上也是一种话语，只不过是被权力加持的话语。受众话语被以意义场命名，显现了它与社会话语和意识形态的差异性，也显现了话语场境的社会结构特征。

3. 二元对立的意义

在既有的理论中，有学者认为意义是意识形态和亚文化互动的场域。意义的产生来自意识形态的导控与个体亚文化身份之间的矛盾运动。我们把这种意识形态和亚文化的并置和相互作用表述为"二元对立"。

抛开对意识形态这一概念繁复的争论，在这里我们把意识形态看作是人们的观念系统，也构成了人们表现世界的一种基本方法。[1]

站在意识形态对立面的是亚文化。亚文化从广义上被认为是文化中的一个亚群体，是文化中的一个更小的单元。在大众传媒中，这些亚文化的群体通常是类型化的，它们被描述为一种会引起道德恐慌的"民间魔鬼"。[2] 这些亚文化群体通常会以一种特殊的符号方式来命名，比如朋克、街头帮派、足球流氓等。

亚文化的抵抗是通过解构的方式达成的。这种解构的方式包括快乐、游戏和搞笑。

快乐被罗兰·巴特区分为"小乐"和"极乐"。"小乐"是一种世俗的快乐，基本上是确认性的，尤其是在确认自己的身份方面。它是文化的产物，也是由文化产生的身份感的产物。"极乐"是指肉体的快乐，它来自性高潮，是身体上的，而不是因为潜意识所起的作用。"文本中的文字或图像是用来换取快乐的，读者购买的商品并不是对世界的认识，而是在表现和理解这个世界的过程中所获得的快乐。"[3] 弗洛伊德的理论认为人类总是在寻求快乐避免不快乐；在我们的社会中快乐总会制造出两个监控者，一个是心理上的，一个是政治上的。快乐本身是具有抵抗意义的，"对于那些与主流意识形态不完全协调的人来说，快乐必然要包括对主流意识形态的回避，至少也是一种与意识形态的协商，是摆脱意识形态束缚的能力"[4]。快乐为亚文化和小群体提供了一个空间，让他们可以在消解意识形态中找到快乐。

与亚文化抵抗相关的另一个范畴被称为游戏。

---

[1]　参见陈庆德、马翀炜《文化经济学》，中国社会科学出版社2007年版，第42页。

[2]　参见［英］阿雷恩·鲍尔德温等《文化研究导论》，陶东风等译，高等教育出版社2004年版，第324—325页。

[3]　参见［美］约翰·菲斯克《电视文化》，祁阿红、张鲲译，商务印书馆2005年版，第328页。

[4]　同上。

罗兰·巴特（1977C）把游戏比作是一个演奏的过程。读者演奏文本，就像音乐家演奏乐谱一样。读者诠释文本，把它激活并使它充满生机。[①]游戏的主要结构原则是在社会秩序与"自由"之间建构的一种紧张关系。游戏激起了自由与控制、自然与文化之间的对立。[②] 约翰·菲斯克甚至认为传统媒体就有生产符号民主的能力，他认为电视的游戏性被认为是符号民主的一种标志。这种民主把意义与快乐的生产权交给了受众，这种民主没有文字形式，意味着它并不自封为权威。它没有单一的权威式的声音来规定单一的对世界的看法。作者的角色被交给受众，或是至少与受众共同承担。

亚文化抵抗的第三个范畴是搞笑。

搞笑本身是一种对主流意识形态文本的颠覆和重构，在这个过程中，人们利用文本的文际性关系在不同的文本中建构起联想的、非逻辑的关联，以此来获取颠覆文本的意义。搞笑可能是一种参与式的狂欢，也可能是一种个体的解读方式。参与式的狂欢，包含了笑声、过度渲染的表现、低级趣味、无理的胡闹和不登大雅之堂的行为。狂欢建立了一个没有头衔和等级制度的世界。"狂欢让人们暂时从普遍真理和既定秩序中解放出来，它标志着所有等级差别、特权、规范和禁令的暂时终止。"[③] 个体式的解构也具有某种意义的狂欢效应。尽管这种解读是发生在个体与文本之间的，但是由于对文本产生了颠覆式的解读，以此形成了人们发自内心的一种快感。这种机理的产生，正如福柯分析的那样：在行使权力的时候能产生快乐，同样在回避权力、卖弄、丑化或抵制权力的时候也能产生快乐。[④]

意义场本身是一种生产性的存在。亚文化通常被看成是文化再生产的一种方式。主流文化倾向于维持，亚文化则倾向于颠覆与重构。在19世纪，人们曾用许多理由来禁止大众集市和节日活动（见魏茨、贝内特和马丁，1982），"这些理由来源于一种没有说明的恐惧：受支配阶级的快乐会带来破坏，因为这些快乐处在资产阶级的控制之外。但是，围绕阶级权力显然有很多争议，因此不能以阶级的名义来公开压制快乐；所以，控制快乐往往就采用一些被广泛接受、不易引起争议的说法，如道德、法律或审

---

① 参见［美］约翰·菲斯克《电视文化》，祁阿红、张鲲译，商务印书馆2005年版，第333页。

② 同上书，第339页。

③ 同上书，第349页。

④ 同上书，第45页。

美的有关准则"。①

亚文化经由快乐、游戏、搞笑所形成的对意识形态的抵抗，一直以来造成了社会有权阶层的某种心理恐惧。因此，西方的文化研究从来都把意识形态和亚文化的二元对立看作是意义产生的基本结构。

4. 多维度的意义

宏观场理论并不把意义场看成是仅有的意识形态和亚文化两个因素的作用场域，而是基于意义产生多维度的因素将它理解为一个可以产生多维度意义的复杂话语体系。

由于文本的多义性、受众主体性的复杂性、意识形态存在的广泛性、社会场的基础性等因素，意义场和意义的产生都成为了极其复杂的多维度的过程。以下我们就要在意义场这个概念层面来探讨多维度意义的产生。这个发展出来的理论可以被看成是对意识形态和亚文化互动关系的一种补充。

首先，多维度的意义是由文本的开放性引发的。

我们考查多维度的意义首先就要考查文本的多义性。一个文本可能产生多个意义，这是由于传媒文本的开放性决定的。如果说一个文本是海量文际性的总和，那么，它就存在了具有在多个向度上进行解读的可能性。因此，我们不能简单地用"主导的"、"协商的"和"抵抗的"这样的定语来概括一个文本可能产生的意义指向。实际上，每一个文本可能产生的意义要远远大于这三个向度的规定性。文际性的巨大排列组合以及传媒文本作为集合的场的存在，都为文本的解读提供了多元性的可能性。

其次，多维度的意义还来自于受众的多元主体性。

主体性是受众基于身份的文化认同。受众作为一个数量庞大的存在，其主体性当然是多元的。就某一个特定的受众而言，其本身的主体性也是游移不定的。社会情境、语言言语的因素、心理活动的内在机制都对主体性产生着实时的影响。如此，变动不居和不可量化的主体性也为意义的产生提供了多向度的可能性。

再次，多维度的意义是由意识形态的作用机制的复杂性决定的。

意识形态的作用也不以某种特定的方式产生作用。宏观场理论倾向于认为意识形态在各个社会场境中的存在是弥散化的。它并不是以某种特有的方式潜伏在每一个文本中，而是直接作用于从社会场到文本场、受众

---

① 参见 [美] 约翰·菲斯克《电视文化》，祁阿红、张鲲译，商务印书馆2005年版，第329页。

场、意义场、文化场的所有场域。这种弥散化的存在具有某种涵化的机制。意识形态的作用是一种长期培养的结果。意识形态在发生作用时与具体的主体性结合起来，就会有千差万别的作用效应。

又次，多维度的意义与社会场的丰富性相关。

社会历史情境是解码和意义产生的基础性的场域。这个我们称之为"社会场"的场域是由每一个个体的历史感、经验性现实和具体实践型构的。从"社会存在决定社会意识"的理论出发，不管人们对于相同的社会存在有多少种不同的社会意识，这些社会意识都不可能脱离社会存在凭空产生。人类的知识系统也是社会历史的符号化产物。因此真切的社会现实总是比图像化的传媒文本对人们有更加深刻的影响。当然，它也就对于意义的产生具有了某些潜在的又具有决定性的作用。

最后，让我们回到中国的社会情境中来谈论意义的产生。

亚文化是一个来自社会实践的概念。在中国的社会情境中，类似西方那样的亚文化群体，表现得并不那么明显。20 世纪 80 年代似乎出现了一些青年亚文化的势头，比如当时的摇滚乐。但是随着那些文化浪潮的平息，中国的亚文化实践也渐渐销声匿迹。中国社会中类似于亚文化那样的文化力量的滋生更多的是处于一种潜在的、弥散化的状态。这里没有耀目的铁钉、怪诞的发型、奇异的服装和文身，他们更多的是漂浮于社会话语中的一种存在。中国的受众意义场如此飘忽，但又如此清晰和可感——每个人都知道在政府文化、组织文化之外，还有一个属于自己的更加亲近和自然的文化空间。有意思的是，西方的青年亚文化符号被权力简单借用之后就轻易收编，而在中国，受众意义场由于没有那些鲜明的符号特征而恰恰使权力的招安失去了抓手。因此，民间文化也成为一种更顽强的、草根式的存在。

在这里，我们可以把亚文化看作是人们的主体性中与主流话语不重合的部分，体现的是与主流意识形态和主流文化的差异性。这样亚文化就不一定是极端的文化群体。它们可能是温和的、非主流的一种文化表现。亚文化基本上是潜在的、不公开表达的，也不一定被符号化。这里借用亚文化一词就是为了表达在社会传播过程中受众群体的主体性差异，而这种差异是相对于主流文化与主流意识形态而存在的。因此，当谈论意义场时，我们就找到了一个与意识形态相关联和相对应的概念。

（四）文化场论

文化场是从文化角度理解社会传播的一个概念。如果把文化当作是人们共同体的生活方式和符号系统，那么，宏观场理论当中的文化场就是被传播实践所激活的那一部分生活方式和符号系统。这里涵盖了以下方面的意义。其一，传播文化场是一个在内涵和外延都比文化要小得多的概念。它是我们所理解的文化中的一部分。其二，这里的文化场是和社会传播实践紧密结合的一个范畴。宏观场理论倾向于将文化场的内涵和外延与传播实践关联起来并使其有一个学理上的边界。其三，文化场是一个具有当下性的活态的文化场域。如果把我们的文化看成是一个在时间上可以回溯到符号起源，在空间上可以拓展到整个社会生活的庞大系统的话，那么宏观场理论中的文化场就把时间收缩在了当下，把范畴围闭在了与传媒实践相关联的一个概念。指明文化场具有文化活性，目的在于确认在社会传播的文化场中，人们的符号系统和生活方式都是在当下被传播文本所激活的。其四，文化场的活性是迅速变化的。我们经常会在疏远媒体一段时间后，感觉到传播内容的陌生。在某种意义上，社会传播是"现实的面孔"，所以，传播的文化场域也就必然具有迅变的特点。

文化场在概念的外延方面可以分成被激活的符号系统与被激活的生活方式；而在功能方面，又可以被看作是文化资源和文化资本。

1. 被激活的符号系统

人是符号化的动物。人们不仅生活在可触摸的现实世界中，也生活在自己制造的庞大的符号系统中。符号系统当中的所有部分并非一种均质化的存在，作为符号的文化常常在时间和空间以及权力向度作不同的区分，比如传统文化与现代文化、主流文化与边缘文化、精英文化与大众文化等。宏观场理论中的文化场专门指向的是被社会传播实践所激活的那一部分符号系统。

文化被激活是文化传媒化过程的结果。进入传媒时代，所有的文化都面临着一种现代化的转型。昔日涂画在山壁、镌刻于竹简、书写于纸张等媒介上的这些文化都面临着经由现代的数字化手段进入再传播的过程。这个过程就是把昔日的文化转译为数字化存在的可视文本造就的、新的文化存在方式之中。进入社会传播是传统文化升格为现代文化的路径。可以想象的是，无法进入互联网主导的社会传播场域的文化往往遭遇现代化转型的困境，并且可能被边缘化；而进入了这一传播场域的文化，则被提升为现代文化的一部分。

激活，包括文际性的和生产性的两个方面。

所谓"文际性的激活"，就是当代的文化传播文本与某些沉寂的传统文化、边缘文化、草根文化的文本所形成的文际性关系。《三国演义》作为一个古典文本在某个时段是被电视剧《三国演义》的文际性所激活的。电视剧指向了古代小说，使它从文字阅读方式升格为影像阅读方式。这种阅读方式的转变是经过电子媒介完成的。它不仅再次把那些古代的故事变幻方式呈现在人们的文化阅读中，同时也把过去精英分子阅读的文本转译为了一种老少咸宜的大众传播文本。某一个新生的传播文本往往可以激活和它具有紧密文际性的前文本，而这种激活时常引发出新的文化热点，比如论语热。

所谓"生产性的激活"，就是对既有文化的再生产。某一个文本在新的社会化的生产过程当中，既是对昔日文本的文际性拓展，同时也是基于意义场的一种再创造。它可能会产生新的形象、新的意义以及基于现实社会场境中的最广泛的关联。电视剧对古典名著《红楼梦》的改编不仅产生的是新旧文本的文际性关联，同时还生产出了一大批可视的人物群像。人们对这些可视化形象会产生与文字书写形象截然不同的读解。当下较之哭哭啼啼、病弱不堪的林黛玉，人们似乎更加喜爱通情达理、秀外慧中的薛宝钗。在这个例子中，人物形象的再造已远远不是一个古代形象的现代转译。更重要的是，新的话语对人物形象再生产产生了新的文际性意义。参与社会传播活动的文本意义生产，并不局限于某种特定的管道当中。社会场境中的现实生活、意义场话语形态以及主流价值观等因素，无时无刻不在参与传媒文本及其意义的再生产。2013 年 5 月爆出的原铁道部长刘志军的巨额贪腐以及传说中其与电视剧《红楼梦》诸多女演员之间的权色交易，当然也会被带入传媒文本生产当中。

2. 被激活的生活方式

文化场不仅是指向被激活的符号系统，同时也指向被激活的生活方式。

一般意义上说，传媒活动本身就是当下人们的生活方式之一。我们在家庭中最重要的位置安放电视机。我们把一天当中主要的闲暇时间用来上网。对于当代人而言，要想区分社会传播行为和社会文化是困难的。

社会传播活动建构生活方式最根本的是重建人们的社会现实感。由于每一个人都不可避免地生活在相对封闭的时空场境中，我们不得不经过社会传播活动来联系更大范围的时空。媒介真实和超真实并非对生活的真有理论认为，是媒介真实（超真实）建构了人的社会真实感实记录和还原，而创生了一种拟态环境。社会传播活动所型构的时空及其意义就成了我们社会存在感的来源。

社会传播活动激活的生活方式也可以在另一方面加以理解。如果说每一个人都拥有自己独特的生活方式的话，那么这些个别的生活方式就都不是人们共同体的生活方式。这些个体化的生活方式如同荒野上的小草，当它不被记录的时候，它的枯荣仅仅是一个潜在的事实。正是社会传播呈现了某些生活方式，同时也屏蔽其他的生活方式。因此，被社会传播活动所展示的那一部分生活方式便逐渐成了人们社会价值体系确认的生活方式，成了人们追求和推崇的生活方式，成了人们共享的生活方式。人们共同体的共同的生活方式既是由每个人的社会现实建构的，同时也是由社会传播活动所建构的。相较于个体对人们共同体生活方式的贡献而言，社会传播活动构造生活方式的能力要强大得多。

社会传播活动激活人们生活方式的根本途径在于传播文本把一部分生活方式和符号系统变成了社会的时尚，被赋予价值和意义。于是乎，人们在传播文本的导引下认识现实世界、型构价值体系、明确社会制度、建立消费习惯、确立生存模式、选择消费商品。就是说，社会传媒文化型构了人们对精神的、制度的和器物的不同文化形态的基本认知。形象地说，今天的"低头一族"盯住手机屏幕和运动手指的普遍行为，既是人们当下生活方式的外在表现，也是人们生活方式的内在意义。受众参与媒介文本生产和消费就是受众生产自己生活方式的过程。

3. 文化资源

文化场的功能之一是为社会传播活动提供文化资源。

首先，文化是社会传播的基础。

在昔日的社会产业概念中，我们耳熟能详的论断是土地是财富之母，劳动是财富之父①，这一论断说明了作为资源的土地在社会生产中的基础性地位。今天在三次产业划分之外，凸显的是文化产业的概念。就文化产业而言，我们要确认的核心资源就是文化本身。甚至我们可以把文化生产中的创意也当成是文化资源高度富集的运用成果。

当今最简单的传媒文本生产都离不开文化的储备和运用，无论是时长8 秒的微视、140 字的微博还是一部电影。如果谁要登上网络热门榜，他创制的文本或关于他的文本必须在内容和形式两个方面唤起受众广泛的文际性共振。在这里一个传媒文本能否传得快、传得远，在根本上取决于它在社会中引起人们文化共鸣的程度。也许这种文化共鸣在传播日益发达的今天，不再单纯地为"深刻"所定义，但是它无疑抓住了人们生活场域中共享文化的敏感部分。

---

① 栾振芳编：《经济学一本通》（上），中国华侨出版社 2012 年版，第 23 页。

其次，对于故事化文本而言，文化资源在创作中的权重正在不断增大。

传媒文本是故事化的文本，故事是人类最稀缺的资源。传媒文本的根本特征之一就是故事化①。所有故事化的传媒文本，无论是简短的新闻还是影视节目，也无论是气势磅礴的历史剧还是奇观表达的俗段子，它们在本质上都是对人类生存意义的叩问——"我是谁"、"我从哪里来"、"我到哪里去"。媒介文本无论内容和形式如何，它们都在故事化地表述人与内心、人与人、人与社会、人与自然之间复杂的历史和现实关系。要让一个传媒文本成为经典或者成为票房奇迹，所有奇思妙想或是偶然因素都不可能有持续的重要作用。传媒文本的成功建构与传播，最终是对人生深刻领悟的形象外化。因此这一过程可以被看成是文化资源之于人类生存思考的故事化表征。

再次，文化作为资源具有自我增值的属性。

在上文我们论述过文本的自生产性，表明一种文本可以生产它自己的、后续代际的文本和形式上的变体。在这里文化变成了一种非僵死的，而是活生生存在的文化生态。文化生态在某种意义上说是自足和自洽。符号系统并不是人们生存反照与脑际的片段集合，其本身在于社会存在的互动中也拥有了自身的活态属性。文化推动文化的生长和变迁。我们常说，文化是一种奇怪的资源。它不像一般实体资源那样不可再生，有朝一日会消耗殆尽。文化是一种可再生的资源。一种文化一时被使用，会越发变得丰富和强大。文化的可再生性也是文化自我生产属性的表现。文化一经在人们的头脑中生成，放置到了传播的动态场域，就型构出一个自洽的符号系统，也进入了文化自我生产的必然过程。

4. 文化资本

文化的另一个功能是作为文化资本。我们可以把社会传播的文化场看成是一个文化资本的储存器。形象地说，就像经济资本储存在银行中那样，传媒文本储存于传播活动的文化场中。

文化资本的概念来自于布尔迪厄。布尔迪厄的文化资本是针对社会场域中的"行动者"而言的。他用文化资本这一概念来表达行动者受到社会条件制约在文化上的有利或不利因素。从布尔迪厄对文化三种形态的界分我们可以看出文化资本概念的所指。布尔迪厄将文化资本区分为身体化形

---

① 参见程郁儒《民族文化传媒化》，中国社会科学出版社 2012 年版，第 118 页。

态、客观形态及制度形态三种基本形式。① 身体化形态是指行动者通过家庭环境及学校教育所获得的并成为精神与身体一部分的知识、教养、技能、趣味及感性等文化产物；客观形态是指文化资本的物化状态，即书籍、绘画、古董、道具、工具及机械等物质性文化财富；制度形态是指将行动者掌握的知识与技能以某种形式予以确认，并通过授以资格认证证书等社会认证方式将其制度化。从上述概念和形式划分来看，布尔迪厄的文化资本都是针对人的社会学行为理论的。而传播学宏观场理论当中的文化资本，脱离了人这一社会行动者，指向的是文化作为资本的运用价值和功能。就是说，这里指向的是，通过文化的投入可以产生出新的利益和价值，并且如同经济资本一样，文化资本也具有推动文化生产获取文化利益的内在冲动。

　　"文化何以成为资本？"这一问题，不少学者从不同的角度予以了解读。陈庆德先生的观点是本书愿意采纳的观点之一。他认为："生活实践现实条件的主要特征就是'经济支配了社会'。而作为'一种社会力量的资本'，在这一经济中的主导地位的确立，把它的'生存条件当作支配一切的规律强加于社会'，资本原则成为了预先设定在我们之上的总体性的一个规范、一个标准和一个观念。""这便导致了资本这种特殊性存在向普遍性的提升；引发了资本概念的泛化；它既向社会的其他存在提出依资本原则行事的要求，也开启了其他各种存在转化为资本的可能性。这种可能性的实质，就是由资本原则所主导的社会生活实践已经把各种各样的事情建构成一种利益，而且是一种现实可行的利益；当其表现为一种'投入'时，也就有了获取利益回报的权力。"②

　　定义文化场的资本属性不仅是一种理论上的演绎，同时也是对社会实践的归纳和提升。在社会传播活动中，文化始终是一个具有决定意义的推动因素，所有的传媒文本无一例外地都以某种特定的文化为基础和依托，文化成就了传媒文本中最关键的部分——创意，也就为传媒文本参与金融资本生产过程和文化资本生产过程提供了内在的动力。

（五）社会场论

　　社会场是一个宏大概念。它是人类社会关系与结构的总和。从社会动

---

① Pierre Bourdieu, *The forms of capital*, in J. G. Richardson （ed）, Handbook of Theory and Research for the Sociology of Education, New York, 1986, p. 244.

② 陈庆德：《民族文化资本化论题的实质与意义》，《云南大学学报》（社会科学版）2004 年第 2 期。

力学视角看，社会场是权力关系的集合；在场域理论中，社会场可以被看作是一个有机的社会生态。社会场当然包含了实践层面与符号层面这两个巨大的范畴。实践层面与符号层面互为表里、互为因果，相互指涉、相互生产。当然，在传播学场理论中，引入社会场的概念，目的是在于凸显其实践性。因此，宏观场理论中的社会场是一个具有实践第一性的和具有基础意义的概念。

1. 泛在的决定性

居于基础地位的社会场与文本场、意义场、文化场以及意识形态有着广泛的联系。

就社会场与文本场的关系而言，传播学宏观场理论不仅不将文本看作是作者可以垄断的创作和意义，而且不把文本看作是传媒生产的节目和意义，甚至不将文本看作是文化的专属产物。在这里，社会场概念的引入要表达的是文本作为一个意义的集合在根本上是由社会场生产的。总体上，是人类的社会实践导致和生产了整个的符号系统。从文本的生产性看，文本无论是自己对自己的生产，还是被其他因素生产，在本质上都是社会对文本的生产。电视剧《红楼梦》在表象上是某一个作者或创作团队的产品，然而把它放在更加宏观的场境中，这个节目的产生在本质上无不受制于特定社会历史时期的技术的、行业的、产业的、政策的乃至意识形态等因素。电视剧《红楼梦》当然不会产生在清代、民国甚至是新中国 17 年时期。节目的产生并非在时间上是一个偶然性的巧合。在任何时间的切面上呈现的都是社会场最根本的规定性，正是这些规定性决定了社会文化的性质和文本的生产。如此每一个文本的产生都有其历史的必然性。强调社会场与文本场的联系和规定性，可以让我们回归到真实的社会历史场境中去考察文化生产。在这个视点上，任何精英对于文化现象的褒贬都变成了一种狭隘的偏执。

就社会场与受众场的关系而言，受众是社会的受众。受众是在社会实践中被生产和再生产的。在传播学宏观场理论中，受众与人的社会性是无法分割的两个概念。就是说，从来就没有仅仅作为文本接受者和消费者的受众。因此，在考察受众的时候必须要带入其社会历史情境中。换句话说，只有人，没有受众。设定社会场与受众场之间的关系，还具有研究范式转换的意义，这一点将在稍后详论。

就社会场与意义场的关系而言，受众意义的产生和结构化在本质上是社会实践的结果。我们要理解到，受众绝非"文化傻瓜"，受众具有其能动性和生产性。在今天作为 pro-sumer 的受众早已超越了被动消费的定义而成为了主动的意义生产者。我们还要理解到受众的意义场是受众话语的集合。一般地，我们总是把受众的意义场与意识形态对立起来。在这里，受众变成了异己分子，但是在传播学宏观场理论看来，受众的意义场的反抗性只是受众意义场的诸多社会属性之一。社会场在形塑受众的主体性时，本身并不具有某种特定的倾向性。社会场既生产与主流意识形态相同的意义，也生产和主流意识形态相反的意义。同时，还生产在这两极之间所有可以无限细分的各种意义。受众的意义场可能和主流意识形态相同也可能相异，可能局部相同局部相异，此时相同彼时相异。就是说受众的支持是多样化的。社会场的多样性决定了意义场的多样性。当然受众的意义场和主流意识形态是两种不同类的存在。如果居于权力上位的群体总是防范来自受众意义场的反抗力量，这只能说是对失去既得利益的恐惧，或者说是一种堂吉诃德式的亢奋假想。其直接效果是失去了社会整合的宏观视角和理性规制的自信。

就社会场与文化场的关系而言，我们谈到的是社会实践与符号系统之间的对应关系。在文化层面上，生活方式和符号系统是相互生产的。然而在更大的社会场境中，社会实在与社会文化之间的对应关系，更多地体现为社会决定性下的相互生产性。就是说社会场决定着文化场的性质、状态、结构。社会场既生产了文化的资源和内容，也生产了文化的资本和动力。在这里的文化场是一个狭义的概念，它指向的是被传媒实践激活的生活方式和符号系统，只是一个具有当下性的文化存在。这样无论从性质和范畴来看，社会场都是一个更为宏观的、更具有决定意义的场域。

总之，社会场对各个场境的影响是广泛的也是具有决定意义的。

2. 研究范式的更新

如果说社会场概念的设定对于受众场、意义场和文化场都更多的是基于理论层面的思考的话，那么设定社会场和文本场之间的对应关系，在当下的学术思考和研究中就具有了一定的现实意义。它让我们思考在传播学研究中，文本与社会的对应关系以及现实研究中必须矫正的某些范式偏向。

媒介与社会的关系在传播学研究中是一个热闹的范畴。不少大学和研究机构都成立了以这个范畴为指向的专门研究机构。这些机构设立的基本目的是通过传媒来观察和研究社会。这种研究范式可以看作是经验学派传媒效果研究的"社会学版本"。迄今为止，还少有人质疑这种研究范式的科学性。

上述问题在更为宏观的场域中是传播学范畴的发散和文化人类学前沿

变迁的必然遭遇。1996 年在英国曼彻斯特召开的世界人类学大会上，由于文化人类学家们看到分立的、封闭的传统社区被传媒活动改造成全球化视域中的一部分，从而发出了"（传媒）文化研究将是人类学的死因"这样的惊呼。① 显见的事实是，传媒文化研究成了文化人类学和传播学共同争夺的研究场域。因此有人做出了有趣的判断："Media anthropology is the ethnographic study of（popular）（mass）media practices，which allows，due to a fine—grained analysis of cultural difference，a（cross-disciplinary）critical theory building that uses anthropological theory and methodology to understand the relationship between explicitly mediated practices and the implicit mediated aspects of other practices."② 这个判断给了传媒学者向社会场域挺进的学术自信。然而问题来了，从传媒或者是传媒文本去研究社区乃至社会何以成为可能？

在传播学和人类学的交际处，我们看到了两个分支学科，一个是民族志传播学；另一个是传媒人类学。前者强调将文化人类学的民族志方式（包括田野调查方法）用于传播学在社会场境中的研究，后者强调将泛媒介的概念用于文化人类学的研究，重点在于通过各种媒介来考察特定社区的文化。这两个分支学科的现实意义仍是在强调传播学向社会场域拓展的可能性以及通过媒介考察文化的科学性。

如果不是所有研究都如此的话，在传播学的社会场域研究中不少人都设定了传媒与社区文化的狭隘对应关系。一些研究通过考察民族社区大众传媒使用的方式来窥视和研究那些社区的文化规定性，甚至研究社区与国家、民族之间的认同关系。不得不说，这些看似深入的研究与常识产生了矛盾。在常识层面上我们可以看到，任何一种社会现象、文化现象都不是单一的因子所能导致和决定的。把社会文化的某些规定性直接归因于某一种媒介，这不能不说是一种简单化的武断。

传播学宏观场理论设定社会场与文本场的关系，意在强调社会场的先在性和决定性——是社会场决定了人、人的话语、人的文化形态和人的文本生产，而不是任何符号、文本、媒介决定了社会场的属性。在此，宏观场理论提出的一个问题是，我们要研究的是"受众"还是"人"？如果还把我们的研究对象——那些特定社区的人们看成是受众的话，那么他们就

---

① 王铭铭：《传媒时代与社会人类学》，《新闻与传播研究》1996 年第 4 期。

② 李春霞、彭兆荣：《媒介化世界里人类学家与传播学家的机会：文化多样化与媒体人类学》，《思想战线》2008 年第 6 期。

又被重新打回了"文化傻瓜"的原型。当然，我们要研究的是"人"而非传统意义上的"受众"。

对于不少传媒学者而言，他们向社会场域挺进时，也曾带着非常矛盾的心理。一方面看到"传媒—社会"这一关系场域所形成的新的研究热点，另一方面又生怕超越了传播学的范畴而受到学科归属的质疑。因此某些传播学者明确感知到了让受众回归社会情境的重要性，但是由于无法回答学科归属的问题还是回到了"受众研究"。

传播学宏观场理论把社会场纳入传播学研究并非一种权宜之计，而是基于社会现实的先在性所做的理论设定。传播学当然可以研究社会中的人，只不过在学科归属性的层面上，是设定"人"与符号、文本、媒介之间的关系。这里的思考向度不是从文本到社会，而是从社会到符号、文本、媒介的更加宽泛的传播学研究对象。在这里，"人"而非"受众"是研究的对象。传播学者当然可以通过介入式观察等民族学方法和量化统计等传播学已认定的方法来研究社会中的人。只有全面地洞悉了社区中的人的活动及其性质，才可以在丰富的社区生活中找到他和传播之间的内在联系。在这里，研究范式从"媒介对社会的影响"变成了"社会与媒介的关系"。符号、文本、媒介等概念并没有超出传播学研究的范畴。当然在这里文本也好、媒介也好，再也不是大众传媒的概念，而是从更加开阔的传播学场域出发的研究。这个更大的场域包括了人内传播、人际传播、组织传播（群体传播）和跨文化传播等传播学早已划定的专属场域。在以往的传播学理论中，上述这些场域有的热闹，有的冷寂。像人内传播这样的场域甚至变成了一个空洞的无法窥见和把握的学术范畴。然而在范式转化之后，我们既会理解到"跨文化传播"之"跨"是 cross、trans 同时也是 inter，也会理解到人内传播不是看不见的场域，而是可以通过泛媒介做对象化的观察的场域。在这个范式中，特定社区的文化特质及其表征都具有了通过泛媒介来观察的可能性。人的生活方式和符号系统都媒介化了。进一步地，这些媒介化的社会事物所展示出的全方位的联系和意义才是媒介与社会变迁的对应性关系。

从社会到文本的范式变化并没有损害传播学的独立性。如果说文化人类学的研究指向的是社区传统文化和深层文化的事项，社会学研究指向的是人的社会生产生活方式及其结构研究，那么宏观场理论视域下的传播学研究指向的就是文化当下性的媒介呈现。这里的传播学研究更加贴近了时间的当下性。因此可以形象地说，"这不是一个传媒学者和人类学者同构的时代，而是在传媒文化场域多学科协作耕耘的时代"。传媒学者无法变成人类学者，人类学者也无法变成传媒学者。也无需如此。传媒学者不用离开自己的场域，而是要在自己的场域中全方位地进行开拓和耕耘。相信这样的研究才会在经验学派、批判学派和技术主义学派共同开拓的传播学场域中完善学科和现实的对应性。如此我们将看到的是不同学派传播学理论之间的融合、发展，传播学与不同学科的研究对象融合和研究指向的分化。

当然，通过媒介我们可以全息地观照文化。因为，一切文化都存在于传播之中。离开传播便没有文化。在确定传播与文化的对应关系的前提下，我们确认的是传播学可以从符号、文本、媒介中找到社会实践与社会文化之间的关系。我们确认的是社会场的第一性和基础性。当然我们也就确认了传播学研究与人类学、社会学等其他研究的区别和分工。

三　线性互动关系

前边我们已经在四个相对平行的场——文本场、受众场、意义场和文化场分别探讨了它们在社会传播中的复杂作用机理。在这里我们要进一步探索四个场之间所存在的具有本质性的线性关联。宏观场理论把这种线性关联表述为金融资本生产过程和文化资本生产过程（见图4－2）。

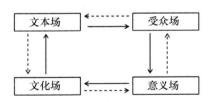

图4－2　线性互动关系图

菲斯克在"两种经济"理论的论述中谈到"金融经济"和"文化经济"。他认为，金融经济为文化商品提供了两种流通模式：在第一种模式中，节目制作者把节目卖给发行者，节目是直接的物质商品。在第二种模式中，作为商品的节目改变了身份，成为生产者。它所生产的新商品是受众，受众被卖给了广告商或赞助商。并认为这两种经济的"子经济"相互依存，并能被控制。①

在这里，菲斯克把图中实线箭头顺时针方向的两个段落分别称为两种经济。他认为，从文本到受众，是金融经济。而从受众到意义，便是文化经济。②

在宏观场理论中，我们把场间的线性关系理解为非片段的整体过程。图示中顺时针的实线箭头所标示的"文本场—受众场—意义场—文化场"的循环被称作是"金融资本生产过程"，反过来图中逆时针方向的"文化场—意义场—受众场—文本场"的循环被称为是"文化资本生产过程"。宏观场理论借鉴了菲斯克的相关论述，③ 又对其理论做了发展和延伸。

（一）金融资本生产过程

宏观场理论把"文本场—受众场—意义场—文化场"这样的循环过程，看作是一个金融资本生产过程（见图 4-3）。

图 4-3　金融资本生产过程图示

在金融资本生产过程中，文本编码者生产出来的文本是由金融资本推动的。正如所有的电视节目生产都需要大量的资金投入。文本是金融资本的直接产品。如同菲斯克所说的那样，文本被生产出来就具有了生产者意义。文本生产了受众。受众进一步参与了金融资本的生产过程，一方面它生产了注意力，成为推动电视广告的动力，以此型构了"注意力经济"；另一方面，宏观场理论更加注重受众对意义的生产。在这里，意义被看成是文本的使用价值。可以说明受众购买文化商品的目的。受众是为了获得阅读文本的快乐而进行文化购买。进一步，受众在消费文化商品时生产出了属于自己的新的意义。就是说，意义本身不是文本本身所提前设置好的。它是受众在解码时生产出来的。这里我们理解为从受众到意义仍然是一个金融资本生产的必然阶段。意义生产所带来的文化消费快感是一种快感的增值，它解释了注意力经济的动力来源。同时，意义本身又是生产性

① 参见［美］约翰·菲斯克《电视文化》，祁阿红、张鲲译，商务印书馆 2005 年版，第 449 页。

② 同上书，第 450 页。

③ 同上书，第 447—452 页。

的。意义作为受众的话语集合，生产出了文化场，并为下一轮金融资本的生产过程打下了文化基础。这一过程产生的是利润，是经济资本和可以量化为经济资本的品牌。

我们可以从"三级文本"的概念来理解这一问题。在这个循环开始时的文本，我们称为"初级文本"。受众对初级文本解读已然大于文本本身设定的意义，这是其一。其二，在意义生产过程中，意义生产了超脱于初级文本的其他文本。这些文本包括"次级文本"和"第三级文本"。次级文本如影评、节目介绍、广告等。它们本身已经是另一种形式的文化产品，在参与了另一种文化模式的生产的同时获取了新的经济利益，我们也可以称之为"增值的经济利益"。第三级文本可以被理解为关于初级文本的"口碑"和"知名度"。"口碑"和"知名度"其本身就蕴含了巨大的经济价值，就是说受众对文本的意义读解进一步生产了文本乃至机构的无形资产。

在这个循环往复的金融资本生产过程当中，最后得到的是经济资本，即利润。这些经济资本又可以作为下一个生产周期的投入，推动一个新的金融资本生产过程。

（二）文化资本生产过程

宏观场理论把"文化场—意义场—受众场—文本场"这样的循环过程看作是文化资本生产的过程，如图 4 - 4 所示。

图 4 - 4　文化资本生产过程图示

文化作为资本及其运用我们已经在上面有所论述。从图示我们可以看到，文化作为资本直接主导了对意义场的生产。社会传播活动从超越传媒管道的理念加以理解，其本身是一个社会文化的生产过程。文化直接型构了社会的话语结构，决定了对于受众而言什么是知识，什么可以或者不能被谈论。文化资本生产受众意义场过程是社会传播长期积累的结果。意义场也可以被理解为是文化所生产出来的带有资源和资本意义的文化结构。进一步，意义场生产了受众。这一点我们在前面的论述中也已经谈到。在身份、话语和意识形态三种建构受众主体性的因素中，话语是最不确定的、最具有活性的要素。从某种意义上说，是话语生产了受众的多元主体性。在下一个阶段，受众作为传媒文本的消费者和生产者又直接决定了传媒文本的生产。作为消费者，受众决定了传播文本的社会效益和经济效益能否实现。作为直接的生产者，受众在互联网情境下越来越多地参与到社会传播活动中，成为文本生产性力量。最后，文本场作为传媒文本及其文际性的总和，又型构和丰富了作为受众生活方式和符号系统的文化场。在这个过程中，生产出来的是文化资本。这些文化资本又可以作为下一个生产周期的动力，推动文化的再生产。

总体上说，宏观场理论认为社会传播活动是一个集金融资本生产过程和文化资本生产过程为一体的双向互动的、循环往复的过程。区分金融资本生产过程和文化资本生产过程的意义主要有以下三点。

其一，确认文化生产的社会属性。

传媒文化生产和社会传播视域下文化生产都是社会化的生产过程，它不再限定于管道、行业、系统，而是具有开放性的社会、民众广泛参与的社会文化实践。从金融资本生产过程来看，受众不再仅仅是被文本简单生产为消费者，并将其注意力作为资源贩卖给广告商。在宏观场理论中受众不再被动，而是主动地参与到了初级文本、次级文本和第三级文本的生产中。生产出初级文本的意义，生产出作为次级文本的影评、广告等形态和产业，生产出作为第三级文本的文化价值（包括口碑、品牌等）。恰恰是受众的意义解读，将传播活动从一个封闭的流程中解放出来。也正是受众的生产，才使得传媒文本发生社会化的增值。我们说是受众引发了文化产业的财富增值。从文化资本生产工程来看，我们就更清晰地看到了传媒活动社会场境和社会属性。文化作为资源和资本生产出了社会的受众话语结构，受众话语结构使得盲目的文化生产有了指向标。如果工业生产中从产品到商品存在着"惊险一跳"的话，那么受众的话语结构就是完成社会文化生产从产品到商品过渡的桥梁。意义场为社会文化的生产提供了确定性。进一步我们看到的是受众直接参与文本生产的强大生产力量。正是由于社会普罗大众的广泛参与，才有了今天社会文化生产的空前繁荣。

其二，确认文化资本的作用。

在一般商品生产中，经济资本从来都是决定性的力量。在文化产业发生和勃兴之后，许多人还沿用着"Money Talk"的固化思维，认为经济资本是推动和控制文化生产的最有力的工具。现实的情形恰恰相反。文化资本作为文化生产中的基础性和动力性因素，日益凸显着其文化生产的功能。在传媒文本的生产流程中，文化资本和经济资本共同参与了传媒文本的双向生产过程。经济资本的逐利性使它敏锐地观察到了文化生产获得巨额利润的可能。一个精妙的文化创意是文化资本的直接结果，也是经济资本竞相追逐的投资目标。今天搞文化产业的人再不担心好的创意找不到投资。相较于经济资本，文化资本作为创意之源，在文化生产过程中发挥着至关重要的作用。没有创意就谈不上文化文本的生产。因此在文化资本和经济资本的比较中，我们看到了文化资本的比较优势和对文本生产的更加显著的决定作用。在社会化的传播活动场境中，文化资本不仅直接参与了文本的生产也参与了意义场和受众场的生产。正是从这三个方面，文化资本开拓了其在社会文化生产中的更多的着力点和工作路径。

其三，确认产业间的文化联系。

经济学将物质资料的生产、商品生产、服务等看作是传统的产业形态。而将文化产业看成是新的产业形态。但是经济学家们又纠结于传统产业和文化产业之间的异质性，不愿意作为并列概念来谈论与研究传统产业和新兴的文化产业。这种纠结主要来自于产业划分注重的是产业间的差异性，而忽视了产业间的内在联系，尤其是忽视了文化产业之于前三次产业的黏合作用。在今天的社会生产中，任何商品都是符号，任何符号都是商品。因此我们看到了物质资料生产产业、服务产业和文化产业之间的内在联系。无论是生产实物、提供服务还是提供传媒文本，超越这些具体的实物形态的本质都是符号。所以，金融资本生产过程和文化资本生产过程不仅是社会传播活动的一般规律，也是所有社会生产的一般规律，基于文化资本和文化资源创生的符号创意在所有的产业形态中都是商品增值的核心环节这一基本事实。社会传播活动就是将符号生产嵌入所有产业形态并使其生产服务活动增值的核心因素。

四　共振效应

共振是一个物理学概念。它是指物体间具有相同的振动频率而相互传递和引发的振动。这种现象广泛存在于自然界中。这里借用共振这一概念是为了描述社会传播的各个不同环节、不同场域之间复杂机理，主要是喻指社会传播的每一个不同时空的部分和场域都可能具有相似构造，权力关系在这些相似构造中发生能量传导的作用，形成场内外复杂的共振效应。从共振的向度来理解社会传播为揭示传播活动的一般规律提供了一个新的观察和解释社会传播现象的角度。

（一） 微观共振

　　微观共振的概念主要是从微观场理论衍生出来的：我们在前边有论，一个最为微小的采访现场都存在着极为复杂的社会权力关系。这些社会权力关系是由于人和传播设备的到场而被带入的。权力关系在现实中并没有被隐藏起来。每一个处在传播环节中的人都能够感知。微观场理论提出的第一场悖论、前置的编辑过程、开放场域、合并情境、表演仪式和社会规制等结论，都可以看作是微观共振的表现方式。

　　我们把微观场域中所发生的影响到传播性质的权力关系作用机理，看成是一种类似于物理共振的效应。这一点可以从两个方面来理解。第一个方面是距离。发生共振的物体往往不是直接接触的。振动的频率通过空间介质相互传导，从而引发力的传递。这一点和微观场理论中的权力关系的作用机制十分相似。在一个封闭的时空中（一个会客厅或一间办公室），摄像机/摄像师、记者/主持人和被摄对象这3组元素似乎是与外界相对隔离开的。但是关闭了门窗并没能隔绝外部复杂的权力关系的进入。权力的进入与距离无关，也与物理空间是否闭合无关。第二个方面是频率。共振产生于不同物体之间的相同频率。物体的频率是由物质的内在结构决定的。那么，一个微观现场和外部的环境之间的"共同频率"是什么呢？微观场理论把场间的"共同频率"理解为共同社会情境中共享文化所造成的一致化的内在结构。在某个具体的传播行为开始前，社会的文化生态的运动机制早就在发生着作用。意识形态话语借助言语和语言，通过不同的传播渠道把整个社会形塑成一个巨大的规制空间。每个个体在成长的过程当中，经由家庭、学校、组织以及仪式化的活动，不断地学习和领悟权力结构的状态，并且将这种学习和领悟变成一种习得和养成，形成了人之所以成为社会人的文化特征。这就是共同频率造成的社会机制。

　　传播学场理论把宏观理论中的基础场的内部动力机制也看作是微观共振。这些基础场包括文本场、受众场、意义场和文化场。概括起来说，文本场借由广泛文际性的连接和意义生产，是文本场的内在共振机制；受众场中身份、话语、意识形态和心理机制建构的主体性，经由传媒文本的消费和生产参与社会传播活动，是受众场的场内共振机制；意义场在与意识形态和社会场的连接互动中，逐渐结构化并具备生产性，是意义场的场内共振机制；文化场经由生活方式连接社会场域和经由符号系统连接社会传播的双向结构，是文化场的场内共振机制。

　　总体来讲，传播学场理论所理解的微观共振是发生在较小的社会物理时空和可以概念化的相对固定的社会文化场境中的内外权力运动方式，主要是帮助我们在细部理解权力发生作用的微妙机制。微观共振与宏观共振一起构成了社会传播场域的整体连接方式。

（二）场际共振

场际共振是指宏观场理论中的文本场、受众场、意义场、文化场之间的作用机制。包括线性的和非线性的两种共振方式。线性的共振方式我们已经将其表述为金融资本生产过程和文化资本生产过程。这里我们重点要对场间的非线性关系进行分析。

我们在本章开篇时就已经指出宏观场理论构造的诸场之间的联系并非仅仅是线性的，也是交互的和多维度的。在这里我们分别选取文本场、受众场、意义场和文化场中每一个单独的场为主体，来建构它与其他三个场之间的关系，并以此说明社会场中的场间作用机制。

1. 文本场与其他三个场的共振关系

文本场与受众场、意义场、文化场的共振关系描述的是来自受众、意义和文化的多重制约的原理。在这个模型中（参见图4－5），文本不仅仅是作品，甚至也不是文本事先设定好的互文性。文本的生产受到了来自受众场、意义场和文化场的多向度的规约。

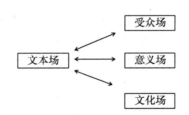

图4－5　文本场的一多对应关系图示

在时间向度上，文本不是已经编码好的一个"有意义的节目"，而是在文本还没有进行编码之前，受众场、意义场和文化场的因素就已经显现出来了，并参与了文本的编码过程。所有的文本都是社会化的文本。某一个文本出现在某一个时间和特定的传播场域都不是偶然的，也不是文本自生性和它生产性推动的结果，而是社会复杂权力关系共同建构的结果。

在空间向度上，文本同时受制于受众、意义和文化。首先，文本的生产受制于文化。文化作为资源的基础性和作为资本的逐利性触发并推动文本的诞生。其次,文本的生产受制于意义场的话语结构。意义场决定了文本表达的基本话语向度,并使文本规避政治、经济风险。再次,文本的生产受制于受众。受众是文本社会效益和经济效益实现的决定性因素。因此,传媒文本的生产本身就是一个社会文化运动的结果。

反过来说,文本也影响到了受众、意义和文化。文本作为一个复杂的、具有生产性的文际性场域长时间地濡染着每一个受众,并参与建构受众的主体性;文本生产意义并且使意义结构化为话语;文本的总和就是文化当下性的总和。

2. 受众场与其他三个场之间的共振关系

受众场与文本场、意义场、文化场的一多对应关系,在一个新的层面宣告了受众的解放。从图示4-6中我们可以看到,受众不仅生产文本还生产了意义和文化。首先,受众生产文本先是在事实层面得到确认的。相较于实践,传播学理论还没有在总体上将受众看作是一个能动的生产者。宏观场理论在场际的互动关系中确认了受众场是文本场的生产主体。从此在传受关系中,传者与受者便是一种对等的甚或是可替换的关系。受众在消费文本中生产意义,并直接参与了文本的生产。从这两个向度我们看到了受众与文本的直接联系。其次,受众生产意义。受众使文本的意义爆炸成文际性的天体,同时还将文际性的天体结构成话语的星系。再次,受众生产文化。受众从来就是文化的主体。今天,受众作为大众文化的主体越来越多地获得了传媒文本生产、传播、经营的空间和能力。不管居于上位的权力是否喜欢受众生产的文化,大众文化都已然成为现代文化的主要方面。

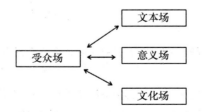

图4-6   受众场的一多对应关系图示

当然从图示4-6中我们也看到,文本场、意义场、文化场对受众场的作用与制约。文本场、意义场、文化场都直接参与了受众主体性的生产。

3. 意义场与其他三个场之间的共振关系

意义场是宏观场理论建构出的一个新的场域概念。意义场的功能在于使泛在和漂移的受众意义结构成为一种话语状态。受众的话语如何产生？又有什么样的功用？这两个问题在意义场与文本场、受众场、文化场的一多对应关系中可以得到清晰的解答。

意义场的基本属性是生产性。意义场生产了文本场、受众场与文化场，如图4-7所示。首先，意义场通过共振的效应生产出了文本场。从具体的实践看，文本是由职业传播者和作为文本生产者的受众通过编码/解码生产出来的。但是从宏观场理论来看，影响文本生产的原理并不是那些漂浮在表面的、显而易见的生产现象所能揭示的。意义场作为受众的话语总和，它决定了什么样的文本可能会被受众接受，什么样的文本会被受众拒绝。因此意义场就是文本完成传播过程的社会性决定因素。其次，意义场生产受众场。我们说，受众生产了自己的话语结构。反过来我们也可以说受众话语结构生产了受众。前者是一般常识中的"人在说话"；后者是话语理论中的"话在说人"。话语建构人的主体性已经是一种被广泛接受的文化理论。从常识层面来讲，人作为社会化的存在本身早已超离了物质的和生理的层面而成了一种社会关系的集合体。再次，意义场生产了文化场。文化作为人们共同体的生活方式和符号系统，当它与社会传播活动相联系时，就具有了当下性的活性特征。文化可能沉淀下来，也可能被唤起成为人们共享的生活方式和符号系统。意义场作为社会的话语结构，它使得文本被区分，或接受或排斥。意义场也经过文本的生产来影响和建构文化的形态。

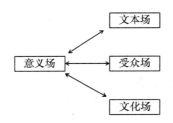

图4-7 意义场的一多对应关系图示

我们在意义场和其他三个场域的对应关系中也看到了文本场、受众场和文化场对意义场的影响。文本生产意义与受众生产意义都已然成为一种常识。当论及文化生产意义时我们表达的是：文化是意义建构的资源性因素和资本性因素。文化作为资源为意义的生产提供生产资料。文化作为资本为意义的生产提供经济化的动力。资本的逻辑在传媒文本经济化的过程中，对意义的建构发挥着实在的作用。我们把文本、受众和文化放在一起来对应意义场时，就会更加清晰地看到社会文化生产的所有向度都在于使文化的存在结构化。将文化结构化为话语，既是文化生产的起点，也是文化生产的归宿——这就是有意义的文化文本生产的价值所在。

4. 文化场与其他三个场之间的共振关系

文化场与文本场、受众场、意义场的一多对应模型，如图4-8所示，凸显了文化场本身的基础性地位和社会动力学机制。

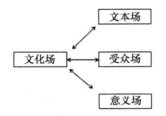

图4-8 文化场的一多对应关系图示

文化场生产了文本场、受众场和意义场。文化作为资本和资源推动文本生产。文化生产受众。所有受众都是特定文化的产物。而文化场和意义场实际上是同一事物的不同表达。意义场是文化场具有当下性的结构方式。因此我们在文化场和意义场的双向同构中确认彼此的相互生产关系。

如果把文本场、受众场、意义场结合在一起来对应文化场，那么我们最直接的表达就是，受众经由文本生产意义的过程就是文化生产的过程。

（三）复合共振

微观共振、场际共振实际上是为了研究制定的一种策略。在根本上，传播学场理论将社会传播看成微观共振与场际共振同时发生、相互联系的多维度复合共振场域。

共振在社会传播的各个场域中，无处不在、无时不在。在最微小的传统媒体采访现场，我们就可以看到权力关系在不同场域间的共振效应。推而广之，在更大的系统和场域中，共振效应就成为了一种普遍的权力作用方式。复合共振方式可能因为时间的转变而发生变化，但是它不会因为时间的变更而消失。

如果将文化场、文本场、受众场、意义场、社会场和意识形态六个要素做排列组合，我们可以匹配出 720 种组合方式，每一种组合方式都可能是共振发生的方式。因此我们认为宏观场域中的复合共振是极其复杂的。关于这个问题的研究也有待深化。

第五章　意识形态在传播场域的发生机理

一般而言，理论应该有两个方面的效用：指导实践和深化认知。传播学场理论的微观部分的功能主要是解决实践中的问题。微观场理论的实践价值我们已经在第二章和第三章做了运用和展示。微观场理论也具有一定的理论价值——它既是宏观场理论的基础，也在一些理论的改写方面具有延展性。宏观场理论主要对应的是分立、隔绝、破碎的传播学理论版图。力求融合各学派理论，深化对传播学理论问题的认知。同时，宏观场理论在文化生产和文化产业化中也提供了一些新的思考范式和模型。

作为一个整体，传播学场理论的理论功用可以覆盖从微观、中观到宏观的一些理论场域。由于篇幅所限和相关研究未及展开，本书仅选取了两个方面——意识形态和舆论场，来阐释传播学场理论的理论价值。

意识形态理论是从权力方面理解观念的一种努力。它曾经在马克思主义理论中得到了充分发展。① 意识形态被认为是一种群体观念。它植根于各个阶级日常生活的物质状态（包括它们与其他阶级的关系）中。关于这一概念最著名的论断是："统治阶级的思想在每一个时代都是占统治地位的思想，这就是说，一个阶级是社会上占统治地位的物质力量，同时也是社会上占统治地位的精神力量。"②

在传播学场理论中，意识形态得到了简明扼要的定义——特定人们共同体的观念系统。一般地，这一观念系统是被权力加持的。在本质上，意识形态也可以被看作是一种话语。只不过这种话语在社会文化结构中居于权力的上位。

关于传播与意识形态的关系，在不同的理论范畴中已经有了十分丰富的著述。某些理论和观点甚至在极其细微的层面上描述了意识形态在传播

① ［英］阿雷恩·鲍尔德温等：《文化研究导论》，陶东风等译，高等教育出版社2004年版，第86—87页。

② 《马克思恩格斯选集》第一卷，人民出版社1995年版，第98页。

场域中的发生机理。正如分数永远解决不了百米赛跑冲线的问题，因此，范式转换是问题研究突破的方式之一。一种研究范式转化后，人们总是会对原有的理论进行反思和批判，当然也是对先前理论的一种继承和发展。传播学场理论基于场论的研究范式和理论体系，形成了对意识形态在传播场域发生原理的新理解。

一　研究现状

关于意识形态在传媒过程或传媒场域中的发生机制，先前的研究主要集中在三个方面：意识形态在传播文本中的隐藏策略，意识形态对亚文化的同化策略，基于传播过程的编码与解码理论。

（一）意识形态的隐藏策略

意识形态对传播文本的影响一直被认为是经由某些编码策略而得以实现的。编码策略不是传媒文本在编辑过程中的方法或技巧，而是将意识形态和话语植入文本的一种方式。这些编码策略包括加密、免名和分类。

1. 加密

关于加密，菲斯克的电视代码理论认为，搬上电视屏幕的事件已经经过了电视代码的加密。代码可分为三个级别：一级代码是"现实"，包括外表、服装、化妆、环境、行为、言语、姿势、表情、声音等。这些事项可以概括为人物的表象及其环境。菲斯克在这里用了带双引号的现实，意指它和现实之间的相似性。二级代码是艺术表现，即通过摄像、照明、编剧、音乐、音响等技术方式对一级代码进行的电子编码。三级代码是意识形态，是对二级代码进行叙事、冲突、人物、动作、对白、场景、角色等的加工。应该指出的是，在这些加工中起组织作用的就是意识形态代码，包括个人主义、男权制度、种族、阶级、唯物主义、资本主义等。菲斯克认为，电视文本都经过了这样的加密方式。[①]

从这一理论可以看出任何传媒文本在其编码的过程当中都受到了来自言语/语言、话语和意识形态三个层面的加密。其中，起决定作用的是意识形态而非言语/语言代码。

----

① 参见［美］约翰·菲斯克《电视文化》，祁阿红、张鲲译，商务印书馆2005年版，第6—20页。

2.免名

关于免名，罗兰·巴特认为是"有权的群体"为了使自己的话语意义自然化而采取的一种在文本编码中隐姓埋名的方式。① "经济力量是公开而明显的，话语力量则是隐蔽的，而正是这种隐蔽性'对其自身运作的压抑'，才使得它表现为常识，表现为对现实的客观、坦率的反应。"② 罗兰·巴特认为，免名的做法掩盖了话语的政治来源，从而掩盖了社会中阶级、性别、种族以及其他许多差异。"它把自身对现实的理解确立为常识，并在确立之后邀请处于受支配地位的各种亚文化群体，通过主流的、免名的话语来理解这个世界，理解他们自身及他们的社会关系。用罗兰·巴特的话说就是与他们的压迫者从意识形态上进行认同。"③ "免名是把一个概念从包含其差异和多种选择结构的语言学系统中抽取出来。免名的东西似乎没有其他意义选择，从而获得了自然、普遍或不可挑战的地位。"④ "指名的话语，把话语放在等级较低的位置，从而使这些话语表现出抵制性或激进的声音。免名的超话语，则代表着最终的'事实'，在这种情况下才能断言受支配者话语的片面性。指名的破坏性话语与免名的社会控制话语，是记号语言与意识形态限制的常用手法。"⑤

菲斯克认为，免名的概念揭示了西方资本主义世界电视编码的一个秘密。一些观点把西方媒体在权力分立社会体系中的媒体，看作是具有主体性的和自主性的，因此也是较为公正的，是一种社会力量可以平均使用的"社会公器"。免名理论告诉我们，西方媒体也具有极强的意识形态属性，它是具有支配地位的社会阶层的代言工具，只不过这种代言采用了较为隐蔽的方法而已。

3.分类

分类被认为是意识形态建构文本的又一种方式。

新闻的分类不仅把报道联系起来，还起到了一种屏蔽社会结构的作用。它意味着从符号和政治上把社会生活分割成界限明显的小块：经济、教育、犯罪、产业等。这意味着一个"问题"只能在自己的分类中得到

---

① 参见蒋宁平《权利分光镜电视新闻中的社会分层》，中国传媒大学出版社2012年版，第98页。
② 参见［美］约翰·菲斯克《电视文化》，祁阿红、张鲲译，商务印书馆2005年版，第61页。
③ 同上书，第62页。
④ 同上书，第418页。
⑤ 同上书，第418—419页。

认识和解决。把问题定义局限在小范围中，就有了一种小范围的解决方式，以避免人们对更大的社会结构的质疑。"分割是新闻限制策略的关键。"①

分类的策略限制了意义的迁徙和流动，更重要的是可以防止对于传媒事件的意识形态归因。

（二）意识形态的同化策略

意识形态同化受众或是抑制文化的方式主要有两种理论：一是接种；二是优势观看地位。

1. 接种

接种被认为是意识形态同化异质文化力量的一种方法。

"接种"一词是从医学中借用的。罗兰·巴特使用这一词语来表达主流意识形态通过给自己注射可控制量的"病毒"，来增强对激进思想的抵抗能力。在西方的电视新闻中常常出现一些激进的声音，比如工会发言人、和平示威者、环保主义者的声音等。但是音量是受到控制的。这些声音在新闻报道中的程度和地位是由主流意识形态的代理人所选定的。这样做的目的就是，主流意识形态通过给自己注射受控制量的"病毒"（社会异质文化）来增强对激进思想的抵抗能力。

跟接种理论类似的还有法兰克福学派的同化理论。同化理论认为：资本主义通过同化反对力量中的因素，通过剥夺激进派的声音来加强自身的力量。这样大众文化就不可避免地成为了为主流意识形态服务的一种文化资源。它不仅为编码和解码提供了一个共同点，同时也为不同受众群体提供了共同点。如此产生了大众艺术作品的常规形态，以消解任何激进主义的反抗。②

接种理论揭示了资本主义主流意识形态与大众文化关系的秘密。这种消解抵抗的方式也可以用作社会异质文化统合的手段。

2. 优势观看地位

关于优势观看地位，麦凯布认为它是一种电视的超话语③。

比较电影中人物和电视中人物的视线，我们可以发现电影中的人物一般是不看镜头的。这意味着在观看电影时，电影中的人物不直接跟受众发

---

① 参见［美］约翰·菲斯克《电视文化》，祁阿红、张鲲译，商务印书馆2005年版，第414页。

② 同上书，第56页。

③ 同上书，第40页。

生对视（除非主观镜头）。这种方法是在表示电影受众可以洞悉故事中的一切。而故事中的人物并没有发现电影受众的存在。从此延伸下去就可以得到偷窥理论或窥淫癖理论。在好莱坞经典现实主义电影中，这种"优势观看地位"可以表述为"全知风格"。①电影的全知风格是把受众放置在上帝的位置。电影受众可以看见不可见的世界和不可见的人心。在这里，世界是透明的。观众的观看地位是超拔的。

电视的"优势观看地位"并非将受众预设为上帝，而是把他们预设为与主流意识形态相匹配的某种社会角色。这个社会角色在西方社会中是中产阶级男性白人。

电视参与者的视线差异表明了他们身份的不同。主持人在英文中的一种表示是"host"，其意为"主人"。而跟"host"对应的嘉宾则被称为"guest"（客人），这种身份的划定，既表明了电视的人格化特征和其社会权力属性，同时也佐证了叙事的客观性。这里能代表电视台的是主持人/记者。电视摄像机也给了受众一种"能力"——让受众看见、听见并理解这一切。"现实"在受众面前暴露无遗。

优势观看地位不仅将受众置于一个理想化的社会身份，同时也将他们建构在"一种想象的统一立场"，②"因此，他否定了矛盾的存在，或者说他提供了一个方法来解决以低级散漫等级结构表现的矛盾"③。现实主义不给受众机会去进行思考，而是将矛盾一并解决。"读者意识中的积极矛盾活动如果得不到解决，就会摧毁优势观看地位的统一立场，同时也会摧毁读者自以为全能的洋洋自得，使之产生不愉快和不确定的感觉，并产生一种特别的愿望：不仅根据文本，而且根据读者的社会体验来厘清这些矛盾。"④读者的这种"愿望"是必须要得到抑制的。加入现实社会情境的矛盾解决方法往往会导致激进的思维框架的产生和社会变革的冲动，这是社会意识形态话语必须要杜绝的。

（三）编码/解码理论

斯图亚特·霍尔的"编码/解码理论"实际上是媒体与意识形态关系的一种理论。大体上，他认为意识形态对于受众的解码起到了至关重要的

---

① 参见［美］约翰·菲斯克《电视文化》，祁阿红、张鲲译，商务印书馆2005年版，第40页。
② 同上书，第51页。
③ 同上。
④ 同上。

作用。他主张电视节目（并暗示所有其他形式的文本），都应当理解为"有意义的话语"。这些传媒文本或者符号非常复杂，无疑它们属于主流意识形态文化建构的一部分。这些"有意义的话语"，可以被受众用三种不同的方式来进行解码，霍尔把它们分别叫作"主导—霸权的"、"协商的"和"对抗的"。在霍尔的这一理论中，尽管表达了受众在解码时的能动性，但是依然暗示电视作为一种意识形态的话语表达，对受众的解码产生了主要的影响。①

　　按照斯图亚特·霍尔的理解（参见图5-1），编码过程受到编码者的知识框架、生产关系、技术设备等因素的影响，在此基础上进行的编码，形成一种结构——结构Ⅰ。在节目作为"有意义的话语"被传播后，解码者又按照解码者所拥有的知识框架、生产关系、技术设备等基础条件进行解码，得到解码的结构——结构Ⅱ。在这个过程中，编码和解码是一个过程的两个阶段，并且编码者和解码者所拥有的带有决定性的基础条件可能是不同的。因此，必然的结论是，编码的意义设定与解码的意义生成是不相同的。

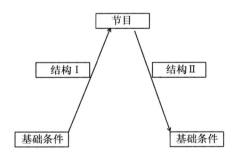

图5-1　霍尔的编码/解码理论图示

　　进一步地，斯图亚特·霍尔认为：传媒文本可以被受众用不同的方式来解码，他区分出三种"电视话语的解码可能得以建构"的立场——"主导—霸权的"、"协商的"和"对抗的"。在"主导—霸权的"立场中，遵循的是电视节目制作者的逻辑；"协商的"符号可能也是在这种框架中操作，但是它会在其中允许有不同的意见（如在经验的基础上，就可能会对主导框架的某些方面进行特定的挑战）；在"对抗的"立场中，编码的结

---

① ［英］阿雷恩·鲍尔德温等：《文化研究导论》，陶东风等译，高等教育出版社2004年版，第89—93页。

构可能遭到解码结构以"全盘相反的方式"进行直接的反对。

斯图亚特·霍尔的观点代表了一种对媒体信息与意识形态和权力之间关系的精细论述。媒体信息是复杂的，但它与以牢固确立的权力和影响的分配模式相关。媒介不仅是反映这个模式，而且从根本上表征一种对世界的独特看法和建构。信息通常被用主导或协商的符码来处理。它们可能会在细节方面而不是整体上受到挑战，这样，就存在"一个对世界的霸权性的理解和表征，他有利于有权势的群体，并且作为常识的一种形式，被大多数人所共享"。①

在霍尔的这些观点中，媒体被看作是通过意识形态的方式在发生作用。它们表征了一个有偏见的、其运作有利于统治群体的世界观。这些观点被看作是对马克思主义表征理论、意识形态理论的最精细复杂的发展部分。②

二 意识形态在职业传播中的发生机理

相较于其他社会科学理论，传播学理论具有一个普遍特点——其理论绝大多数是描述性的。描述一种现象何以能成为一种理论？这样的追问是有价值的。其价值在于迫使理论的创建者们去思考表象之下的深层意义。

加密、免名和分类表述了意识形态借助于文本的编码策略对受众产生影响的原因或机理。这三个理论的基本出发点是一致的：它们都秉承传者中心论；它们都把传播过程当作一种可控制的管道；它们都不言自明地将受众设计为缺少文化思考能力的人群。因此，在秉持受者中心论、传播场域开放论和受众决定论的传播学场理论学者看来，意识形态潜伏于文本策略的理论表述需要改写。

（一）意识形态隐藏策略重读

分类实际上是中外传统媒体都具有的文本生产现象。无论是报纸的版面、广播的时段还是电视节目的编排，都以分割组合的方式构成。编辑们首先把节目分割成小的单元，然后再按其重要性以及在时空关系上与受众

---

① ［英］阿雷恩·鲍尔德温等：《文化研究导论》，陶东风等译，高等教育出版社 2004 年版，第 89 页。

② 参见［英］阿雷恩·鲍尔德温等《文化研究导论》，陶东风等译，高等教育出版社 2004 年版，第 89—93 页。

的关联，重新把它们结构在一起。实际上，不仅是传播文本被分割和再结构，传统媒体的工作团队也被分割成不同的任务小组，并赋予他们差异化的专项任务。当我们关照网络媒体时，发现网页也延续了传统媒体的这种编排方式。

关于分类策略的第一个问题是：是不是一旦分割，总体就消失了？

这个问题实际上是关于部分与整体关系的问题。一旦把传统媒体的版面或时段分割成小的块状单元，受众在阅读时就失去了整体视域吗？显然不是这样。因为无论内容如何切分，最终在传媒可视界面都必须按照时间和空间组合起来。对报纸而言，一旦展开，第一版和第四版就在同一个页面上。要闻与软文同一时间就被读者尽收眼底。更不要说在翻阅多个版面时，人们具有最普通的记忆和联想能力。就广播和电视而言，按时间线性编排的各个部分依次出现在观众的视野中，人们观看到的一般是一个持续的过程。手中的遥控器不停捣饬之下，观众不仅看到了一个台节目的某些片段，甚至还看到了几十套、上百套节目的内容切面，所以他们看到的是每个特定媒体编辑眼中都不曾呈现的丰富性。

关于分类策略的第二个问题是：被分割的内容单元，其意义在被解读时，是否能追溯到制度层面？

这个问题实际上是关于现象和本质的关系问题。我们透过一个文本呈现的现象，能不能看到社会的本质？这个问题的回答当然是有条件的。从个别到一般，我们不能做武断的简单推演，但是从无数个别就可能推演到一般。关于医患关系的相关报道我们看到的个别文本可能是"无良医生致患者丧命""病人加害医生"、"病人无钱治疗而自杀"。当然一起医疗事故、一个弑医案或者是一件因病轻生的事件都只能让人们唏嘘。但是，不停出现在传媒上的这三类事件积累叠加，人们一定会去想：这到底是为什么？从现象到本质的思考是人类的基本思维能力。分类的方式可以分割文本的单元，但是不能分割人们的思维。所以"意识形态取用分类的编辑策略来禁锢人们的思维"——这显然不具有学理性。

免名被认为是意识形态隐藏其权力代码，从而遮蔽其话语力量以限制受众思维的一种方式。免名策略在中外传媒中也是一种普遍存在的现象。社会的权贵阶层总是在媒介报道中免去他们自己真实身份的称谓，并邀请受众用他们的视线来看待社会现象。

免名这一策略的实质是特定的能指和所指分离之后，能否在受众的语言实践中被重新连接？用中文来说更简洁，就是名实关系。

关于免名的第一个问题是，能指消失后所指是否显现？

　　在社会的语言实践中能指和所指是双向过剩的。也就是说，一个能指可能分配给无数个所指，一个所指也可能享有无数个能指。免名策略设定了在传媒中能指的消失，并进一步认为能指消失后所指也被隐藏起来。实际上，这也是一个需要限定才能成立的命题。不管你是否冠名，也无论你借用什么样的名头。社会有权阶层的存在是显著的。实际上恰恰是媒体显露了社会有权阶层的形象、踪迹、风格和能量。现实生活中，人们总是在历史文化积累中选择了一些不为传媒运用的能指来代称社会的有权阶层，比如，"达官贵人"、"权贵"、"高富帅"。要回答能指消失后所指是否显现这一问题的根本限制条件是：受众有无理解社会政治本质的能力。如果受众没有或者失去了这种能力，那么免名的策略就可能生效。如果确认受众具有洞悉社会政治本质的能力，那么免名的策略就会只是一种假想。从中国现当代历史来看，上述限定条件的两种情形都能找到例证。随着社会民众受教育程度的提升，人们领悟和思考社会本质的能力当然也会不断提高。因此，免名作为一种假设也会随着民众政治认知能力的提升而逐渐减小被证实的概率。

　　关于免名的第二个问题是，某些免名被替换为代称，受众能否理解代称的名下之实？

　　从中国传媒实践来理解免名策略，会发现有权阶层之名并没有消失殆尽，在媒体中往往变幻成了一些代称，比如"我代表人民枪毙你"这句话中的"人民"。确实在这些代称的能指之下，所指消失了。或是这些代称的所指在内涵和外延方面被扩展到失去了现实的对象。这的确为公众理解政治力量的本质设置了一些障碍。但是语言的实践就是这样不以人的意志为转移——社会的语言实践总是不断地结构化为话语。某些民间话语与权力话语就会发生错位。这些话语之间的比照，再观照到社会存在的现实，受众总是能够理解那些代称之下的真实所指。当然，有时人们的理解会是模糊的。不同个体之间的理解也不是均质化的。随着民间舆论场从街头巷议变成新媒体中的网言网语，最终人们会找到社会权力阶层的恰当能指。

　　关于免名第三个问题是，受众是否会轻易地被"邀请"？

　　免名的策略还在于，一旦有权者的身份被隐藏起来，就会轻易地"邀请"受众以社会有权者的视角来看待社会实践和社会现象。这样的现象描述在中国的媒介实践中也能找到两类佐证。一种是证实的，另一种是证伪的。现实的社会情形是受众的主体性日益多元。受众对社会深层结构的认知也越来越深刻。因此，邀请受众以有权阶层的视线来解读媒介文本的意义也越来越难。现实中，关于个体身份的自我认知实际上是一种常识。这里不需要太多的理性思维能力。将自己的个人身份从屌丝错配到土豪，当然会给自己带来虚荣的满足。然而回到社会情境就会是一种现实版的"江南 Style"——香车宝马、名媛豪宅无非是黄粱梦一场。意识形态的免名策略在现实中很容易被受众识破。"请把我埋在×××里"就是受众对免名意识形态编码策略的回应。

　　意识形态潜伏在文本中的第三个方法是加密。概括起来说，加密就是一些故事化的传播文本在言语和非语言符号，声、光、电等技术方式和人物、动作、场境等叙事代码三个方面将意识形态隐藏起来。其中最重要的是第三个层级的代码，即故事叙事当中的意识形态代码，比如说西方白种男性至上、个人主义与消费主义，自由与民主等。在加密策略中第三个层级的代码是核心，而一级代码和二级代码无非是对假定现实的渲染。加密的策略是电影、电视剧为代表的大型传媒文本中的一种普遍现象。

　　加密的核心问题是，一种被技术、艺术和叙事手段渲染和美化的意识形态是否能被隐藏起来，并向人们组织认同？

　　关于加密策略的第一个问题是，显现的意识形态和被加密的意识形态在传播效果上有什么区别？

　　对于影视文本而言，作为核心的是话语层面的内容。如果我们把意识形态看作是被权力加持的话语，那么意识形态就是影视文本最终的内核。好莱坞的许多电影都被认为"主旋律影片"。受众都知道其传播的是美国的主流意识形态和价值观。可是，无论文化保护主义如何强调全球化过程中的"文化例外"，好莱坞电影还是在世界各地畅行无阻、大行其道，攫取海量的关注和票房。分析起来，好莱坞电影恰恰是使用了加密的方法。那些俊男美女、速度激情、恩爱情仇总能吸引年轻受众的眼球。相较于美国电影，中国影视节目似乎没有运用加密策略的能力。意识形态总是赤裸裸地站出来宣讲，让受众觉得在受教育。从中我们可以看出，文本中被加密的意识形态相较于显现的意识形态更容易被人们所接受。但是，到此我们还不能得出加密策略发挥社会功能的结论。最终的结论还需要参考下一个问题。

　　关于加密策略的第二个问题是，人们在隐藏的意识形态文本中感知到的究竟是什么？

　　被技术、艺术和叙事手段包装、渲染的意识形态表达文本似乎更受欢迎。下面的问题是，观众在这些文本中到底看到了什么？是技术的？艺术的？叙事的？还是意识形态的内容？这是一个难以回答的问题。

　　即便是我们对某些电影进行数量最大化的问卷调查，也难以在一般意义上把结论推及所有的影视文本。但是在年轻人的观影经验中我们可以找到一些证据。当下年轻人去看电影，目的并非寻求深刻的意义而只是为了娱乐。人们似乎更愿意看像《速度与激情》这样的视觉奇观富集的影片。过去在电影理论中，我们认为电影的观影环境能够使观众情感和理智都到场，从而进入一种忘我的"白日梦"状态，唤醒内在的窥淫癖等潜意识本能，让身心都得到一次洗礼，从而形塑人们的世界观和价值观。但是，今天的观影实践却告诉我们，电影院已经是一个舒适、松散的黑暗聚会。观影不单是将情感与理性都投注到银幕上。少男少女们还将注意力分享给身边的伴侣，饮料和零食、窃窃私语和手机铃声构成了今天电影院的基本环境。在图像泛滥的年代，人们不会太忘我地投入到一个节目中去。影院的观影更像是在家庭中看电视，从昔日的凝视变成了瞥视。在这样的观影状态下，要让受众拨开各种隐藏意识形态的障眼法，领悟到意识形态的存在是难以想象的。可以说，加密的策略客观上也屏蔽了意识形态的显现，人们欣赏到更多的是精彩的情节、悦目的光影、悦耳的声音、精美逼真的图像。

加密的策略形象地说像是时下盛行的整容术。意识形态通过乔装打扮将自己隐藏在文本中，可是要让观众剔除掉整容术导致的美丽障眼法，而看到意识形态的真面目，绝非易事。加密策略似乎处在一种两难境地：赤裸裸的意识形态宣示令人厌烦；乔装打扮之后又让人们难识真面目。

（二）基于微观场理论的思考

传播学微观场理论是关于职业传播系统的理论，只不过它将传统媒体为代表的职业传播系统看作是一个开放的社会场境，并归纳了这一场境的开放场域、合并情境、表演仪式和社会规制等性质和功能。以微观场理论的基本观点来审视意识形态在职业传播场域的发生机制，会得到与分类、免名、加密等意识形态编码策略机制不同的结论。

1. 在开放的场域中研究意识形态

在微观场理论看来，职业传播也是在开放场境中进行的。任何传播活动从来都不曾发生在封闭的管道中。如果假定传授关系是一条封闭的信息管道，那么这条管道的每一个最小的场境和环节都与外部世界的权力体系有着横切面的复杂联系，自然地这条管道的封闭性就消失了。信息的传受关系管道里不仅到处渗漏，而且外部的因素也长驱直入——岂有封闭性可言。

从上述基本观点出发得出的结论是，意识形态既不可能在一个假想的、封闭的管道中被确定无误地生产出来，也不可能经由文本去确定无误地塑造人们的观念系统。恰恰相反，正是开放传播场域中弥散的意识形态实践生产了人们的观念系统和价值系统。如果说媒介文本生产还有什么确定性的话，那么这些确定性毫无意外地都来自发生在社会中的意识形态实践（传媒文本的生产可以看作是意识形态实践常态化中的一种方式）。同样文本无法准确无误地输送意识形态给观众。媒介输送意识形态的传播也没有确定性。影响观众意义解码的不单是文本，更重要的是受众的主体性以及主体性之下的社会场境。

上文的论述可以从以下两个方面进行阐发。

其一，意识形态无法以确定的方式潜伏在文本中。

从微观场理论来看，影响传播文本生产、传播、接收、解读的因素多元复杂，且无法控制。一个受访者面对记者会说什么？怎么说？一个事件在媒体中如何被表述？一个媒体怎样发表自己的言论？一个文本究竟能达到多少受众并获得有效阅读？一个事件报道的意义怎样形成？这一系列的问题都不能在传受关系的封闭渠道中去寻找答案。文本的生产总是受到各种各样的不确定因素的影响。意识形态借由传播策略潜伏在文本中的假设，会遭遇到不可控制的变量的影响，尤其是比较大型的传媒文本（如影视剧）变量更多。在生产的过程中，原始的创意在编剧们写作文学剧本时就可能已经发生了偏转。从文学剧本到拍摄脚本又会因为技术的和艺术的诸多原因而再次被改写。拍摄过程可能会受到资金、时间等因素的影响而省略掉某些篇幅。拍摄的效果和剪辑的效果也会受到人、财、物等方面的制约而难以控制。可见，一个传媒文本的生成是合力作用的结果。我们不能确认形成这些合力的所有因素都受到意识形态一致化的控制。

其二，编码者无法让解码者按照既定的结构去理解文本中的意识形态。

假定意识形态可以乔装打扮自己，潜伏在文本中到达受众。如果文本生产的过程都是可控的话，那么最终的意义生成的环节却无论如何不是编码者经过编码策略可以控制的。个体的主体性在文本意义的解读中所发挥的作用，相较于意识形态以及既定的文本而言，是更加具有决定性的。

从微观场理论来看，意识形态在介入传播的时间上是先在的，在介入传播的空间上是泛在的。我们反复强调意识形态早就已经经由家庭、学校、机关、社区等一系列的空间和渠道，弥散在社会场境中，并型构了人们对意识形态的基本态度。这种态度并非单一的，而是多元复合的。就某个个体而言，他在主体性中对意识形态的处理方式可能是支持的或反对的，也可能是既支持又反对；支持某些部分，反对另外一些部分；此时支持彼时反对，此间支持彼间反对。但是在总体上，社会个体会对意识形态会形成一种动态平衡的基础态度。这些态度决定了社会个体的社会行为，当然也决定了其在媒介生产和消费中的行为。这并不是说意识形态强大无敌，丝毫不会遭遇到受众话语的反抗。不了解中国的西方人会把中国的媒体看成是绝对的意识形态工具且毫无差异性。实际上这也是一种刻板印象。中国的文化人曾前赴后继地与某些非常时代的意识形态进行抗争，生产出具有反抗意义的传媒文本，并且成为社会变革的先声。在某些大的历史事件中，当来自上位权力的声音不十分明晰时，各个媒体也曾就同一社会事件发出不同的声音。中国媒体的改革步履维艰，每一次改革的冲动之下都会造就一批具有时代标志性的节目。一个社会的意识形态正是在这种认同与抗争的矛盾互动中达到平衡。对于整个社会如此，对于每个个体亦是如此。人们在处理社会问题时，意识形态总是自然地到场，给予人们基本的方式，并在多次循环之后变成人们的一种社会文化习性。正是每一个个体对意识形态的定见左右着人们对文本意义的解读，而非某一个单独的文本会在总体上形塑或颠覆人们的意识形态。

2. 从传统媒体功能审视意识形态

由于分类、免名、加密等意识形态的作用理论指向的是传统媒体，因此我们还有必要从传统媒体的基本功能来给出意识形态发生作用的具体路径。

微观场理论将传统媒体的基本性质和功能表述为四点，即开放场域、合并情境、表演仪式和社会规制。严格地说，社会规制是对传统媒体功能的概括性结论。相形之下，开放场域是对传统媒体性质的表述。合并情境和表演仪式是社会规制发生的渠道和机制。这里我们可以通过合并情境和表演仪式两个过程来理解意识形态的发生机制。

首先，意识形态经过合并情境的效应发生作用。

合并情境是微观场理论描述的意识形态发生的技术性机制。微观场理论认为，职业传播活动使得在物理时空中相对分散和隔离的权力关系被合并在一个具体的时空当中。这些时空可能是一个采访现场或者是一次演播室直播。参与其中的人无论是职业传播者还是嘉宾、受众都能够穿越闭合的现实空间，明晰地感觉到或近或远、或小或大、或弱或强、或形象或抽象的权力结成一种复杂的关系。这是一种奇妙的效应。某些人可能一辈子都没有进过电视台、去过报社的编辑部，也没有受到关于传媒构造的教育。但是，他/她总能感觉到权力属性的压力。在这些多元的情境和关系中，意识形态无疑是一种巨大的存在，亦会带给人们强大的压迫感。意识形态在权力属性上会被表述为远的、大的、强的、抽象的。因此，在与其他社会权力的构造中，意识形态独立占有了一极。它与处于另一级的其他属性的权力构成了传播场域中社会力学的基本构造和动势。

在职业传播活动中意识形态对某些环节的控制是有形的。这种控制比较容易看到，因此它的作用力已经被人们所熟知。意识形态往往通过制度、行业、组织、人事、教育等渠道直接影响或控制传统媒体的人、财、物等因素，从而达到对传播活动的控制。这一方面，我们通常会认为是最为直接和有力的。我们忽视的方面是意识形态对传播活动无形的影响。实际上这种无形的影响较之于有形的控制更加强大。意识形态的无形作用主要是对人的精神的控制。它通过各个渠道作用于每个个体从小到大、从年轻到老的整个人生过程。它告知每个个体什么是正确的、什么是错误的。它组织认同。它让个体感觉到某些力量是不能反抗和挑战的。这些作用并不通过可见的人、财、物的渠道在媒介实践中发生，但是他却在每个职业传播者和介入传播活动的人的内心给定了一些格式化的结构。于是，个体和意识形态就签订了合约。个体由于内心的认同或者恐惧，不得不采用"合适的"方式来参与传播活动。

合并情境的作用就是把意识形态对人先在的涵化、濡染一股脑地带到每一个场境和环节。这便是微观场理论解说的意识形态在传播中发生机理的第一步。

其次，意识形态经过表演仪式的效应发生作用。

传统媒体在现实世界搭建了一个巨大的超越时空的传播平台。这个平台由于人为的建构，技术和艺术的渲染，海量受众的在场，变成了一个表演的舞台。在这个舞台上，每个人都受到意识形态的先期导演，被安排了既定的程式和脚本。受众在表演和观看中，学习和领悟社会认同的后台机制。

回到"人们为什么害怕摄像机？"这个问题。在寻求答案时我们发现，人们并不怕作为机器而存在的摄像机，而是害怕作为文化而存在的摄像机。意识形态和主流文化搭建的万众瞩目的舞台，给参与者带来表演兴奋感的同时，也带来失误的焦虑感和对权力的恐惧感。所谓"害怕"就是这些复杂情绪的总和。

另一个向度是关于真人秀节目的思考。真人秀到底是记录还是表演；是人的社会性存在还是人的舞台程式。微观场理论倾向于认为，真人秀节目在本质上就是一种表演，只不过是既定的人在表演自己的身份。这就是王尔德说的"生活戏仿艺术"①。实际上,"表演自己的身份"已经是真人秀节目的最高境界。许多真人秀节目仅仅停留在"表演节目的脚本"。人的真实状态只有在完全不了解传统媒体的表演仪式效应的状态下,才可能出现。于是乎,一些电视台开始打孩子的主意。他们将那些对摄像机背后权力机制毫无认知的儿童拉入真人秀节目。这样节目就从表演自己身份的自主状态靠近了孩子生活的自然状态。但是总有一天电视人会意识到,将孩子暴露在未知而强大的权力关系中是何等的危险。这些孩子未成人便成了名人,未成人便成了富人。他们在接受鲜花和掌声的同时也早早地尝到不堪入耳的谩骂和侮辱。看似飘忽的权力关系,最终会以非常残酷和现实的状态作用在孩子们的身上——这不是预言,不久的将来我们会看到结果。

在传统媒体的表演仪式效应中,决定舞台程式的不是具体的人和机构,而是泛在的意识形态。意识形态早就对所有的参与者进行了先期安排,不断重复的媒介文本告知一个新手什么样的言行是可接受的、是恰当的、是没有风险的。

意识形态不仅导演传统媒体的表演仪式,还会对大型表演的现场注入庄重感、仪式感。任何一次媒介活动都是庄严的。城市中高耸的电视塔,灯火辉煌的现场,万众瞩目的节目,翩然而至的达官名流——这一切都型构了表演现场的神圣性,它让每一个个体感到渺小。人们的理性被现场的氛围所控制,在内心和行为上都表现出驯服。

表演仪式效应中意识形态通过媒介建立大型的表演现场平台,输入既定的程式,建立神圣和庄严的仪式感来规制人们的行为。这便是微观场理论解说的意识形态在传播中发生机理的第二步。

3. 从传统媒体的社会功能来观察意识形态

我们说传统媒体的基本功能是实现社会规制。而社会规制的效用既是通过文本实现的,也是通过特殊渠道和社会实践实现的。

首先,在最浅表的层面上我们看到社会规制是通过文本实现的。

文本当然承载意识形态话语。这就是我们惯称的宣传。但是,编码者既定的意义绝不可能全息地到达解码者。除了媒介文本生产过程当中的"损耗",文本意义的不确定性还来自于受众的多元主体性。在二元对立的思维中,我们看到的是对文本意义的认同或抵抗。实际上,在认同和抵抗

① 王守仁、胡宝平等:《英国文学批评史 = A history of British literary criticism》,南京大学出版社 2013 年版,第 196 页。

之间还留下了大量的"灰色地带"——在是与否之间可以分出无限多个层级。故而我们说文本实现社会规制的作用是有限的。

其次，在较为深入的层面上我们看到社会规制是通过某些特定渠道实现的。

合并情境和表演仪式这两个实现媒介规制的渠道是传统媒体根本属性的功能表现。职业传播中的采访现场、活动现场、仪式现场是这两个功能实现的基本场境。在这些时空中，文本尚未形成，当然就谈不上文本对意义的承载和传递。每个在场的参与者和经由媒体参与这些现场的人感知到的是事件本身。有些事件不是新闻意义上所谓的"新近发生的事实的报道"①，而是年复一年不断重复的特定时间节点的特定节目。富有严肃性、庄严性、神圣性的现场和仪式感，让受众生动地感知到意识形态的到场。从微观场理论来看，职业传播行为本身比文本有更强的意识形态规训功能。

最后，在宏观的社会层面上我们看到社会规制是通过社会实践实现的。

社会实践是丰富的，传媒实践可以看作是丰富社会实践中的一种。在社会场境中，传媒实践和社会实践往往相伴生，成为社会动员和组织认同的有效手段。就广泛意义上的社会实践而言，在特定的阶段有不同的特征。中国当代的意识形态实践在 1978 年以前表现为社会运动；而在 1978 年之后表现为社会动员。"改革"主题是通过中国共产党的历次代表大会昭告民众的。"开放"是通过国家参与全球全球化组织和活动来体现的。中国参加世贸组织的过程和主办"亚运会"、"奥运会"等重大体育赛事的实践，本身就是对开放政策的形象阐释。一般而言，社会实践总是和传统媒体的职业活动相关联。但在本质上社会实践具有客观性和先在性。而媒介报道则是社会实践的媒体再现。

总之，从文本角度去考察意识形态的社会作用机制，舍掉的是基于传统媒体特性的宏观视野。传播学场理论的微观理论既确认文本对意识形态传播的功用，同时也确认文本传递意义的有限性。如果说职业传播行为能够发生社会规制动能的话，那么这种功能的产生在很大程度上就离开了文本。承认传媒实践和社会实践对意识形态表达和组织认同的功能，在本质上就是将意识形态既看作一种观念系统，也看作是一种社会实践或社会运动。

---

① 陆定一：《我们对于新闻学的基本观点》，《解放日报》1943 年 9 月 1 日。

三 意识形态在社会传播中的发生机理

社会传播的概念包括狭义的和广义的两种。狭义的社会传播是指社会公众作为传媒文本的消费者所进行的传播活动。狭义的社会传播活动是相对于职业传播活动而存在的。而广义的社会传播是指以受众为主体的传播。在互联网背景下，受众既是传统媒体文本的意义在生产者，也是社会传播文本的直接生产者。

意识形态在社会场境中的发生机制已经超越了以经验学派为代表的经典传播学研究范畴。批判学派并没有把意识形态看作是一个传播范畴的概念，而是当作一个社会文化概念。因此，批判学派对意识形态的研究是一个具有发散性的概念。以宏观场理论来审视意识形态既有的同化策略和编码/解码理论，会得到一些迥异于经典传播学理论的新结论。

（一）同化策略的失效

所谓同化策略是对文献中提及的"接种"和"优势观看地位"两种理论的合称。这两种理论被认为是意识形态同化异质文化的方式。

接种的概念来源于医学。接种的实质是通过将少量病毒植入健康肌体以培养肌体对某种异质物质的免疫力。接种的策略也被表述为同化或者是缴械。原来是指资本主义社会的意识形态通过有限容忍异质文化的声音，或者是借用亚文化的符号来削弱异质文化对主流文化的影响，使主流意识形态在强大自身的同时，消除异质文化可能带来的不可控制的影响。

关于接种的第一个问题是，什么样量级的异质文化在接种过程中是安全的？

接种理论假定了意识形态的高度理性，以及对社会控制的绝对主动权。所以，也假定了居于权力上位的意识形态，可以随意地选取一定量级的异质文化作为"疫苗"注入到自己的肌体中，并能够确保这些病毒不对社会肌体带来破坏性的影响。这当然是一种理想状态。如果上述两个假定都成立的话，那么一种意识形态就可以千秋万世永远持续下去。当然社会也就永远太平和谐了。假定意识形态对异质文化的绝对控制是不符合历史常识的。从中国的历史情境来看，主流意识形态控制异质文化采用的是十分极端的手段。所谓"防民之口甚于防川"。此话表达的是统治阶级视民间话语为洪水猛兽。主流意识形态在对待异质文化时，很多情形下不是容忍和有限接纳，而是绝对排斥，甚至妖魔化。接种策略也许在西方社会中可以得到印证，可是在中国的历史文化和传媒文化中却很难找到正向度的证据。

关于接种的第二个问题是，什么样量级的异质文化在接种过程中是有效的？

意识形态在选取异质文化的疫苗时，更难拿捏的是分寸。保守的社会治理力量当然可以选取一个绝对安全的量级来为自己的社会肌体注射异质文化的疫苗。问题是，如果"病毒"的量级不够，就不能达到增强社会肌体免疫力的目的。但是多了就有危险。究竟什么样的情形才是恰到好处的。对于一个不可度量的社会肌体来说，要达到这种微妙的准确性，意识形态一定要成为时下话语中"神一般的存在"。

将一个医学概念直接移植到社会肌体中当然是具有想象力的。一般而言，许多在自然科学范畴内可控的因素到了社会场境中就会因为环境的复杂而变得不可控。当然，假设意识形态在操作社会肌体时具有外科手术一般的准确性，也与社会历史发展的基本事实相悖。

关于接种的第三个问题是，是否所有的异质文化都具有鲜明的文化特征？

异质文化的存在和表现方式中外不同、情形各异。西方的亚文化群体拥有怪异的发型、雷人的化妆、出格的服饰、暴力的铁钉。而中国的异质文化群体则常常不具有这些形式特征。在中国的社会语境中，甚至很难感觉和发现异质文化群体的存在。它们往往伪装起来、潜伏起来，聚散无常、行迹不定。1949 年以降的社会情境中还不曾发育出有社会理念和社会行动纲领的异质文化群体。从历史来看，中国的社会变革也不是潜滋暗长的进化过程，而是一种断裂式的革命。任何异质文化力量如果想要谋求社会变革的话，他们总是惧怕暴露自己的行迹。通过在主流文化场域借用异质文化的符号而达到"缴械"的目的，这样的设想在中国的传媒实践中也鲜有例证。如果异质文化没有标示性的特征主流文化就无法采集到那些符号化的"病毒"。所谓"接种"也仅仅是一种想象。

（二）解码方式的局限

编码/解码理论是斯图亚特·霍尔描述意识形态和媒体关系的一个理论。他认为作为"有意义的话语"的媒介文本，其编码结构和受众的解码结构是不同的。因此编码意义就不同于解码意义。受众解码的方式大概有三种，即"主导—霸权的"、"协商的"和"对抗的"。霍尔表示，媒体一般会通过主导或协商的方式来处理传播文本，以防止媒介文本在整体上被挑战。

霍尔的观点主要有三个：其一，编码结构和解码结构是截然不同的；其二，在正向、中立、反向三个向度设置了媒介编码和受众解码的可能性；其三，暗示媒体可以通过编码策略将解码控制在"主导—霸权的"和"协商的"两个向度，而避免"对抗的"解码发生。

关于编码/解码理论的第一个问题是，编码结构和解码结构真的没有关联吗？

编码结构和解码结构的差异，本质上是作品与文本的差异。作者在生产作品时，基于自己的知识框架、生产关系等基础性资源，当然会有自己的一套编码结构。一旦作品完成，就变成文本。而文本的意义完全是由受众生产的。受众作为一个复数的存在，当然会有多个解码结构，这些解码结构一定与作者的编码结构不同。传播学场理论认为：传媒文本一般都发生在编码者和解码者共享的社会场域中。编码结构和解码结构一定会因为相同的社会生态和文化语境发生一定的关联。

如果编码结构与解码结构截然不同，就是说媒介文本的生产完全不能知晓媒介文本的消费，那么任何一次媒介文本的投入就都可能会打水漂。实际上媒介文本的生产从来都不是撞大运。受众的话语结构总是通过各种经验而变得可感知。受众话语是结构性的也是生产性的。文本生产者除了能够感知到受众话语结构的状态，当然更可以感知到受众话语的生产性力量。你拍了某个类型、某个题材的电影亏得倾家荡产，难道你还不知道你的电影不被受众接受的原因吗？所以我们说，编码结构和解码结构一定是不同的，但又是相互联系的。它们发生联系的机制就是宏观场理论所说的共振。由于文本编码者和解码者都生活在同一个社会文化场境中，他们被相同的意识形态、话语、语言长期作用，雕琢出相同的或相似的文化结构。这种相同的内在结构就是产生共振的基础。

关于编码/解码理论的第二个问题是，正向、中立和反向这三个向度能否涵盖解码的复杂性？

斯图亚特·霍尔设置的正向、中立、反向三个向度的解码方式具有一定的包容性。我们平常说的左中右、上中下、前中后实际上都在凸显分向度的一体性。也许霍尔通过这样的分法也暗示可以涵盖在两个向度之间存在的没有被提及的单元。

但是，受众解码的复杂性远不是在一个平面上可以得到概括的。受众是复数的，所以受众的解码结构也是复数的。一个传媒文本可能会被生产出亿万不同的意义。我们把这种广泛的文际性比作星系。当然我们就无法把浩若繁星的意义放进三个"抽屉"。关于意义和意识形态的关系，传播学场理论认为是极其复杂的。2015年央视某主持人在饭桌上的一段闲谈被放在网络上广为流传，也给当事人造成了无可挽回的影响。从这个事件我们看到的是，每个人对于意识形态的态度是何其复杂。有接受、有反对；接受中有反对，反对中有接受。时空变迁，态度也在变迁。甚至可能沦为某种无意识。通过如此复杂的主体性生产出来的意义，就难以在向度上进行区分。也许"主导—霸权的"、"协商的"和"反对的"三种解码都会同时存在。受众解码的真实状态比简单的三个向度要复杂得多。

关于编码/解码理论的第三个问题是，传媒如何控制以避免"对抗的"解码发生？

斯图亚特·霍尔表示，媒体可以通过控制编码而控制解码。就是说媒体可以通过编码中削减掉那些可能导致全面否定的解码意义产生的因素，从而消除"对抗的"解码意义产生的可能。

这似乎是一个悖论：霍尔先否定了编码结构和解码结构的联系，现在又要通过编码来控制解码，那么到底编码结构和解码结构是否有关联。

抛开以上的悖论不谈，回到上文的结论。编码结构和解码结构是可以发生共振的。那么这是不是就意味着通过控制编码结构就可以控制解码结构了？

要回答以上问题，先要解决这样一个问题。那就是要确定解码结构的可感知性。

宏观场理论认为，受众解码的意义是可以结构化为话语的。然而，受众的话语和意识形态的话语绝不相同。意识形态的话语清晰明了，而受众的话语则由于缺乏表达空间、传播渠道、互动社区，以及受众参与传播的虚拟性和泛在性而变得模糊和不稳定。任何文本生产的编码者要想完全把握受众的解码结构都是不可能的。就是说，没有常胜的票房冠军，再牛的导演也有失手的时候。

接下来的问题，假设我们能够清晰地感觉到受众的解码结构，那么我们又能否通过编码结构来控制受众的解码呢？这又是一个玄而又玄的问题。如果作者的编码结构是"1"的话，那么受众的解码结构就是"N"，是无限大。要想用编码者的"1"去控制解码者的"N"那是绝对不可能的。文本的生产一经完成，也就宣告了作者的死亡。没有谁能够控制受众对意义的生产。因此，通过编码结构去控制解码使之不产生对抗，这一论断也就难以成立。

（三）基于宏观场理论的思考

1. 职业传播活动中意义的争夺

从宏观场理论来看，职业传播是两个前后相继的过程。第一阶段是从文本到受众的过程；第二阶段是受众生产意义和文化的过程。由于从信源到文本这一过程已经有了大量的研究，这里我们主要关注文本到达受众后的传播过程，从这一过程中来分析意识形态对各个不同的场域发生作用的机理。

（1）文本编码权的争夺

意识形态控制传播过程的最重要的方法之一就是控制传媒文本的编码权。这种控制根据中外的不同情形可以概括成硬控制和软控制。

在西方三权分立的社会中，编码权的控制主要是软控制。意识形态通过社会实践把自己的意志变成了公众的基本价值观，比如自由、民主、消费主义这些理念在西方的社会语境中就拥有者无与伦比的地位。长期的文化实践使得这些意识形态已经变成了社会共识和行为准则。表面上看起来，西方国家的传媒没有受到行政权力的直接控制，拥有着宪法和法律赋予的新闻自由，也拥有着反抗社会上位权力的法定权利。但是，西方的传媒一旦面对意识形态，就从社会的"看门狗"变成了主流话语的"绵羊"。当然这种变化是经过内生因素触发的。意识形态话语已经深入到每个传媒从业者和公众的内心世界，并成为了一种信念。就中国的传媒情境而言，意识形态对传媒文本的编码权的控制更多的是硬控制——意识形态除了经由话语来组织认同之外，还使用国家机器、行政权力、市场分配权等有形的手段来管理和控制媒体的文本编码权。这种控制方式还表现在条块分割、以块为主的行政管理模式。传统媒体从中央到地方被分级设立。不同级别的媒体拥有不同层级的文本编码权。一般而言，媒体往往被置于同级党委和政府的管理之下，以确保"上情下达"和"下情上达"。

上述的软控制和硬控制手段相对于在文本中植入意识形态，或者是利用某些同化策略来强化意识形态的社会控制而言，当然更加有力和有效。

（2）受众主体性建构的争夺

意识形态参与和控制社会传播活动的第二个手段是主导建构社会公众的主体性。

传播学场理论认为意识形态是一种泛在的、弥散化的社会话语。它不是在职业传播过程中生成的，也不仅仅存在于职业传播活动中。

意识形态既是符号话语又是社会实践。实际上每一个人从出生开始就不间断地受到了主流意识形态的影响。家庭、社区、学校、组织、宗教团体等无时无刻不在对个体进行着意识形态的加工和形塑。如果说人的主体性是由身份、话语和心理机制共同建构的话，那么让我们分开从三个向度来考察意识形态发生作用的机制。首先，我们来看身份。身份在初始状态是与生俱来的。一个个体是女性就不可能是男性。出生在一个国家就自然地成为这个国家的公民。这个家庭信仰什么样的宗教，他/她便最有可能成为这个宗教的信徒。我们看到人一生下来实际上就打上了社会文化的烙印。不是"人之初，性本善"或是"人之初，性本恶"，而是"人之初，性本然"——人一出生其主体性就已然完成了第一次定型。性别、阶级、民族、宗教这些身份符号从根本上来说都是文化建构的，因此意识形态通过对文化的控制，在人刚一出生时就参与了人的主体性建构。其次，我们再来看话语。意识形态就是社会中最强有力的话语。人的主体性是社会话语作用的结果。社会的语言实践告诉你什么是对的、什么是有价值的、什么是美的。这里我们可以理解为"不是人在说话，而是话在说人"。话语建构了人的社会规定性。最后，我们来看人的心理机制。每个人的心理机制当然跟生理、性格、气质等物质性的方面有着最直接的联系。但是使用这些物质性机理的却是社会话语。心理也不可避免地受到了社会话语的加工。意识形态往往是经由价值判断对人的心理产生重要作用的一个环节。阮玲玉的"人言可畏"就是社会话语的强大力量导致的个体心理崩溃前的遗言。

总之，意识形态真的不用潜伏在那些确定的文本中，也不用借用某些传播中的小伎俩来同化和影响受众。在传播开始之前受众已经被意识形态生产好了。受众是既定的社会传播的消费主体和生产主体者。每个人都是合格的演员。人们知道在意识形态导控的传播场域中如何恰当地来完成自己的台词和表演。

（3）话语的争夺

意识形态作为最富有权力的话语，并不能独立地存在于人类社会中。与它相伴生的是泛在的社会话语。这些社会话语的主体是所有参与传播的受众。传播学宏观场理论设定了意义场作为受众话语的集合，来表述受众参与社会传播的方式，从而型构了受众话语和意识形态话语之间的复杂对应关系。

意识形态话语是强势的，这是因为意识形态是被权力加持的话语。意识形态可以通过特定的社会制度、国家机器、行政机构、教育体系等强有力的社会控制力量来强化自己的存在。它可能禁止不同的社会话语发出声音；它可能对那些异质文化的表达者进行法律的制裁；它也可能通过自己掌控的舆论场域来使异质话语妖魔化。

社会话语尽管是被动的，但它们永远不会被消灭掉。社会中的受众话语像是意识形态话语的影子，是意识形态在社会中的投影。当一次意识形态的宣讲在社会传播场域中换来受众的"哈哈"或"呵呵"的时候，即表达了社会话语对意识形态的认同或反抗。意识形态的推拒力越大，社会话语的反抗力也就越大。只是社会话语更多地存在于人际传播和网络化的人际传播中，它不太容易构成宏大的传媒文本被允许在主流文化控制的传播场域中去表演和展示。

意识形态话语和受众话语的关系，某些时候或某些部分也并非是对抗的。正像存在于个体主体性中的话语结构的复杂性那样，社会的话语结构尽管可以从意识形态和受众话语的两级来加以理解，但是社会场域中还存在着非极化的空间，在这些空间中的能量和状态都是十分复杂的，不能简单在正、负两个向度上去看待和界分。

意识形态话语和受众的社会话语在社会传播场域中的动态平衡关系，相较于传播活动当中的那些具体策略和方式，更能给人们提供社会传播场域中的社会力学关系图景，让人们从结构上去理解意识形态的作用方式从而影响人们的解码态度。

（4）文化主导权的争夺

意识形态参与和控制社会传播的第四个方式是争夺文化主导权。

宏观场理论将文化场描述为被传媒文本激活的生活方式和符号系统，这只是理论建构的概念。文化作为一个社会场域，在广义上是指人们共同体的整体的生活方式和符号系统。因此文化具有更大的基础性。意识形态无论是在文化场还是在社会文化生态中，从来都没有放弃过对主导权的争夺。

意识形态争夺文化主导权的第一个途径是控制人们的生活方式。在福柯等学者看来，规制身体是规制思想的方法。精神疾病与道德妖魔都是话语生产出来的。意识形态想要控制人们的精神先要从控制人的生活方式入手。物质化生存是人类生活的基础。人生在世就必须要吃、穿、用、住。吃什么从来不是营养学决定的。穿什么也不仅仅是为了造就人的第二层皮肤。用的商品本身就是一种文化符号的载体。居住方式构造了人的基本的生活文化空间。意识形态正是通过形塑人的社会存在方式来型构人的社会意识，并进一步影响人们的思维方式。

意识形态争夺主导权的第二个途径是控制社会的符号系统。符号系统并非专指传媒文本。它包括一切可以作为符号而存在的物质载体，比如，广场、纪念碑、官员的着装方式、特选的色彩等。意识形态总是选择符合其话语的世间万物来建构一个人们可视、可听、可感、可阅读、可思考的巨大符号系统，并在长期的社会实践中强化人们对这些符号的能指和所指之间关联性认知。意识形态不仅运用语言，同时也生产语言。意识形态在参与符号的生成和传播的过程中，当然会采用许多的策略来使意识形态的表达更加有效。这些策略当然包含了分类、免名、加密这些传播策略，也包含了接种、优势观看地位等同化策略。当然不仅如此，意识形态在职业传播场域之外也无时无刻不在借用所有可能的方法和策略来实现自己对符号系统的控制。

在社会生活中，人的生活方式和符号系统不是分离的，而是一体化的。有什么样的生活方式就有什么样的符号系统。换言之，有什么样的符号系统就有什么样的生活方式。人本身就是符号化的动物。我们为生活中的一切赋予意义。因此，人的生活方式和符号系统是可以相互控制的。控制了符号系统也就控制了生活方式；同样，控制了生活方式也就控制了符号系统。

以上我们分析了意识形态对文本场、受众场、意义场和文化场四个场境的作用机制。这四个场作为职业传播活动的延续，是宏观场理论建构的基本传播模型。如果把四个基本场看成传媒文本生产和消费过程的节点，那么上述分析就是从这四个节点中找到了意识形态在传播过程横截面上的作用机制。就是说，宏观场理论为我们理解意识形态在传播场域中的作用机制提供了新的思考向度，也发展出新的理论。

2. 社会传播活动中话语的争夺

社会传播活动在这里是指以受众为传媒文本生产主体的传播过程。在这个段落我们将讨论受众话语和意识形态话语的互动机制。

基于新媒体的传播实践，宏观场理论认为受众已不再是职业传播文本的消费者，同时也不仅是传媒文本的生产者。互联网为受众参与社会传播提供了空间和可能。受众主导的语言实践当然也就型构出属于自己的话语结构。需要说明的是，受众的话语结构表现在网络舆论场中，却不发生在网络舆论场中。实际上，受众的话语早就存在于社会中。传统媒体在传播过程中，由于反馈机制的不畅和受众参与的有限性，导致了自上而下的单向度的传播。即便是那样，受众在消费传媒文本时仍没有停止意义的生产和话语的生产。只不过在互联网兴起之前，受众的话语没有一个可资传播的渠道和空间。受众话语发生于社会场中，却在网络中得到了实践的空间。正是网络的语言实践使潜在的受众话语被表现出来并使之结构化。网络是受众生产的意义最后结构为可感知的话语的重要空间。

对于意识形态话语和受众话语的矛盾作用关系，传播学场理论主要有以下观点。

其一，社会传播中意识形态话语控制失效。

社会传播场域指涉的是受众作为文本生产者（当然也是文本消费者）的传播场域。这个场域的发生主要是互联网支持的新媒体给人类提供了前所未有的开放传播空间所致。中国的传播情境中，意识形态对传播活动一直采用的是硬控制。意识形态运用国家强制力量等手段，直接干预和主导传统媒体的文本生产和传播。在互联网这样的开放场域中，昔日所有的硬控制手段全然失效，而新的软控制方法和路径尚未找到，因此意识形态在社会传播场域已经失去了在职业传播场域那样的绝对控制力。

从参与社会传播活动的角度看，受众已经脱离了意识形态导控的合并情境和表演仪式状态。微观场理论将传统媒体的功能之一定义为表演仪式功能。表演仪式功能指的是意识形态在社会场域中对参与职业传播活动的人进行的涵化和濡染，使其成为熟知社会权力运作机制的表演者这一实践机制。我们看到，是职业传播实践而非文本在主导着表演仪式的功能。

可是在社会传播场境中，受众参与的状态与前者大相径庭。受众面对自己的独享终端。多数情况下在个体的封闭空间中生产和消费社会媒体文本。由于网络的开放性和虚拟性等特征，使得个体处于自然状态。尽管受众作为社会的人也能感知到意识形态的力量，由个体主导和控制的文本生产和消费，总是可以机智地绕过意识形态的规制，发出自己的声音。就这样海量受众参与的话语实践就形成了专属于受众的话语空间。在这个空间中混沌的意义逐渐结构化，变成了一种带有决定意义和生产意义的话语集合。

受众话语的力量在媒介文本的消费中决定着媒介文本生产能否有效传播，也建构着社会的文化场。最有意义的部分在于，受众生产了自己。在开放的社会传播场域中，再不是什么别的观念系统在形塑受众的性质，而恰恰是受众自己生产和消费的文本形塑着自己的主体性。在受众生产文本、意义、文化和自身的过程中，意识形态的话语已经渐渐淡出。

从驾驭新的媒介手段看，受众已经意识到泛媒介的存在，并学习应用。社会传播场境不是仅仅存在在互联网中，而是包含互联网。在社会传播中，一切的物体、符号乃至身体都变成了传播媒介。研究者将女性暴露自己的那一部分身体（用以引发传播效应和效果）称为"乳媒体"。时至今日，一种有特色的身体存在方式和表达方式，一种无厘头的奇思妙想及其表达或一个社会事件都可能具有自我传播的动力。网络里或社会中的一些人和事并不是因为他们有新闻价值、文化意义，而仅仅是因为他们具有了某种异质性，就可能成为人们众所周知的人或事。这些人和事就可以积累起可观的形象资本，并在资本泛化的时代与经济资本、文化资本等进行交换。在这些生产性的过程中，意识形态往往不在场。这些在社会中如野草般疯狂生长的社会文化传播现象，与意识形态本身就是两种不同质的存在。潜滋暗长的社会文化现象一般不直接挑战意识形态，因此也不值得意识形态和主流文化大动干戈。而一旦意识形态的权力机制向这些文化现象发力，这些异质性的社会文化便会像水一般转换其存在的方式而避免被消灭。

从获取资讯渠道看，传统媒体文本场和社会场成为两个信息和意见的主要来源。社会传播活动的信息来源并不是在网络或街谈巷议中可以大量获取的。失去了职业传播活动的专业性，社会传播中的文本本身就呈现出碎片化的特征。来源不可考据，表述相互矛盾，观点千奇百怪。网言网语本身就是一种不着调的语言实践，它没有传统文本的仪式感和庄重性，沦落为一些星星点点的片段。社会传播文本生产的主要信息来源之一，还是传统媒体的媒介文本。报纸、广播、电视、通讯社等这些职业化的媒体，通过其遍布地球各个角落的触须，每天都在探测、感知世界发生的变化，并将这些变化形成媒介文本，经过专业的生产传播网络带入传统媒体的文本场。应该说，型构今天社会面孔的基本素材仍然来自于传统媒体，但是这些素材却不能型构出编码结构事先设定的社会面孔。网络的开放性使得社会场作为第二个信息源被吸纳到社会传播场境中。受众不是单独依靠传统媒体的文本来解读意义，而是基于自己的主体性和他们熟知的社会场境相比照来理解和生产意义。社会场作为一种客体化的存在，本身不会发言。正是网络的开放性使得社会场的状态幻化为那些碎片式的只言片语，飘散于网络之中，并逐渐型构出自己的面孔。应该说社会场在社会传播中的反应也是一种文本真实或媒介真实。当然，它也是一种"超真实"。社会传播型构出的社会的面孔，本身也不具有真实性和真理性。我们说，真实是黑洞，是不可感知的。型构我们脑中图景的是媒介真实。现在好了，我们看到了两种媒介真实：一种是职业的媒体提供的社会图景，一种是网络媒体提供的社会图景。这两种图景不是一个妈生的双胞胎，而是两个截然不同的，谁看着谁都奇怪的怪胎。在这里我们看到了意识形态话语和受众话语借助不同的渠道和生产能力型构出了不同的世界表征，并且进行着意义的对抗与争夺。

从媒体的使用情况看，自媒体正在取代传统媒体。1949 年之后的中国人，大约在自己的社会媒介实践中有这样的线性经验。早先我们只看报纸。后来有了广播和电视。在一个相当长的时间中报纸和广播、电视是并存的。紧接着情况发生了变化，电视脱颖而出。报纸和广播渐渐式微。再到后来，网络出现了。人们又经历了一段电视与网络并用的时期。现在，不管有多少人还保留着多种媒体并用的习惯，但是就年轻人而言，他们手里的手机就成了瞭望世界的唯一小小窗口。他们也通过这个小小的窗口发出自己的叹息与感慨，表达自己的快乐和悲伤。他们用自拍上传自己的美丽抑或美丽的形象，拍那些刚端上来的菜肴。就这样，手机成了人们的生活方式。现在的手机媒体处在一个 APP 过剩的时代。抛开那些功用性的使用软件，如购物的、游戏的、交友的，仅就信息的获取和传播而言，年轻人使用得最多的大约是微信和微博。微信型构了年轻受众们"客厅"，而微博则是"广场"。他们在微信的朋友圈中建立和保持周边圈层的人际关系网络，并获取和传播与他们生活最直接相关的信息。他们在微博中寻找新闻和逸闻趣事，来型构他们"今天世界的脸"。但是在职业传播人看来，现在青少年对世界、社会的了解是个人化的。许多人在选取信息时并不关心政治、经济、文化这些宏大的主题，而是循着自己的兴趣去寻找那些"好玩"的信息。有趣代替了有用，成了新的功利性。无论我们如何评价当代人的信息获取和传递方式，但是无可奈何的是传统媒体已经离人们的生活渐渐远去。不管在媒介融合的思路下，传统媒体有多少种网络变形，它们都再也无法吸引人们的普遍关注。我们曾经设想意识形态利用各种绝技潜伏在文本中对受众进行影响，现在传统媒体的文本都没有了有效的到达率，那么，意识形态的乔装打扮就成了白费功夫。

从中国网络媒体的基本生态结构看，已形成了两极对立的基本态势。网络作为一个开放的文化场域，本来应该包含着无限的多样性。但是今天，中国的网络社会生态却被断然地结构化了。在网络中，一派是拥护主流意识形态和主流文化的，他们无论面对什么事件都会发出与主流意识形态话语结构一致的意见，因此被对手污名化为"五毛"；另外一派是与主流意识形态完全异质的群体，他们无论面对什么事件都会发出与主流意识形态和主流文化相对抗的声音，因此也被对手污名化为"喷子"。这样的分化在知识界也出现了同构。一些遵从主流意识形态和主流文化的专家教授被对手污名化为"砖家"，而另外一派则总是从学理出发与主流意识形态和主流文化做"协商式"或"对抗式"表达，因此被对手污名化为

"公知"。无论是"五毛"、"砖家"还是"喷子"、"公知"，我们都可以清晰地看到，在互联网生态中形成了相互对立的两级。笔者没有考证过其他国家的网络文化状态，仅就中国的网络文化生态而言，这种两级对立的结构和态势基本可以看作是意识形态话语和受众话语在网络场域博弈的结果。学术研究没有义务将正义性指派给某一方或剥夺另一方的正义性，我们仅是从这种对立式的结构中展示出中国网络文化生态的基本特征。

其二，社会场域中受众话语与意识形态话语形成对等的两级。

首先，我们看到两个传播场域的对峙。以传统媒体为代表的职业传播场域和以网络媒体为代表的社会传播场域，型构出了两个相互对峙的社会信息活动场域。两个场域相互区隔又共同在社会场中发挥作用。职业传播场域一以贯之地秉持着主流意识形态的话语，依然采取居高临下的姿态，依然维护着其自身的专业性、庄严性和神圣性，依然加强着报道的深度和理性的形式感；与之相对的是社会传播场域疯狂生长着的受众话语，无可辩驳地维护着自己的开放性，坚守与生俱来的非专业性、夷平性和草根性，保持着的文本碎片化和非理性的形式感。每一个场域都在声言自己存在的合理性和合法性。两个场域在交锋中采取着不同的姿态。职业传播场域感知到受众的流失，在否定社会传播场域的开放性的同时又想利用这种开放性来强化自己的传播能力。但是主流媒体的网络变体在传播效果上总是事倍功半。相反，社会传播场域在借用职业传播场域的信息源的同时又不屑于与其为伍，它采用着包容一切的姿态，对其开放性的正义性和优势深信不疑。

两个传播场的分立与对峙造成了社会场域中总是能听到两种不同的声音，这种不同不是在同一个向度上的差异，而往往是背道而驰。这不能不说是一种耗散的力量。本着受众场域的话语结构去否定主流意识形态，或者是秉持着主流意识形态的话语去压制受众话语，都会造成社会文化的断裂。因此，控制两种力量的张力，就成了当下社会发展中的重要命题。

其次，我们看到两个场域的基本连接失效。职业传播场域和社会传播场域并不是没有联系的纽带。传统媒体的文本场既是职业传播的核心环节，也是社会传播的主要信息源。但现实的情况是，无论互联网运用了多少传统媒体文本，都会将其做解构化的处理，消解掉其原有的意义而生产出截然相反的新的意义。究其原因主要有两个方面。一方面，传统媒体的文本还保留着意识形态的硬控制烙印。那种居高临下的姿态以及强烈的工具特征，都使得受众将传播看成是一种灌输。实际上，数量巨大的传统媒体文本都秉持着真实性第一的原则，由于硬控制机制成为社会民众周知的事实。受众就对来自传统媒体的所有传播文本打上了意识形态烙印。理解到传统媒体的自说自话，无法达成预设的传播效果，就应该寻求改变。当务之急是要建立意识形态的软控制机制。当然，这是一个工程浩大的社会实践过程。另一方面，社会传播场域的非理性也是导致两个传播场接连失效的重要原因。网络上经常见到的情形是对阵骂战，不摆事实，不说理。各种污言秽语、人身攻击都试图污名化对方，使其失去话语权和话语的可信度。在骂声一片中，任何理性的声音都被淹没而不能发挥应有的作用。这一现象的产生在根本上与中国的民间知识分子缺失有直接的关联。中国几千年的历史中，社会治理一直秉持"皇权不下县"。县级建制以下起到治理和自我管理功能的是被称为士绅的民间知识分子。而在近当代的历史中，这一社会阶层逐渐消失。失去了中间地带，当然社会就只能在两级上进行构造。要么是拥护者，要么是反对者。要么"五毛"，要么"喷子"。因此重构中国的民间知识分子阶层，使他们成为公民的中坚力量，让他们肩负社会的理性和责任，让他们居中缓冲和化解各种矛盾，就成了当下和未来中国社会发展面临的另一个重要命题。

第六章　舆论场的结构与联系

　　舆论研究的思想渊源是从马克思、恩格斯、黑格尔、康德、卢梭、哈贝马斯等思想家，到李普曼、诺依曼、戴维森、拉瑟、撒门、普莱斯等各学科的理论家们的理论。舆论研究是一个跨越哲学、心理学、社会学、传播学等学科的研究领域。最新的论著来自于刘建明、陈力丹、喻国明、孟小平、陈汉新、潘忠党等人。尽管"舆论"被定义为"民意"、"社会表达"和"控制机制"等，但是它仍是一个"圣灵"般难以把握的概念。对舆论的"共同性"、"整体性"、"弥合性"、"理解性"、"持续性"、"社会性"、"权威性"等性质概括也具有较强的发散性。

　　舆论场研究的重要学者有项德生、刘建民、南振中、喻国明、王大明、刘九州等。南振中提出了民间舆论场和媒体舆论场"两个舆论场"的界分。①刘九州进一步提出了"三个舆论场"——政府舆论场、媒体舆论场、民众舆论场的分立框架。这里"舆论场"被定义为由个体/群体；事件/意见；能量/强度等构成的"时空环境"。②部分学者引入了西方的场域理论，取得了一些新的研究成果。这一阶段的"场"概念仍是一种范畴和时空的所指。"舆论"和"场"的复合很大程度上仍是两个学术概念的拼接。

　　网络舆论场研究是舆论研究和舆论场研究迁延出的一个新论域，也是互联网媒体发展中凸显的现实命题。网络舆论场的研究借用了考夫卡、迪尔凯姆、勒温、布尔迪厄等人的场理论。譬如余秀才将网络舆论场看成是"新媒体场、心理场、社会场"交汇而成的场域。③这里的研究已经突破了时空环境的范畴，开始纳入心理、社会方面的因素。网络舆论场的研究大

---

① 参见南方报业传媒集团、南方传媒学院主编《南方传媒研究 两个舆论场》，南方日报出版社 2012 年版，第 36 页。

② 参见刘九州、付金华《以媒体为支点的三个舆论场整合探讨》，《新闻界》2007 年第 1 期。

③ 参见余秀才《网络舆论场的构成及其研究方法探析》，《现代传播》2010 年第5 期。

体有两种出发点。其一是基于政府对网络媒体和舆论的规制；其二是基于网络对民主化进程的推动。

迄今为止，政府舆论场、媒体舆论场、民众舆论场等方面的研究取得了一些成果。学者们开始关注各个舆论场性质的研究。确立了不同舆论场之间的基本范畴和总体架构。个案研究，尤其是网络舆论场的个案研究有大量的论文面世。总体上，当下的舆论场研究呈现出一个特点和三方面的缺憾。所谓特点是学者们都倾向于将西方理论（尤其是场理论）运用于中国的媒介实践。缺憾之一是尚无法解决西方理论与中国情境的结合问题；缺憾之二是各个舆论场的基本属性、要素、结构等基本问题的研究尚未入题；缺憾之三是各个舆论场之间的关系还鲜有人关注。

一　四个舆论场的内部结构

借助传播学场理论，本书的这一章节拟对政府舆论场、传统媒体舆论场、民间舆论场、网络舆论场四个舆论场的内部结构进行探析，这四个舆论场是不同学者先后提出的。[①] 在定名时，为了区分"媒体舆论场"的新旧媒体所指的两个方面，故将其分为"传统媒体舆论场"和"网络舆论场"。这两个场域，性质差异较大，必须分设分论。在社会传播理念下，两个场前后相继构成了社会传播的两个方面。

本章的论述主要是为了洞悉每个舆论场当中主要的构成要素、基本结构以及权力关系机制。只有明确了各场内部的微观属性，才能在研究它们之间的相互联系时，找到那些带有根本性的连接因素。对于各个舆论场的研究可以看作是传播学场理论在舆论场研究中的一次应用。

（一）政府舆论场

1. 要素

政府舆论场本质上就是意识形态导控的舆论场域。其中主要的传播方式有组织传播和大众传播两种，也可以看作是组织传播信息在大众传播工具作用下的社会扩散。

政府舆论场中有以下几个主要的因素：其一是意识形态，其二是

[①]　参见余秀才《网络舆论起因、流变与引导》，中国社会科学出版社 2012 年版，第 80 页。

主流媒体，其三是特定文本，其四是主流话语实践，其五是特定对象。

其一，意识形态作为一个观念体系，在特定的人们共同体中是明晰的。这里不再赘述。在政府舆论场中，意识形态是最重要的因素。它决定了政府舆论场的基本性质、结构和社会力学机制。

其二，主流媒体实际上就是政府导控的大众传播媒介。在中国的传媒实践中，绝大多数媒体都属于主流媒体，或是主流媒体的分支。主流媒体是意识形态传播的主要信息通道之一。主流媒体的传播活动使得本来应该发生在政府机构内部的话语实践变成了社会话语实践。各个电视台晚间黄金档的新闻节目，都以党政主要官员的活动为报道内容。不同层级的官员在他们控制的媒体发出几乎相同的声音。主流媒体以其职业的传播行为，在社会场境中以行动的方式传递着意识形态的话语和威权。

其三，特定文本指的是两种文本。一种是政府文件；另一种是主流媒体生产的被意识形态和上位权力导控的节目。政府文件通过大众传媒"上情下达"，是中国传播情境中的常态。当然，政府文件一般不是原文照登或原文照播，而是变化为各种会议新闻讲话、言论出现在媒体上。节目在话语本质上是意识形态的言说。一些重大的文本甚至直接由政府组织生产或出资委托媒体生产。应强调的是，不是主流媒体中的所有传播文本在任何时间里都受到意识形态的导控。由于媒体的经济化功能，抑或是在一些特定的社会语境中，主流媒体也会生产出不受意识形态规约的传媒文本。当然也有一些传媒文本打着意识形态的幌子行赚取利益之实。但是脱离主流意识形态导控的节目文本仍属少数。

其四，主流话语实践是政府舆论场中独有的一个要素。主流话语实践在形式上表现为党政官员参与的各类会议、庆典、仪式等。按道理说，党政官员的工作状态不具有"新近发生的事实"的特性，不具有新闻价值，也没有在社会场域中传播的价值。现实的情形是，主流话语实践从机构内部的日常事项经过媒体拓展到社会场域，从组织传播扩大到了大众传播。这正是意识形态组织认同的有效方式。这种话语实践的社会化比具体的传媒文本所造成的影响要大得多。这就是微观场理论揭示的合并情境功能和表演仪式功能发生作用的具体方式。每一个社会个体都通过主流话语的实践这一社会活动及其在媒介上的表达来感知权力结构。

其五，特定对象是政府舆论场的传播对象。他们是信息的受者，也是权力机制作用的对象。这里之所以不用观众来表述，主要基于两方面的原因。一方面，政府舆论场的信息传播对象主要是公务员群体，也是我们寻常说的干部。所谓"上情下达"是要将权力上层的声音逐级传达到社会民众。但是一般的社会民众实际上对意识形态话语并不真正了解。就符号系统而言，意识形态的话语表达一般都是理论化和系统化的，要想接受这些高深的理论，就需要有一定的教育背景。所以，主流媒体新闻节目的主要传播对象首先是干部群体。另一方面，特定对象又是假定性的。主流媒体假定所有的受众都是认同意识形态话语的，因此运用了一种"优势观看地位"①的方法，试图造成传者、受者一体化的错觉。因此我们认为政府舆论场中的传播对象是特定的，是既定和假定的社会有权阶层。

2. 结构

政府舆论场的基本结构是自上而下按层级安排的。权力关系自上而下单向度发生作用。

就场内结构而言，政府舆论场的要素可以从上往下做层级构造。在大众传播流程中，意识形态居于最上位。它导控主流媒体。主流媒体按照意识形态的话语控制传媒文本的生成。传媒文本作用于特定对象。

在组织传播外化为大众传播的流程中，意识形态主导主流话语实践。主流话语实践及其传媒化过程作用于特定对象。我们也可以将大众传播和组织传播外化两个过程做线性理解——意识形态导控主流话语实践，经由大众传播媒介的特定文本，传递给既定和假定的受众。

就权力关系的向度而言，政府舆论场中的权力作用方向是从上向下的。上位层级对下位层级有着绝对的控制力量。下位层级对上位层级只能做有限的信息反馈。这就是宣传工作的内在机制。在中国的新闻学教科书中，理直气壮地声言"媒体是党和人民的喉舌"②，实际上就是对政府舆论场型构意识形态话语并发挥社会治理机制的宣示。

（二）传统媒体舆论场

1. 要素

传统媒体舆论场是指由报纸、广播、电视、杂志、通讯社等媒体构成

---

① 参见［美］约翰·菲斯克《电视文化》，祁阿红、张鲲译，商务印书馆 2005 年版，第 39 页。

② 参见朱国圣、林枫主编《马克思主义新闻观研究》，新华出版社 2010 年版，第44页。

的社会舆论空间。我们在微观场理论环节揭示了传统媒体的一个属性和三个功能，认为传统媒体的根本属性是一个相对开放的传播场域，具有合并情境、表演仪式和社会规制三方面的功能。

相对开放的场域既表达了对传统媒体传授关系封闭管道的否定，也表明了意识形态和其他社会关系对传统媒体在各个环节上的作用。

在分析政府舆论场时我们用了"主流媒体"，在这里我们使用"传统媒体"。我们又说传统媒体在某种意义上就是主流媒体。这可能会造成概念上的混乱。当我们用"主流媒体"这一称谓时，主要是强调传统媒体的意识形态工具属性。当我们用"传统媒体"这一概念时，主要是强调其信息通路、社会公器、文化场域、文化产业等方面的功能。也就是说，两种不同的称谓是对同一对象不同功能属性进行的划分。

传统媒体舆论场中主要有以下几个基本要素：其一，传媒主体性；其二，政治因素；其三，经济因素；其四，传媒文本；其五，一般受众；其六，失语的意义。

其一，传媒主体性是一种比拟性的说法。它比照的是人的主体性建构。在这里媒体主体性可以看作是由媒体在社会权力结构中的具体位置确定的，在社会传播实践中被二度建构的媒体的基本定位。定位也表现为媒介管理者对媒体的认知。一种偏激的观点认为，中国的媒体都是被权力控制的无差别的和均质化的。如同世界上没有完全相同的个体，世界上也没有完全相同的媒体。传统媒体由于自身的历史、功能、层级、文化、对象等方面的不同，总是表现出这样或那样的差异。媒体的直接管理者和经营者也不全然是没有理念的意识形态复印机。人的主体性与媒体的主体性相结合，构造了不同媒体的不同定位。这些定位可能表现为不同的受众，也可能是不同的内部文化，还可能是各种不同的风格。传统媒体的主体性决定了传媒文本的样态，决定了其在社会传播活动中的地位与影响，也决定了它们在职业传播和社会传播中的功能。

其二，政治因素包含无形和有形的两部分。无形的政治因素指的是意识形态话语、政治理念等观念性的因素。有形的政治因素指的是来自立法权、司法权和行政权的实际控制，还包括组织、人事、行业、职业等方面的上位权力的具体运作。把权力因素分割成有形的和无形的两个部分，更契合中国的社会实际。在社会中，并不存在绝对封闭的系统。意识形态话语和在其之下的权力运作并不是铁板一块。两者有同频共振的状态，也有背道而驰的可能。在权力运用环节上，意识形态作为一种话语力量，常常被有意无意运用、借用或是利用。社会话语最终是人的社会活动的结果，因此有形的与无形的权力可能是同质化的也可能是异质化的。我们一再强调，传播学场理论的研究更多的是参照中国社会情境。众所周知，中国的媒体和西方的媒体有较大差异。尤其表现在政治因素对媒体的直接控制方面。考察中国的传统媒体舆论场，就必须从根本上弄清影响中国传媒运作的重要因素。应该说，在所有影响传媒的外部因素中最重要的就是政治因素。

其三，经济因素也是影响传媒与传播活动的重要因素。它对型构传统媒体舆论场也是至关重要的。影响中国传媒的经济因素在具体形态上不是市场分配资源的结果，而是权力分配资源的结果。传媒资源一旦划定，影响某个媒体的经济因素也就固定了下来。在媒体的市场准入方面，我国还未制定出相应的法律。实践操作中，媒体作为党和政府的喉舌，具有一定的排他性。媒体是制度安排的结果。某一层级的党政机构只能以地域为名，兴办有限的报纸、广播、电视媒体。由制度安排形成的传媒市场在本质上不具有自由竞争的属性。传媒关注的经济风险并非来自于市场和竞争的不确定性，而是来自层级、性质相同的媒体之间的平行竞争。这些平行竞争表现为同一个行政区划内不同媒体的竞争，也表现为不同行政区划间相同专业媒体的竞争。比如说省级电视台之间的竞争。影响媒体的经济因素，说到底，是市场资源被条块分割后，在一个共同的国有资本系统内不同部门间的相互竞争。这种竞争是有限的。然而对于一个特定的媒体而言，经济因素却真实地关乎着媒体的兴衰荣辱。对媒体的管理经营者而言，他们关注的因素中除了政治因素以外，经济因素是最为重要的一个因素。

其四，传统媒体的传媒文本不是政府舆论场中的特定文本。在形式上它囊括了所有可能的样式；在内容上它也超离了意识形态话语的局限而变得有所发散。传媒文本的多样性，当然也是媒体主体性政治因素和经济因素作用于传播过程和传播经济化过程的结果。传统媒体的传播文本在总体上和本质上绝不挑战意识形态话语，而是在意识形态的话语规制下寻找丰富的形式和内容代码，使得传媒文本具有可读性、可听性和可视性。因为只有到达受众，才可能实现"社会效益"和"经济效益"。话语的控制和制度的控制也并非一个均质化的持续过程。有时紧一些，有时松一些。因此传媒文本在各个时期表现出不同的特性。从另外一个角度看，传媒文本也可以形象地被分成"规定动作"和"自选动作"。所谓"规定动作"就是我们时常说的命题作文。在农业生产中有一年四时，在媒介文本的生产中也有应时节而生的"应景文章"。这些"应景文章"以周年、5 年、10 年为单元，不停地重复循环。有时社会的政治、经济、文化动势，事件、周期也会制造出媒介文本的题材和题目。"规定动作"之外便是"自选动作"。"自选动作"就是媒体可以自由发挥的文本。随着民众文化消费能力的提高和文化市场的扩大，传媒文本有了更大的赢利空间。在资本逐利本性的驱动下，传媒文本的生产在经济化的过程中更加确认其意义。客观地看，两类文本同时出现在一个媒体上对吸引眼球、留住受众是有一定效果的。一个观众可能不喜欢看新闻，但是他钟情于电视剧。电视台节目按时间顺序的安排就使得观众的目光留在了特定频道上，长此以往便可能形成对某个特定电视台的收视偏爱。这样的情形也发生在报纸、广播等其他媒体上。

其五，传统媒体舆论场的另一个重要因素是一般观众。一般观众区别于政府舆论场中的"特定受众"。首先，一般观众是无差别的受众。传统媒体舆论场中的媒介文本并不像政府舆论场中的文本那样假定受众与自己意识形态的同一性。如果一个节目能够老少咸宜，那么对于媒体来讲就会获得社会效益和经济效益的双丰收。其次，一般观众就是大众传播中的"大众"。他们是被代言的。在传统媒体舆论场中，受众的主体性不是重要的考察项。受众从来都是遍布于社会各个角落，没有特性、眉目不清的一群人。他们如同一盘散沙，没有形成清晰的结构，也鲜有社会动力。由于传统媒体没有为大众的反馈提供足够有效的通路，因此大众的意见表达就被隔绝了。不仅如此，大众还常常在传统媒体中幻化成"人民"、"群众"、"我们"等这样的指称，在意见表达中被代言。传统媒体考察一般受众的作用，主要来自于间接地对到达率的统计，比如说报纸的发行量、电视台的收视率。在传统媒体看来，一般观众只是以自己的注意力而对其文本发生间接作用。只要受众接收到了，传统媒体的任务就完成了，至于受众的满意度等带有理性判断的参数，传统媒体无须顾及，似乎也无法顾及。

其六，失语的意义是指受众对传统媒体文本解读所产生的意义。因为这些意义缺乏必要的表达渠道和空间，因此既不能被媒体知晓，也很难在社会层面形成广泛参与的话语实践，当然也就无法构成具有结构性的话语。失语的意义是传统媒体的基本属性制造出来的。我们已经谈到传统媒体只需要考察节目文本的到达率，而根本不关注节目文本到达后可能产生什么样的意义。这是因为从本质上说，传统媒体舆论场的主要舆论向度仍然是自上而下的。媒体是权力机制设置的。这种设置确保了媒体在相对市场空间里的垄断性。因为竞争是有限的、市场是确立的，所以"皇帝的女儿不愁嫁"。广告商更是无法去顾忌受众对于节目的褒贬。只要受众看了节目，广告就达成了劝服传播的过程。① 对于传统媒体来说，节目既然到达了受众，加上文本是安全的，那么传播过程也就万事大吉了。在这样的媒体属性下，受众的意义变得无足轻重。位置是功能决定的。如果受众的解码意义在传播场域中失去了功能，那么也就失去了反馈的可能。

2. 结构

传统媒体舆论场的结构可以在三个层级做自上而下分布。当然这种分布也主要是考虑权力作用的机制。第一个层级是居于上位的传媒主体性、政治因素和经济因素；第二个层级是传媒文本；第三个层级是受众及其生产的意义。权力作用的向度是从第一层级到第二层级和第三层级。第二层级对第三层级有所影响，但是对第一层级作用轻微。第三层级的要素作为一种潜在的存在，有着层级内的运动状态，但是第三层级对于第二层级的反作用是有限的，对于第一层级则完全无能为力。

在第一层级中，媒介主体性与政治、经济两个因素相互作用，构成了有特色的权力结合体。在这三个因素中，传媒主体性是相对被动的。政治和经济因素既确立了传媒主体性的社会定位，同时也为媒介的运作开辟了政治经济空间，并给予其一定的约束力。总体上说，中国的传统媒体是政治因素型构的，也是经济因素规定的。表现为有限的主体性、有限的政治空间和有限的市场竞争。这样的建构方式确保了意识形态话语和上位权力对传统媒体的有效控制。同时，有限的市场也避免了市场化竞争所导致的媒体破产或经营困难。正是媒介主体性和政治因素、经济因素的共谋，形成了强有力的社会信息控制机制。

在第二个层级中的文本不是政府舆论场中的"特定文本"而是"一般文本"。它有形式、内容的丰富性，但是在形式、内容上也形成了规定动作和自选动作二合一的基本构造。"规定动作"文本和"自选动作"文本，既确保了意识形态话语的传播，落实了媒介的意识形态工具功能，同时又成全了媒介文本内容形式的多样性。体现了媒介的传播通道、社会公

① 参见［美］威廉·阿伦斯《当代广告学》，丁俊杰等译，人民邮电出版社2006年版，第8页。

器、文化场域、文化产业等复合功能。居于第二层级的文本是传统媒体相对垄断的职业传播活动的结果。文本的生产只在顾虑文本到达率时才考虑居于第三层级的受众因素。

在第三个层级中，受众及其话语本身是一种巨量的符号存在。所有的文本所形成的巨大文际性构成了意义的星系，并且结构化为有力量和生产性的话语。但是，在传统媒体舆论场中这个巨大的符号几乎被屏蔽了。受众除了注意力的生产性被媒体重视，并在实际上将这些注意力贩卖给广告商以换取媒体的经济利益之外，受众的那些意义和话语没有现实的效用。因此，从第三层级向第二层级力的传递就十分微弱。当然，第三层级跨越第二层级对第一层级的影响就聊胜于无。

（三）民间舆论场

1. 要素

民间舆论场是一个具有草根性的舆论场域。这个舆论场由受众、文本、意义和社会环境构成。这个舆论场是一种真实的存在，我们也可以明确地感知到它的存在。"民间舆论场"和"官方舆论场"的概念是由新华社前总编辑南振中对社会现象的归纳。由于职业身份，南振中先生清晰地感受到了官方舆论场的存在（本书中表述为政府舆论场），其本人也可以说是官方舆论场的重要参与者。当南先生来到民间，听到像出租车司机这样的草根阶层们的街谈巷议，他明确地感觉到有一个跟官方舆论场截然不同的民间舆论场的存在。[①] 但是，究竟什么是民间舆论场？似乎也不是一个容易回答的问题。民间舆论场的状态在现实中又显得飘忽不定，难以清晰地把握其要素和结构。

民间舆论场的第一个要素就是受众。实际上受众是民众这一概念在传播场域的代名词。民间舆论场中的受众既是传统媒体文本的消费者，也是意义的生产者。民间舆论场中的受众较之传统媒体舆论场中的受众，其社会阶层的概念更加清晰。他们不再是传统媒体舆论场中那一群模糊的人群。"民间"二字准确地表达了这个群体的草根性。他们无论在经济上、政治上还是文化上都处于社会的下层。当然他们也不是政府舆论场既定的传播对象。官方机构在政府舆论场对他们的对象假定也未必获得这个群体的广泛认同。由于缺乏文本生产的能力和空间，对传统媒体意义生产也没

---

① 参见毕一鸣、骆正林《社会舆论与媒介传播》，中国广播电视出版社 2012 年版，第 266 页。

有反馈的渠道和扩散的机制。因此，民间舆论场中的受众尽管其主体性从社会的权力规制中释放出来，但是也不能成为社会传播的主体。民间舆论场受众的基本性质决定了这个场域的性质。

民间舆论场的第二个要素是文本。这里所指的文本就是传统媒体生产出来的文本。这些文本在意识形态属性方面可能造成受众的反抗式解码。文本的丰富性也吸引了受众的眼球，构成了受众的资讯来源和文化娱乐的场所。

民间舆论场的第三个要素是意义。对传统媒体文本的多样化解读构成了民间舆论场中受众生产的丰富意义。然而这些意义无法沉淀成话语。原因在于这些意义的生产都是个体化的、家庭的、小团体的，无法构成语言实践的宏大场域。这些意义的传播方式基本上属于人际传播。当然，我们在定义民间舆论场时，将其看成是一个前网络时代的舆论场域。在网络媒体诞生之后，民间舆论有了发生和传播的开放空间，也表现出和前网络时代不一样的基本特性。但是民间舆论场中的意义较之网络舆论场中的意义或许更加丰富和多样。狭小社会空间中的人际传播相较于网络舆论场，也更能容纳极端的和尖锐的观点。民间舆论场中的意义可以看作是网络舆论场意义的来源。由于民间舆论场的意义是非结构化的，因此也就不具有话语的生产性和抵抗性。人际传播的基本属性也使其失去了庄重感从而沦为难登大雅之堂的闲聊、谩骂与泄愤。

民间舆论场中的第四个要素是社会环境。它包括了社会场和意识形态两个因子的交互作用。为什么要把社会场和意识形态两个不同质的因子放在一起？这主要是因为在民间舆论场中，意识形态的作用较之政府舆论场和传统媒体舆论场要微弱得多。意识形态话语在两个方面被民众感知。一方面是传统媒体的文本，另一方面是社会场域中的意识形态实践。这两个看似确定的渠道似乎为意识形态的作用提供了有效的路径，但是民众总是以自己的现实生活为参照，来审视和理解意识形态的话语和实践。民众最能够真切地感受到他们脚下的社会场域，也能通过自己的身份差异滋生出愤懑和挫败感。在宏观场理论中的两个环境因素——社会场和意识形态，是在互相印证、互相比对中生成的。民众不是天生的反叛者。社会现实与主流话语之间的落差是导致民间话语抵抗性的根本原因。

2. 结构

如果说政府舆论场的权力结构是层层叠加，自上而下的，传统媒体舆论场的权力结构就是自上而下并存在有限反馈的，那么民间舆论场的结构则是扁平的和相对封闭的。

　　文本传播到民间受众那里，民间舆论场的意义生产和传播就处在了一个平面的场域。受众生产出的意义在人际传播中不存在权力的向度。街谈巷议间只是聊聊天、说说笑、骂骂娘。唠完一阵嗑之后回到自己的生活场境中，该蹬三轮蹬三轮、该开出租开出租。民间的意义传播并不寻求实际效用，他们只是有限空间中的平等交谈。有时，民间舆论场也会型构出一些传播文本。比如"文革"中的"手抄本"和改革开放后的"段子"。"手抄本"是逃逸于意识形态控制之外的民间故事。它坚韧地选择了活字印刷以前的复制传播方式。由于其存在的异质性，在传播中往往需要传者和受者有极高的信任度。而"段子"一般是关于人身体的笑话或寓言。"段子"以反抗意识形态对身体控制的方式来获得传播的动力。"段子"的传播方式更是选择了非文字的口传方式。"段子"在熟人圈中的传播类似于互联网时代的微信朋友圈。

　　民间舆论场的意义生产还处在一个相对封闭的场境中。下层受众一无文本生产的能力，二无文本传播的空间。普罗大众想要跨越文本生产中的意识形态障碍、文化障碍、技术障碍、资金障碍、市场障碍，其难度可想而知。在前互联网时代，只言片语式的碎片化文本更不可能有传播的空间。"手抄本"和"段子"的意义生产只能看成是封闭的传播场域中的"渗漏物"。它们所形成的意义是片段性的，主要关照的是人的身体性本能。

　　形象地说，民间舆论场的结构就像"中"字。那"一竖"在口字上端进入的部分是传统媒体的文本和社会场域中的意识形态话语；那"一竖"下端是民间受众对社会场境的感知；而中间的那个"口"就是民间舆论场相对封闭的非结构化场境。民间舆论场与政府舆论场的异质性和对抗性，由于没有向外传播的通路，使得民间舆论场处于序乱的无结构状态。这种状态看似围闭和控制了民间舆论场的能量，但正像任何一个封闭空间中的能量一旦到了不可控的状态就会发生爆炸的危险，民间舆论场也存在着压力无法释放的危险。民间舆论场的非结构性也可以理解为非理性。这种非理性也是封闭的结果。民间舆论场的非理性也对其治理带来了难度。

（四）网络舆论场

1. 要素

　　网络舆论场是一个开放的意义表达的社会空间。网络舆论场在要素构成上相较于前面的政府舆论场、传统媒体舆论场、民间舆论场都要复杂一些。构成网络舆论场要素不是单独存在的，而是每个要素都由两个部分结构而成，并且两个部分之间还存在着差异性。这些要素包括：其一，两种受众主体；其二，两种文本；其三，两种意义；其四，两种环境。

其一，两种受众指的是作为文本消费者的受众和作为文本生产者的受众。"两种受众"是人参与媒介的两种形式。

作为传媒文本的消费者，受众并非传统媒体传播中的大众，而是将传统媒体意义生产社会化的一种受众。受众在这个属性中主要消费和解读传统媒体文本的意义，并将这些意义的生产导入更加开放的社会场域。他们在继承传媒意义生产性的同时，也将"大众"变身为"网民"，从而有了更多意义生产的自主性。

作为传媒文本生产者的受众，从他们参与传播的方式可以分成两种人。一种是媒介文本的生产者，他们直接生产社会传播场境中的传媒文本。有些人以"博主"和"大V"标示他们的文本生产能力。这一部分人是社会传播场域中的主体，甚至可以说是主角。他们打破了机构生产者在职业传播活动中对文本的垄断，将文本的生产社会化。另一种是社会场境中的文本消费者和传播者。一般地，这些人自己不生产文本。他们的方式不是生产文本，而是对媒介中的文本进行解读和转发。他们的生产意义在于对社会传播过程的生产。不可忽视的是，这些人推动了信息在社会场域中的流动，加快了信息扩散的速度，并且使某些网络传播变身为发生在社会传播场域的"传播事件"。可见受众在社会传播场域里的参与方式、功能和身份都有所不同，因此构成了一种复杂的舆论场要素。

其二，两种文本指的是在社会传播场域中，来自传统媒体的文本和来自网络媒体的文本。这两种文本同时在网络舆论场中发挥作用。

来自传统媒体的文本经过职业传播者的采集和加工，具有专业性、规范性、庄重性等特征。无论网民对传统媒体抱持什么样的态度，他们都依赖传统媒体文本来获得稳定的、可靠的信息源。稳定是传统媒体的强大机构提供的。可靠则是相对网络传播文本的缺乏考证而言。

来自网络媒体的文本是网络舆论场意义生产的主要力量。这些文本尽管表现出非专业性，缺乏来源的佐证以及碎片化和多样化。正是这些貌似杂草般疯狂生长的传播文本，承担了社会传播场域的意义载体功能。

网络舆论场中的传统媒体文本和网络媒体文本是两种异质性的存在。他们彼此关照、相互索引、各执一端、争夺较量。总体上，网络媒体的文本相较于传统媒体文本在社会传播场域中具有更大的文本量和更多的受众参与度，当然在整体上也有更大的影响力。

其三，两种意义指的是网络舆论场中的意义的两种状态——弥散化的和结构化的。网络媒体的意义构成十分复杂，不同的主体对相同的社会事件都有截然不同的意义解读。各种意义不受阻止地在网络舆论场中获得了无差别的传播机会和权力，因此我们将网络舆论场看作是众声喧哗的一个社会文化空间。

弥散化的意义正如民间舆论场的意义形态一样，其中没有任何结构和状态的呈现，看起来是模糊不清的一大堆巨量的符号。相较于传统媒体舆论场中的意义，网络媒体舆论场中的意义由于有了表达的渠道和开放的空间，其能量处于耗散状态中。对社会管理者而言，网络博杂但易控。网络舆论场中的意义总是能够通过文本感知和分析出来。

网络舆论场中另一种意义是结构化的，它表现为受众的话语。它使混沌复杂的网络意义形成清晰的、带有约定性的社会话语。这些结构的话语是社会舆论场中语言实践的必然结果，它型构出意义场的规模、状态、层级和指向。结构的意义具有强大的生产性和动能。生产性表现在受众的意义话语是决定文本传播是否可以完成的重要因素之一。受众话语总是和意识形态话语相左、相异、相反。受众意义的结构化使人们能够清晰地感受到受众话语的存在，因此可以作为社会舆论的风向标。

其四，两个环境是指在社会传播中的社会场要素和意识形态因素。这两个因素同时对社会舆论场发生着影响。

就社会场因素而言，它较之意识形态因素对网络舆论场的影响更大。从某种程度上说，网络舆论场中的意义是受众的社会经验与各种传媒文本共振的结果，社会经验和传媒文本之间可能因比较而产生意义的偏转。社会场为人们提供了生产意义的坐标和基础。

就意识形态要素而言，它在网络舆论场中的作用较之在政府舆论场和传统媒体舆论场被大幅度削弱。在网络中，受众对信息的选择、读解和表达都有了极大的自主权。传统媒体中对文本的质和量的控制，在网络传播中消失了。意识形态在社会实践中的那些仪式在网络传播中得到的不是具有庄重性的表达，而往往是被解构。

2. 结构

网络舆论场的基本结构是二元对立的。一边是受众话语，一边是意识形态话语。两者之间形成了一种矛盾的动态平衡。如果学术著作不排斥幽默感的话，那么作者要说网络舆论场"很二"。从要素分析中我们看到，所有的要素都是由两个因子构成的。就结构而言，它们的基本结构都如同正负电极般异质对立。因此"二"可以作为网络舆论场结构概括的关键字。

网络舆论场中最活跃的一级是受众参与传播所生产出的意义和话语。这是传播史上第一次民间的草根意志在社会传播活动中占据上风。民间的意义生产和话语生产有了一个开放的场域。在这个场域中，人们不仅参与传播活动，并且将传播活动纳入自己的生活，成为生活方式的一部分。受众话语的生产性和能量不容小觑。他们在一定程度上左右了网络媒体文本和传统媒体文本的生产和消费，不仅如此受众话语还经常和意识形态的话语唱对台戏。受众意义和话语总是能机智地绕过意识形态和权力的控制使自己滋生和发展。

网络舆论场中的另一级是意识形态话语。较之受众话语，意识形态话语在网络舆论场中相形见绌。网络的开放性消解了意识形态的控制机制。社会场的介入，又在实践层面为受众的意义生产提供了基础性的社会经验。意识形态在政府舆论场和传统媒体舆论场中的大开大阖的垄断态势已经消失了，代之而来的是不得不采取的协商姿态。就中国的网络舆论场而言，意识形态的削弱有两方面的原因。一方面是意识形态硬控制失效了。面对网络的开放性、虚拟性、泛在性等特征，所有借助政府之手的有形控制，都无法发挥出强制的效应。另一方面是意识形态的软控制并没有形成。主流意识形态还没有变成人们共同体一致化信奉的价值体系。某些权力对意识形态话语的滥用，进一步消解了意识形态的软控制功能。在网络舆论场中如何再造意识形态的控制机能，是中国当下理论和实践中重大命题，也显现出极大的紧迫性。

网络舆论场的二元对立结构也成就了网络舆论场两极对峙的文化生态。拥护意识形态话语的和拥护受众话语的两种舆论力量在互相攻击、争夺较量、污名对方。在两者的对峙状态之外，任何理性的声音都无法获得广泛的传播与认同。

二 四个舆论场的总体联系

政府舆论场、传统媒体舆论场、民间舆论场和网络舆论场在以往的研究中从来都没有被纳入在一个体系中来进行观察。它们之间有什么样的联系？联系的机制是什么？各场之间如何发生作用？它们对型构社会总体的舆论样貌分别有什么功能？所有这些问题都还没有获得解答。

传播学场理论拟在研究各场基本要素和结构的基础上来探讨和描述四个舆论场之间的总体关系以及两两对应的关系，寻求对上述系列问题的理论解答。

对于四个舆论场的总体关系，传播学场理论型构出了一个基本的结构图（见图6-1）来进行表达。

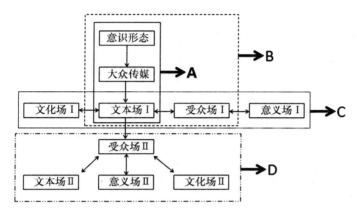

图6-1 四个舆论场关系

以下就图6-1所表示的基本内容展开论述。

（一）各场要素与结构

为了清晰明了地表述各个舆论场的内在结构和外部关系，图6-1中对各个舆论场的要素和结构做了筛选和精简。

政府舆论场（A）的因素有意识形态、主流媒体、特定文本、主流话语实践和特定对象，共五个。图示将这五个要素变换为三个要素——意识形态、大众传媒、文本场Ⅰ。"主流话语实践"和"特定对象"这两个要素可以在"大众传媒—文本"过程中得到表达，所以可以被省略。传统媒体舆论场（B）的要素有传媒主体性、政治因素、经济因素、传媒文本、一般受众和失语的意义，共六个。图示将要素表述为四个——意识形态、传统媒体、文本场Ⅰ和受众场Ⅰ。剔除的"媒体主体性"与"传统媒体"是同等概念。"政治因素"和"经济因素"是来自外部的要素，因此予以省略。民间舆论场（C）的要素有受众要素、文本要素、意义要素和社会环境要素，共四个。图示使用了另外四个——文本场Ⅰ、受众场Ⅰ、意义场Ⅰ和文化场Ⅰ。将"社会复合"要素（社会场、意识形态）看作环境因素略去。为了形成闭合循环模式，引入了"文化场"因素。网络舆论场（D）的要素有两种受众主体、两种文本、两种意义和两个环境要素，共四组。图示中替换为受众场Ⅱ、文本场Ⅱ、意义场Ⅱ和文化场Ⅱ四个要素，并与民间舆论场中的四个相同要素相区分。

在图6-1中，我们分别用A、B、C、D四个英文字母来指称政府舆论场、传统媒体舆论场、民间舆论场和网络舆论场，并将这四个舆论场的内在关联表示出来。

总体上，各个舆论场之间的关系模型，是基于传播学宏观场理论四个平行场域（文本场、受众场、意义场、文化场）和两个环境因素（社会场、意识形态）的结构关系的变形。我们可以把整个图示看成由两个横轴和一个纵轴组成的坐标。第一个横向的轴线是由文化场Ⅰ、文本场Ⅰ、受众场Ⅰ、意义场Ⅰ形成的民间舆论场。第二个横轴是由文本场Ⅱ、受众场Ⅱ、意义场Ⅱ和文化场Ⅱ构成的网络舆论场。纵向的轴线是由意识形态、大众传媒、文本场Ⅰ表达的政府舆论场。而传统媒体舆论场是政府舆论场和受众场Ⅰ相联系的部分。宏观场理论为场间关系的分析提供了基本的理论依据和构造基础。

（二）同名的不同场域

我们看到在图示中，文本场、受众场、意义场和文化场在不同的舆论场中做了必要的区分。

就文本场而言，文本场Ⅰ是传统媒体的文本场，它的生产主体是被意识形态导控的大众传播机构；文本场Ⅱ是社会传播场境中受众生产的文本集合，受众不仅是生产主体也是传播主体。就受众场而言，受众场Ⅰ是传统媒体主导的大众传播的受众，他们是被动的文化消费者，是英文中的 consumer；受众场Ⅱ是社会传播场域的受众，他们既是传媒文本的消费者，也是社会传播文本的生产者，所以在英文中他们是 producer 和 consumer 的结合体——pro-sumer。

就意义场而言，意义场Ⅰ是传统媒体导控的意义场，是意识形态话语诠释的意义，同时也包含了受压抑的、不被表达和结构化的社会场境中的泛在意义；意义场Ⅱ则是在社会传播场域中借由开放的互联网场域得到充分表达的结构化的意义。

就文化场而言，文化场Ⅰ是由大众传媒建构的文化场域，它主要是意识形态导控的主流文化和被屏蔽的民间文化；文化场Ⅱ是社会传播建构的民众共享的文化，我们也可以将这种文化称为网络文化。当然，享有共同指称的两个场域间也存在着复杂的共振关系。这一点在后续的研究中会得到阐述。

（三）场间联系的枢纽

四个不同舆论场存在着广泛的共振关系，可是就直接的关联而言，它们唯一的枢纽就是文本场Ⅰ——传统媒体的文本场。传统媒体文本场是政府舆论场传递话语权力的主要介质，是传统媒体舆论场的核心产品，也是民间舆论场中意识形态话语的载体，还是网络媒体中主要的信息源和文本再生产、意义再生产的资源。

文本场Ⅰ作为意识形态的介质容易理解，作为大众传媒的核心产品也容易理解。需要说明的是文本场Ⅰ在民间舆论场中的作用和在网络舆论场中的作用。

在民间舆论场中，文本场Ⅰ当然是意识形态的故事化表达。但是这种表达并不能垄断民间舆论场意义的生产。社会场因素和大众的主体性与文本场Ⅱ携带的话语结构交互作用才形成了意义场Ⅰ。只不过意义场Ⅰ在可显现的一面仍然是和文本场Ⅰ同构的；不可显现的另一面则是民间怨情。文化场Ⅰ也是一种分裂的存在物，它既有政府主导的官方文化也有街坊邻里共享的民间文化。在网络文化没有发生之前，上述两种相互区分、相互间离的文化构成了中国情境中的文化状态。

在网络舆论场中，文本场Ⅰ主要承担了信息源的角色，文本场Ⅰ完全失去了对意义的控制和垄断功能。意义场Ⅱ和文化场Ⅱ的性质主要是开放传播场域的受众话语和网络文化。需要关注的是文本场Ⅰ和文本场Ⅱ的关系，两者之间有着复杂的区别与联系。文本场Ⅰ是网络主要的信息来源，但是文本场Ⅰ无法垄断和控制网络信息的来源。文本场Ⅱ作为受众生产的文本，也具有信息源的功能。只不过与文本场Ⅰ比较起来，来自文本场Ⅱ的信息比较碎片化，缺乏专业性和可信度。在意义生产方面，文本场Ⅱ较之文本场Ⅰ更加多元。实际上文本场Ⅱ包含了对文本场Ⅰ的再生产以及文本场Ⅱ自身的文本生产和消费。因此，无论内涵还是外延文本场Ⅱ都要比文本场Ⅰ大得多。

传统媒体的文本场作为联系各个舆论场的核心环节，在现实中是可验证的。这个发现集中说明了传统媒体文本场的基础性地位，并且提示了传统媒体在社会舆论生产和控制具有的独一无二的角色和功能。现实中，我们讲到对网络舆论场和民间舆论场的控制，总是想通过"看得见的手"进行硬性的操控。实际上是忽视了传统媒体文本场在舆论规制方面的作用。

（四）场间的权力关系

前面我们已经分析过各个舆论场内部的权力结构。以此为基础我们就可以看到不同舆论场之间的权力共振关系。

政府舆论场无疑是居于权力上位的一个话语空间。它对传统媒体舆论场、民间舆论场和网络舆论场有着或直接或间接、或大或小的控制和影响能力。政府舆论场高高在上，它不仅反映意识形态的话语，也再现意识形态的社会运动。如果意识形态是弥散在整个社会空间里的一种话语，那么政府舆论场就是这种话语的发声器。政府舆论场型构了人们共同体的话语结构。它发出强权的声音，通过各种传播场域对意识形态话语组织认同。它对一切异质文化禁言，并不惜运用国家机器对异质文化力量进行打压和摧毁。

传统媒体舆论场是意识形态话语在大众传播中的活动场域。传统媒体舆论场将纲领化的意识形态进行故事化的编码。在体现意识形态的强权意志的同时，也衍生出多样化的大众传播文化文本。传统媒体舆论场也是一个拥有强大权力的场域。在位置关系中它仅仅受制于政府舆论场。对于民间舆论场，传统媒体舆论场采用的是剥夺其话语权、限制其空间的方式来进行抑制。对于网络舆论场，传统媒体舆论场尽管势微，但是在话语表达上仍采取了居高临下的姿态。传统媒体舆论场批判网络舆论场的杂乱和非理性。传统媒体舆论场以它庄严的仪式感和强大的社会规制能力行使着来自上位权力的舆论控制功能，并且与网络舆论场形成了对峙的态势。

民间舆论场在严格意义上不属于大众传播的范畴。人们可以感受到民间舆论场的存在，却无法找到系统的传播文本、清晰的传播场域和明确的意义结构。民间舆论场是政府舆论场和传统媒体舆论场在民间投下的阴影。如果说政府舆论场和传统媒体舆论场照亮了社会的光明面，那么当然也就型构了与之对应的社会阴暗面。民间舆论场在本质上是和意识形态话语相对抗。只不过这些飘散在街谈巷议中，经由人际传播方式扩散的、泛在的、非结构化的意义，无论怎样暗流涌动，不到社会重大变革的关口，它们都无法显现其能量。民间舆论场的能量不能显现，但并非不存在。居于权力结构下位的民间舆论场，其封闭状态如果不能得到能量释放的话，当然就存在引发不可控社会矛盾的危险。

网络舆论场在权力结构中，既居于政府舆论场和传统媒体舆论场之下，又居于民间舆论场之上。正如我们说，网民是一个人类社会中从未出现过的结构化力量。网络舆论场是这种结构化力量参与社会传播和社会实践的场域。在谈论网络舆论场在权力的结构中的位置时，是从定性角度考虑的。就是说在性质上，网络舆论场在权力结构居于相对中间的位置。单就场域空间而论，网络舆论场包含并运载了其他三个舆论场。网络作为一个以开放为第一特性的空间，具有包容所有异质性的特征。无论是政府舆论场、传统媒体舆论场还是民间舆论场都通过网络舆论场得到符号化表达。因此，我们也可以把网络舆论场看成是各个舆论场的公共舞台。回到网络舆论场的性质方面，因为受众在人类历史上第一次获得了文本生产、消费和传播的巨大可能和自由。因此，也型构出了意识形态话语之外的受众话语。尽管受众话语是一个没有得到权力加持的话语系统，但是其仍然拥有着强大的结构性和生产性的力量。

三　对应关系论

在对政府舆论场、传统媒体舆论场、民间舆论场、网络舆论场所型构的主体关系有了一定认知后。下面我们分别从每个舆论场与其他舆论场的对应关系中来分析场间交互作用的机理。

由于某些对应关系在上文已有涉及，所以这里将本着言简意赅、言尽则止的原则进行论述。

（一）政府舆论场与传统媒体舆论场的关系

政府舆论场与传统媒体舆论场之间的关系主要从权力关系、传播方式和文本样态三个方面加以论述。

就权力关系而言，政府舆论场对传统媒体舆论场具有导控作用。两者之间，政府舆论场是控制者，传统媒体舆论场是被控制者。政府舆论场提供意识形态的话语范本，传统媒体舆论场基于意识形态的话语范本进行大众传播活动。从微观场理论来看，传统媒体的大众传播活动在社会实践和文本生产两个层面实现着意识形态话语的社会规制功能。

就传播方式而言，两者也是有差别的。政府舆论场的传播形态是组织传播加大众传播。会议新闻作为一个数量巨大的文本类型，就是组织传播外化为大众传播的一种方式。组织系统中的话语生产，由于组织中各级公务员的主体性受到了控制，因此话语的霸权性更加得到彰显。仅有组织传播是不足以造成社会舆论影响的，组织传播必须通过大众传媒外化为一种广泛的社会信息传播活动。传统媒体舆论场的传播方式是单纯的大众传播。城市中高耸的电视塔是传统媒体大众传播的形象表征。传统媒体在传播活动中居高临下，同时高耸的塔尖接受着来自政府舆论场的指令。

就文本样态而言，政府舆论场运作的主要是意识形态话语文本。这些文本在具体样式上可能是文件，可能是大众传媒中的言论，也可能是大众传媒中的要闻。传统媒体的文本样式大致可以分为两类：一类是意识形态话语故事化文本，另一类是多样化的传播文本。在社会政治力量和经济力量的交互作用下，在受众的文化需求的催生下，传统媒体舆论场一定会生产出多样化的媒介文本，从而实现除意识形态工具功能以外的其他大众传媒功能。

（二）政府舆论场与民间舆论场的关系

政府舆论场与民间舆论场是两个截然对立的舆论场域。从权力关系、传播向度和传播方式三个方面，我们可以清晰地看到政府舆论场对民间舆论场的压制性。

就权力关系而言，政府舆论场居于上位，民间舆论场居于下位。政府舆论场把持了话语权。民间舆论场则失去了最基本的话语空间。两个舆论场之间的关系是不对等的。政府舆论场还把自己作为民间正义话语的代表者，因此民间舆论场就变成了某种具有非正义性的民意。

就传播向度而言，政府舆论场单向度地向民间舆论场传播意识形态话语。传播的渠道就是意识形态控制的传统媒体舆论场。在造成这种单向度的传播的同时，政府舆论场还切断了与民间舆论场之间的反馈通路，将民间舆论变成了一种潜在的、不可见的民间意见。

在传播方式上，政府舆论场采用了组织传播和大众传播两种方式。而民间舆论场的基本传播方式是人际传播。两者之间传播方式的差异造成了民间舆论场和政府舆论场并不能直接对话，因此导致了两者之间关系的强烈倾斜。在总体对立的关系中，民间舆论场是被压制的。

（三）政府舆论场与网络舆论场的关系

政府舆论场与网络舆论场的基本关系表现为间离与对立。

间离主要是指两个舆论场之间的信息不直接交流，而是通过传统媒体舆论场发生作用。间离也是单向度传播导致的。在"政府舆论场—传统媒体舆论场—网络舆论场"这个通路中缺少反馈机制。但是在通路之外的社会场境里，政府舆论场和网络舆论场都在争夺话语权。在这种争夺中，双方兀自展现出自己的个性。政府舆论场凸显的是威权；网络舆论场表现的是开放。意识形态话语的强权和生产性受众的话语力量分庭抗礼，而非以交流与融合的姿态进行协商。

对立的原因主要来自两个方面：一方面，意识形态话语和受众话语之间的异质性。两个舆论场都强调自己的合理性、合法性和正义性，而对对方进行有限否定。另一方面，政府舆论场还总是动员自己掌控的传统媒体为意识形态和政治的有形管控进行辩护。意识形态管控是根据意识形态话语所进行的网络控制，其在理念与行动方面是相一致的。政治力量则是多元的。政治力量大多数时候都打着意识形态的旗帜。作为有权阶层的社会操控，政治力量有时也会对意识形态进行借用，甚至是滥用。同样地，政治力量也运用其管控的社会媒体来声言其行为的合理性、合法性与正义性。这一切就不可避免地导致了政府舆论场与网络舆论场的激烈冲突。在网络舆论场的话语层面，人们可以感觉到网络舆论对于意识形态话语和政府规制的区分。网络舆论只反映某些词汇代称的、属于政府权力层面的社会控制，而对另一些词汇代称的意识形态的话语一般不做直接的对抗。当然，政府舆论场也试图借用网络舆论场的开放性和泛在性，为自己建构另外一个传播的窗口和新的舆论阵地。这些借由媒介融合进行的努力，由于官方舆论场的网络阵地不具有开放、共享、交流的基本特征，从实际效果看，并不为网民所接受。就是说，政府舆论场无法借由网络舆论场来发挥自己的既定功能。

（四）传统媒体舆论场与民间舆论场的关系

传统媒体舆论场与民间舆论场的关系较之其他场域要复杂一些。两者关系主要可以概括为源流、对立、控制、封闭四个方面。

所谓源流是指传统媒体舆论场和民间舆论场是一个传播过程的两个阶段。传统媒体舆论场是源、是因，民间舆论场是流、是果。

就源流关系而言，其表达的是传统媒体舆论场是民间舆论场的主要信息来源之一。个体的生活是社会化的，但也是有边界的。离开传统媒体的舆论场，个体既无法获取丰富的信息咨询，也无法型构出对社会的总体认知。在一个高度一体化的社会中，政治因素往往与经济、文化等其他因素有密切的关联。从传统媒体舆论场获取信息和观点，有助于个体减少在社会政治、经济、文化生活中的不确定性。股市可能因为一次政治会议所传递的意识形态的微弱变动而引发剧烈震荡。离开传统媒体舆论场，民间舆论就失去了基本的信息源，也失去了信息流的能量。关于能量，我们曾经表述过的另外一个观点，那就是传统媒体舆论场与民间舆论场是一个前后相继的过程，传统媒体舆论场诱发了民间舆论场的民意，继而民间舆论场将传统媒体舆论场中的大众传播变成了社会传播。只不过这里的社会传播表现出人际传播的特点。

就因果关系而言，传统媒体舆论场是民间舆论场意义和话语生成的直接原因之一。个体的思想和态度并非无缘由。它总要经过一些触媒来引起既定要素的变化，从而产生出新的意义。传统媒体舆论场就是为民间舆论场的形成提供思想资源的场域。某种意义上说，民间舆论场中的民意是传统媒体舆论场中结构化话语的社会化反映。

所谓对立是指传统媒体舆论场和民间舆论场之间的异质性抗争。这种抗争并非表现在话语层面。我们反复强调民间舆论场并没有形成清晰的话语结构。传统媒体舆论场与民间舆论场并不在话语层面进行较量。两者的冲突主要来源于传统媒体舆论场传达的社会规制效应与民众对社会存在的感知发生的错位。社会场在现实中具有强大的真切感。每个人都生活在自己赖以生存的社会环境中。不是"春江水暖鸭先知"，而是四时寒暑皆可知。个体对社会场的具体而真切的感知集合在一起，就构成了民间舆论场的另外一个信息源。当然，社会场的信息传播大多数时间不是经由确定的文本带来的。社会场的丰富性为社会信息的传递提供了各种泛媒介。传媒人类学将山川、河流都看作是传达信息的媒体。这种观点可以帮助我们理解社会场信息的传达机制。一边是传统媒体意识形态话语，一边是社会场传递的差异性的意义。对立就这样产生了。

当然，在对立之外，传统媒体舆论场与民间舆论场也有同向共振的方面。这一点主要是由于传统媒体舆论场的社会文化场域和文化产业场域属性所导致的。传统媒体中无关意识形态话语的那些文艺、体育、娱乐等方面的文本，对民间舆论场域提供了轻松的内容，带来了广泛的愉悦。正是由于这一点，受众才将注意力投向大众传媒，从而打开了两个舆论场之间的信息通路。

所谓控制是指传统媒体舆论场试图控制民间舆论场的态势以及实际的运作。

传统媒体舆论场的基本功能之一就是通过合并情境、表演仪式等手段来达到社会规制的效应。控制是传统媒体与生俱来的机制性冲动。无论这种控制是否能够最终达成，也无论这种控制在什么程度上可以达成，传统媒体舆论场对民间舆论场控制的冲动从来没有停止过。

就实际运作而言，传统媒体舆论场在某些时段确实达到了对民间舆论场控制的目的。实际上"枪弹论"也好、"靶子论"也好，这些媒介对受众强控制的理论绝没有过时。这些理论和其后产生的"有限效果理论"是在不同的时间中诞生的。但是它们对应的社会现象却不是按时间排列的。就是说"枪弹论"和"使用满足理论"可能同时在世界的不同人们共同体中发挥效用。传统媒体舆论场的话语霸权总是在某些时间可以控制人们的思想和行为。当然意识形态话语的社会控制不仅仅是通过传统媒体舆论场达成的。政府舆论场导控的社会实践及其在组织系统内的传播以及这些活动的外化，也是型构对民间舆论场整合控制力量的通道。

所谓封闭是指传统媒体舆论场在为民间舆论场提供信息流的同时有效地切断了信息的反馈机制和民间舆论场意义经由大众媒介扩散的可能。

一方面，传统媒体舆论场向民间舆论场注入信息，但却在技术、制度等方面拒绝信息从民间舆论场的回流。传统媒体的反馈通路是有限的。在这里，大众是被代言的。

另一方面，传统媒体还阻断了民间意义通过媒介和社会场域扩散的可能。传统媒体看似开放的空间，这又给民间舆论场的传播带来了某种可能性的幻象。实际上传统媒体舆论场早已经被意识形态话语和社会权力结构造就成一个可控的场域。英文中电视节目的主持人叫 host——表达的是权力对大众传媒的主位控制。作为 guest 的个体，即便是有机会参与电视节目，也绝不能直视镜头、畅抒己见。传统媒体舆论场对大众媒介的垄断也切断了民间舆论场的意义向社会扩散的几乎所有的通路。在中国的大众传播史上，媒体的社会公器功能从来不是一种社会化的运作，而是通过专属的媒体，在有限的程度上体现的。民意的传播失去了现代传播技术的支撑，只能沦落为一种街头的喃喃自语。人际传播的散乱、情绪化、非理性令人想到鲁迅笔下失去了阿毛的祥林嫂的喋喋不休。尽管民意的表达生动、真切、可感，但是由于其他的一些非结构性特征减损了理性、庄重和正义。

（五）传统媒体舆论场与网络舆论场的关系

传统媒体舆论场与网络媒体舆论场的关系可以在两个向度上加以考察。一方面是传统媒体舆论场对网络媒体舆论场的控制冲动，另一方面是网络媒体对传统媒体多向度的再生产。

传统媒体对网络媒体的控制冲动，在本质上是意识形态话语和政治权力控制网络舆论愿望的一种表现。居于上位的社会权力试图利用传统媒体舆论场来控制和制衡网络舆论场。这方面的理论和实践推进，从互联网诞生之日起就已经展开并且没有停止的迹象。传统媒体舆论场声言自己的专业性、合法性、合理性与正义性。这些"高大上"的自我加封，遭遇到网络舆论场的开放性和包容性立即土崩瓦解。这里用"控制冲动"主要是为了表达一种情态，而不是实际效果。上位权力运用传统媒体舆论场去控制网络舆论场的想法，也是一种无可选择的无奈。任何技术的、行政的、法律的等这些有形的、来自传播场域外的控制措施，在全球互联网时代显得缺乏法理性和正义性，实际效果也非常有限。因此运用传播手段来控制传播、利用舆论手段来控制舆论就成了社会控制的不二选择。

互联网以及新媒体的出现对中国的传播生态所发生的影响较之西方而言更加深刻。中国的传统媒体一直受到意识形态的管控。政府相关部门也习惯了对大众传媒得心应手的控制和运用。新媒体的出现不仅是增加了一种传播媒介，更加严重的是造成了媒介规制传统的断裂。面对在社会场境中发生的社会化的传播行为，过去的舆论控制方式失效了。在传统媒体舆论场和网络舆论场同时并存、相互对立的情形下，政府会更加本能地运用传统媒体舆论场来抗衡网络舆论场的民意影响。

网络媒体对传统媒体多向度再生产主要包括信息的、意义的、话语的和文化的。

就信息再生产而言，网络媒体舆论场对传统媒体舆论场注入的信息总是进行着再生产。一条来自传统媒体的新闻，总是会引发事件现场的各种碎片化的影像和文字的网络文本跟随在侧。我们看到了一种一多对应的关系：有限的传统媒体空间提供的特定信息，在网络舆论场中得到发散。有人说这是一个"全民记者"时代。网民的信息文本当然不具有专业性，泛在的网民永远不可能都成为职业的传播人，但是这并不妨碍网络对信息的扩大再生产。

就意义再生产而言，网络舆论场也无时无刻不在对传统媒体舆论场的意义进行着再生产。这种再生产又可分为直接的和间接的两个方面。直接的方面是对传统媒体文本的解构。在网络舆论场中，传统媒体舆论场中的文本不再具有原来的意义，而是被再生产成各种各样发散的意义。这些发散的意义并不是对传统媒体文本同向度的表达，而基本上是用一种谐谑的、搞笑的、颠覆的方式所进行的意义再造。间接的方面，网络媒体舆论场也不断地生产出自己的文本和意义。网络文本是由生产性的受众操作的。这些文本只在网络上进行传播，同时也变魔术般地生产出巨量的意义。网络媒体舆论场中的文本及其意义可能是传统媒体舆论场中的文本和意义直接或间接触发的，但是二者之间绝不相同。用再生产来说明网络文本和意义生产的过程，是为了表达其数量的扩散和意义的裂变。

就话语再生产而言，网络舆论场对传统媒体舆论场中的话语再生产是文本和意义再生产的继续。因此也同文本在生产、意义再生产表现出一致化的特征。传统媒体舆论场中的话语动势表现为意识形态话语自上而下的运动和作用。到了网络舆论场中，由于文本和意义的发散，话语也由自上而下单向度轨迹被打散重构为多向度的、发散的运动态势。网络舆论场中的意义尽管是结构化的，由于其数量巨大、场域开阔、生成速度加剧，使得网络中的受众话语呈现出一种活跃的迅变状态。网络舆论场中的话语看似总是和传统舆论场唱对台戏。实际上，网络舆论场的话语并非天生地与传统媒体舆论场相对立。受众话语并不有目的地直接反抗意识形态话语。由于受众话语的产生加入了社会场中的复杂因素，当然也加入了意识形态直接、间接作用的因素，网络舆论场中的话语是一种没有固定动势、没有纲领的自在自洽的话语状态。也可以说，受众话语与意识形态话语的关系是极其复杂的。它们可能对抗也可能同构，可能在局部对抗而在另外一些局部同构。如同不同的星系，它们在更大的系统中共生共存，呈现出异质性，也相互吸引和连接。

就文化再生产而言，网络舆论场主要是将传统媒体舆论场中的符号系统再生产扩大化，并使网络中的符号系统参与人们生活方式的建构。传统媒体舆论场中的符号文本就数量而言，相对于网络媒体要小得多。当然，传统媒体舆论场也生产出具有自己特性的符号系统。这种特性总体上是意识形态话语导控的结果。到了网络舆论场，其符号系统就失去了主导性力量的控制，而变成了各种权力关系广泛介入、交互作用的符号系统。网络舆论场的符号系统具有夷平化和包容性的特征。它否定了精英和权力的符号生产优势。它倡导"大狗小狗都要叫"。符号系统的各个部分可能互相对峙、截然矛盾，但是网络的空间足够开放、足够包容，因此，所有特质的符号系统都获得了无差别的存在和传播的机会，也被无差别地纳入再生产。网络舆论场对于符号的再生产不同于传统媒体舆论场的方面在于，网络舆论场符号系统更加真切地参与了受众生活方式的建构。主流文化由于其"高大上"当然也就曲高和寡；网络文化因为其平实、包容所以就更容易为民众共享。传统媒体舆论场倡导的主流文化是酒，但不是每个人都能够接受；网络舆论场生成的网络文化是水，却成为了生活的必需。网络文化造就了人们的生活方式和共享的符号系统的过程，受到了传统媒体舆论场的影响，但并没有被其控制。总体上说网络媒体舆论场中的文化是以传统媒体舆论场文化为参照的一种扩大再生产。

（六）民间舆论场与网络舆论场的关系

民间舆论场与网络舆论场的关系主要表现在三个方面：其一，同构；其二，外化；其三，结构化。

先来谈同构。民间舆论场与网络舆论场是具有同构性的两个场域。可以说网络舆论场是民间舆论场的网络反映，也可以说民间舆论场在网络中找到了通路，发生了变形。民间舆论场中的民意由于失去了大众传播的通道，因此形成了一个潜滋暗长的、非结构化的舆论空间。民间舆论场的民意属性和网络舆论场中的民意属性是一致的。这一点容易理解，因为民众与网民的内涵和外延在很大程度上可以相互覆盖。因此，网络中的民意大致可以体现社会场境中的民意。

再来谈外化。如果民间舆论场中的意义由于缺少大众传播的通道而被封闭的话，那么网络舆论场就为民间舆论场的传播提供了可能。我们可以把网络舆论场的民意看作是民间舆论场的民意的外化。外化的过程就是去封闭化的过程。网络空间使得民意获得了表达的渠道。表面看来外化的过程形成了与意识形态话语相对峙的受众话语。但是在社会意义上，网络释放了民间舆论场的能量，消除了民间舆论不可控制所带来的危险。同时，外化的过程也在某种程度上消除了社会民意的非理性。网络民意尽管也表达情绪，甚至表达某些失控的情绪。但是，社会场境中的民意所拥有的情绪更加强烈和复杂。人们受到理性文化的长期涵化，在运用文字等符号工具来加工文本的时候，总是会考虑到可能的文本传播情境，因此将情绪控制在可被社会接受的范畴。网络在外化民间民意的过程中，亦有限消解了民间民意的非理性。

最后来谈结构化。网络舆论场的话语是民间舆论场意义结构化的结果。我们说，社会民意是非结构化的。就中国的社会历史情境而言，直至互联网诞生，民意从来都没有获得过在社会场境中进行的话语实践的机会。未经实践震荡和沉淀的过程，民间意义还只是飘散于空中的尘埃。布朗运动是民间意义的常态。情绪化、碎片化、非理性是民间意义的基本特征。直到互联网的出现，才使得民意获得了表达的空间和机会。民意在互联网传播的过程中，受到社会场、意识形态，文本场、文化场和作为生产者、传播者的受众等多种因素的作用，获得了在社会传播场域再生产的机会，从而有了结构化的可能。当然，民间意义结构为受众话语的过程并不是一个一次性完结的过程。话语实践一直持续，话语结构也就在被持续地再构造。应该说，民意结构化的过程也对泛在于民间的混沌意义有反向建构的功能。就是说，结构化的网络受众话语也会使得民间意义结构化。因为没有传播管道，民间舆论场是封闭的。民间舆论场必须借助它在网络舆论场中的投影来感知自我的状态。我们说，民间舆论场是以人际传播为特征的、具有部落化特质的场域。我们又说，网络舆论场具有"重新部落化"①的效应。实际上可以理解为，具有部落化的人际传播方式与网络传播方式具有某种共振的属性。无论民间舆论场中的意义还是网络舆论场中的话语，既是兀自变化又是相互作用的。

民意一旦结构为话语，就有了能量和生产能力。社会话语一经被生产出来，就成为社会传播的主导力量之一。

四　网络舆论场治理研究

网络治理研究是当下新闻学与传播学研究的重点。每年的国家社科指南在"网络治理"这一范畴都罗列了为数不少的选题方向。研究的紧迫性在于，网络舆论场实践的快速发展为管控和治理提出了许多新问题。总体来说，网络舆论场提供的公共话语场域，已经大大地溢出了昔日传播活动"可管可控"的范畴。网络舆论场话语与意识形态话语和政治权力话语所形成的反差，也为社会管理阶层带来了一定的焦虑。网络舆论场不仅表征了社会矛盾，也为社会矛盾的呈现提供了载体。更重要的是，网络舆论场的语言实践使得民间意义结构化变成了具有生产性和社会动力的话语力量，并且型构着以网络文化为标签的符号系统和生活方式。网络已经成了社会传播的核心场域。早先的传播学经典理论还不能解答这一场域中的现实和理论问题。因此，目前文献呈现的网络舆论场治理研究还缺乏基本的学理性，总体上也没有切入网络舆论场的内在机制，有隔靴搔痒之嫌。

（一）现行的治理策略

1. 来自外部的有形治理

总体上，现行的网络治理策略基本上是来自网络舆论场外部的、有形的。这些方法大致包含了技术的、法律的、行政的和组织的。

技术方面可感知的管控方法，主要是通过技术进行内容控制和传播渠

---

① 石义彬：《批判视野下的西方传播思想》，商务印书馆 2014 年版，第 183 页。

道控制。内容控制方面常用的方法是关键词屏蔽。某些带有"敏感性"的字和词会在输入时被控制。实际上，这种方法达不到任何控制传播内容的目的。一个简单的缩写或变体就能轻易地瓦解屏蔽。另外，这种控制手法的简单粗暴不具有任何合理性。对传播渠道的控制最典型的就是防火墙。它将"墙内"和"墙外"分割开，使得某些官方认为不宜被大众接受的内容被屏蔽起来。这种方法严重影响了互联网的开放性，在实践中也没有任何实际的管控效用。在全球化的今天，人员流动日益频繁，信息传播的方式也日益丰富多元。想用防火墙的方式来阻止信息的传播就如同竹篮打水。由于在全球共享的信息知识框架中，维护和保持互联网的开放性已经成了一种国际义务，因此这些内容和传播渠道的非理性控制还会带来不良的国际、国内影响。

法律方面主要是通过立法来惩治网络诽谤。2013 年 9 月，最高人民法院、最高检察院出台了关于办理利用信息网络实施诽谤等刑事案件的司法解释（以下称《解释》）。该司法解释通过厘清信息网络发表言论的法律边界，为惩治利用网络实施诽谤等犯罪提供明确的法律标尺。《解释》规定，利用信息网络诽谤他人，同一诽谤信息实际被点击、浏览次数达到 5000 次以上，或者被转发次数达到 500 次以上的，应当认定为刑法第 246 条第 1 款规定的"情节严重"，可构成诽谤罪。这一司法解释被俗称为"500 转入刑"。① 在执行过程中也受到了诟病。从信息传播角度看，谣言或称不实信息的来源主要是因为信息不透明、不对称。用立法的方式来阻碍信息的开放性，恰恰会导致不实信息的传播。网络作为开放场域一定会包容各种不同的信息，而点击 5000 次或转发 500 次这样的信息传播幅度全然不是个体可以掌控的，也会被恶意群体利用。从点击和转发的数量设定来说似乎也没有科学依据。《解释》还为选择性执法提供了可能。《解释》实施的实际效果也引发了官员、学者和民众对该条法律合理性和正义性的质疑。

行政方面主要是运用各种行政手段，或是行政手段操控的技术手段来控制网站内容和个体参与网络传播的资格。这些手段常见的是对网站进行处罚，屏蔽某些博客、删帖、封号等。采取某些必要的行政手段来管理网络传播活动本无可厚非，但是目前网络管制部门采取的这些行政手段都没

---

① 人民网：《两高关于办理网络诽谤等刑事案件司法解释》，2013 年 9 月，http：//news. ifeng. com/mainland/special/qinhuohuo/content－3/detail＿2013＿09/09/29450224＿0. shtml。

有相应的法律依据，实施这些行政管理手段的人也没有得到明确的赋权，不具备合法的资质。网络中的行政管理手段充满了随意性，因此也受到网民的吐槽。

组织方面主要是建立网络评论员队伍。表面看来网络评论员在网络上发表与主流意识形态和政府一致的言论，可以抑制网络中存在的异质言论。但是在实际操作中，由于网络评论员的文化素质和理论修养参差不齐，也导致了一些负面的效应。一些网络评论员对持不同意见的网民进行谩骂和侮辱；一些被器重的网络评论员或写手缺少必要的文字修养和理论素养。这些人在网络上的行为不仅没有为网络治理帮上忙，反而恰恰帮了倒忙。

2. 缺失分析

现行的网络治理策略，总体上来说是外部的和有形的。还没有找到内部的、无形的、切中网络机制的手段。造成网络治理策略缺失的主要原因，分析起来有两个方面：一是网络治理的目的不明晰；二是对网络舆论场的基本属性缺乏认知。

网络舆论场的治理目的究竟是什么？网络是社会传播的重要场域，它在本质上是一个开放的信息空间，在内容上是社会存在的网络反映。因此，网络舆论场的治理本质上是社会治理的一部分。我们在上面的分析中已经反复阐述了这样两个观点：网络舆论场是民间舆论场的外化；民间舆论场中的民意恰恰是社会场、意识形态相互作用的结果。从这两个基本结论可以看出，即便是将网络舆论场控制到"中规中矩"的地步，社会中的民意并没有就此消失，而是被压缩在了人际传播的狭小空间。如果社会矛盾不断激化，那么民怨沸腾就不可避免。因此从"网络舆论场治理本质上是社会治理"这一观点出发，就不能要求社会的多样性不被网络的多样性表达。从某种程度上说，民意的宣泄恰恰有减压的功能。网络舆论场的异质话语恰恰指示了社会矛盾的基本向度和程度。了解网络民意可以使社会治理不再闭目塞听，而是变得有的放矢。另外，网络舆论场的管理一定要有"场"的意识。传播学场理论认为：场的基本特性就是异质力量矛盾作用的动态社会文化存在。应该理解为：网络舆论场一定会呈现不同力量的作用机制。消灭了其中的一种力量，这个场无论作为物理的存在，还是社会的存在也就瓦解了。"场"作为社会空间，其基本的功能就是一定的开放性和包容性。它必须允许各种异质要素的普遍存在。强行的干预起不到预想的结果，还往往会适得其反。网络舆论场管理的目的就是要维护社会矛盾的动态平衡，要让各种矛盾在博弈中处在一定的张力范畴之内，而不是引发张力的加剧，更不是导致张力的不可控。

网络舆论场的治理应该采取什么样的手段？鉴于上述分析，传播学场理论认为，网络舆论场的治理应该更加注重从场内的基本要素、结构和动力机制出发，采取场域内部的手段和方法，注重培养内生性的力量，以达成消解矛盾张力、促进动态平衡、造就文化繁荣的目的。

（二）基于传播学场理论的思考

1. 抓住文本环节

从各场关系的基本图示可以看出，传统媒体的文本场（即文本场Ⅰ）处在四个舆论场的枢纽地位。它既肩负着信息传播的功能，也承载着意识形态话语。因此，网络舆论场的治理首先要从传统媒体舆论场的文本着手，发挥文本场Ⅰ对网络舆论场的引导作用。就网络舆论场的信息来源而言，传统媒体舆论场的文本是主要的信息源之一。目前，传统媒体文本场无法对网络舆论场的文本消费和再生产产生作用的主要原因，是其两极分化的文本场构造。

就中国的现实情境而言，传统媒体文本场的文本大致可以分为两类。一类是意识形态话语导控的文本，另一类是纯粹的娱乐文本。这两类文本对网络文本生产的导向都是非理性的。

就意识形态文本而言，那种居高临下的、不容辩质的文本内容和形式在网络中往往不被受众接受。这种状态恰恰诱发了网民的反感，使得具有生产功能的网络受众对其进行颠覆和解构。人们说某某节目的主持人"不说人话"，就表达了这种效应。"不说人话"既是指文本的内容太过于强制武断，也是指文本的形式过于矫揉造作。

就纯粹的娱乐文本而言，由于无法在言语与语言、话语、意识形态之间找到平衡，因此变成了为娱乐而娱乐的低俗文本。我们常说好莱坞电影也是主旋律电影，只不过好莱坞电影在意识形态话语和故事化表达之间找到了完美结合的方法。好莱坞电影的符号运用、艺术手法、叙事策略无不在表达意识形态话语，但却为受众喜闻乐见。而我国当下的娱乐节目却把受众当作"文化傻瓜"，生硬的奇观运用往往让人目不忍睹。传播学场理论认为，奇观是人类叩问生存意义的一种方法，其本身无关高尚和低俗。奇观展现了人和内心、人和身体、人和社会、人和自然之间的深层关系。奇观的展示也需要考虑受众的接受能力。娱乐节目的文本分类就是一种理性的选择。文本分类既承认了人类有探索一切的自由和能力，同时也考虑到了不同人群的阶段适应性，在本质上是对人的尊严的尊重。失去分类的纯粹娱乐文本所造成的絮乱恰恰与意识形态话语相抵牾。这一点极具讽刺意味。在电视编排的线性过程中，前一分钟意识形态话语还在正襟危坐，后一分钟纯粹娱乐文本就一丝不挂——这样的文本传递到网络场域，当然就成了一种笑话。

最值得警惕的是文本场非理性的另外两种情形。一种是善意忽略，另一种是恶意借用。善意忽略是说，由于意识形态话语拒绝讨论，因此在传媒文本中只做灌输不予说明。就是说，为了不造成麻烦，所以不在文本中讨论意识形态的合理性、合法性和正义性。这种回避的姿态使得人们对意识形态话语敬而远之。意识形态话语是束之高阁的一类"官话"，而不是人们经由理性思考而得到的价值共识。当然，这样的结果也就导致了意识形态的软控制失效。恶意运用是说，媒体出于自身的经济目的，将滥用的奇观裹藏于意识形态的话语包装之下，打着意识形态的旗号行捞取金钱之实。许多抗日神剧就是这种恶意借用的例证。抗日神剧恰恰利用了意识形态的爱国主义话语，将民族灾难变成了一个奇观的容器。善意忽略和恶意借用严重歪曲了意识形态话语，亦颠覆和摧毁了意识形态的正义性。

无论是传统媒体文本场的两极分化，还是非理性的善意回避和恶意借用，都在本质上预设了传统媒体文本在网络舆论场中被解构和颠覆的可能。要让这些文本去完成有效的意识形态传输，那就是一种不切实际的奢望。

传统媒体的文本场必须回归理性。这些专业化的、系列化的甚至是大型化的媒体文本，应该成为受众喜闻乐见的"有意义的节目"，并经过人们的眼球直达人们的心灵，真正能够在情感和理性两个方面型构人们对意识形态话语的认同。

2. 变革传统媒体

传统媒体变革是早就存在的命题。实际上 1949 年以后中国的媒体一直在各种社会力量的触动下寻求变革，时至今日传统媒体的变革变得更加迫切。媒体变革是两种力量倒逼的结果。

从大的方面而言，是互联网为基础的新媒体蓬勃发展的迫力所致。多年来，国家治理机构对于传统媒体一直采取一种硬控制模式。但是随着新媒体发展，对传统媒体的强制管控已经没有了实际的意义。管控传统媒体的目的就是为了防止异质文化发声。今天新媒体本身就是一个异质话语广泛存在的场域。按住了葫芦浮起了瓢。在宏观效果上已经无法达到通过控制媒体的方法来控制舆论的目的。一边是互联网的众声喧哗，一边是传统媒体的噤若寒蝉。以这样的悬殊，传统媒体何以在社会传播中发挥导向作用？

从小的方面说，是网络舆论场治理技术手段的要求。前文我们谈到，传统媒体的文本场是各个场域之间的联系枢纽，也是网络媒体的主要信息来源。作为唯一的交流端口，传统媒体的文本当然也是场间交互作用的唯一通路。传播学场理论的网络舆论场控制思维，倾向于使用媒体内生力量而非外部力量。通过传统媒体的文本场来导控网络媒体舆论场是一种有价值的选择。

基于以上两点提出下面四个变革策略。

其一，发挥媒体主体性。主体性原是指个体基于身份、话语和心理机制对社会自我存在的基本认知。将这一概念移植到媒体上，即是指媒体对自己社会角色定位和功能的认知。在强控制作用下，中国的媒体寻求的是对权力的一致化服从，基本上没有主体性可言。一种观点认为，埃及的金字塔绝非奴隶所建。因为人在极度自信和愉悦的状态下才会生产制造出精美绝伦的物质产品。自由既是发展的目的，也是发展的手段①。要让传统媒体发挥社会舆论整合功能，就必须赋予它们自由的主体性。承认各个媒体之间由于要素差异所形成的社会定位和功能差异，让它们各展其长，各美其美，共同营造出一种蓬勃的媒介生态。只有这样，传统媒体才能焕发出强大的内生性的力量，创造出无与伦比的精美文本，将意识形态话语有机地转译为故事文本，逐步型构人们的价值体系，并将这些体系内化为自己的精神力量和社会行为准则。

其二，扩大准入门径。从小步快走、以缓进触动变化的思路出发，在尚不能将开放媒体准入提上议事日程的现实状态下，仍然需要逐步地向社会降低兴办媒体的门槛。允许符合资质的个人和社会力量创办和经营媒体。这一策略提出的根本原因也是新媒体的广泛涌现。我们知道在互联网新媒体中，个体或机构想要生产和传播信息文本，几乎受不到任何限制，更不需要去某个行政管理部门申请准入。实际上，某些个体已经开始以"公民记者"的身份投资和制作可以引发广泛社会关注的大型网络文本。一方面是对传统媒体准入的封闭，另一方面又不得不对互联网媒体的全部开放。两者之间形成的反差，最终的结果是导致传统媒体在社会传播中居于下风，无法发挥其应有的社会规制功能。逐步放开大众传媒开办和经营的准入门槛的前提，当然是要尽快出台《新闻法》，对于媒体创办者的资

---

① 汤剑波：《重建经济学的伦理之维：论阿马蒂亚·森的经济伦理思想》，浙江大学出版社2008年版，第16页。

质在法律上的明确规定。在宪法和法律的框架下，逐步解决某些长期悬置的理论和现实问题。这当然是依法治国理念在新闻传播领域最重要的实践。

其三，放开内容审查。内容审查作为一种制度，其发挥效应的社会土壤已不复存在，实际上也达不到应有的效果，因此必须放开。尤其是要放开对内容的事前审查。如果不是所有传媒的内容都可以被放置在内容审查的一致化规制当中，那么拧紧了小龙头，放开了大水喉，不仅控制不了内容信息的流动，反而会让有专业性、有社会理念的媒体禁言失声。从实际运作来看，内容审查的执行者并非都具有较高的社会政治理念、专业素养和知识背景。有些审查完全是以个人好恶来替代本来就不明确的审查标准，使得优秀的作品被腰斩，或者被再造成拙劣的文本。一般的传媒内容审查者，秉持的最高原则是"不出事"。这个原则的出发点不是从社会理念出发，而是从规避管理部门的责任和个人的责任出发。只要能脱责、不找麻烦就万事大吉，因此宁严勿松。由此便导致了上文对传统媒体现状的分析中提到的那些尴尬。如果不能一步到位取消对传媒内容的审查，至少应该变事前审查为事后监管。对传媒文本画出合理、合法、合情的红线，一旦某个机构的传媒文本撞线，机构的主要负责人和文本编码者就要为此付出代价。相形之下恐怕这样的管控方式更能使所有人明确标准，建立自我约束的内在自觉，也会使得管理更加一致化和规范化。

其四，营造传统媒体文化生态。如果一个森林里只有一种植物，那么它就无法形成一个有机的生态，迟早要失去活力，走向衰亡。自然界如此，社会场域亦如此。传统媒体舆论场作为一个社会信息场域，当然应被看作是一个有机的生态系统。它应该能够自我修复、自我完善、自我发展，并发挥应有的社会功能。传统媒体绝不能简单地成为意识形态话语的复印机。如果那样就一定会形成社会的刻板印象，而使得传播及文本失去社会公信力。在发挥现有媒体主体性、逐步放开市场准入、设立必要的法律法规以营造基本秩序这样三个前提下，营造传统媒体舆论场的文化生态系统便是水到渠成的事情。总的来说，就是要让参与大众传播的不同媒体在意识形态话语之下，逐步型构出自己的社会理念，并将这种社会理念转化成媒介实践。把传统媒体从意识形态的传声筒、"肉喇叭"变成社会主流文化的创造者和引领者，让意识形态的话语母题诞生出丰富的社会话语和文本样态，型构民众的共同价值理念，从而实现意识形态的软控制。

3. 培植网络专业媒体

微观场理论认为传统媒体的根本功能是社会规制功能。这个功能发挥效用的渠道有两个：一是媒介的专业实践；二是传媒文本。媒介实践是将意识形态话语植入社会公共场域更加有效的路径和方法。思考网络舆论场规制最基本的向度，就是将传统媒体的社会规制功能移植到网络媒体中来，或者在网络媒体中创生社会规制功能。接下来的问题就是，什么样的网络媒体堪当此任？这些媒体通过什么渠道发挥社会规制效应？

首先是网络媒体的主体性问题。传播学场理论认为，网络专业媒体应该是在网络中发育和生长起来的，以生产传播媒介文本为主业的媒体。

这样的媒体现在还不存在。一方面，现在所谓的网媒多半只提供一个传播的平台，并没有将以新闻为主的各种传媒文本的生产作为自己的主要业务。网络媒体只提供环境空间不提供内容产品，是无法发挥社会规制效应的。另一方面，是传统媒体的网络变体。在媒介融合的思路下，一厢情愿地将传统媒体网络化。岂不知这样的简单嫁接是无法完成媒介融合的。媒介融合在本质上不是技术的融合，不是资本的融合，甚至不是产业的融合，而是功能的融合。这里需要思考的问题是，变身于网络的传统媒体能否和真正意义上的网络媒体拥有相同的社会功能？性质决定功能。以为穿上"马甲"别人就不认识自己，这是自欺欺人的搞笑。

真正在网络中能够发挥社会规则功能的媒体一定需要具备两个基本条件：第一，它本身就应该是诞生和发育于网络文化生态中的新型媒体；第二，它应该是以内容生产为主要业务的专业媒体。

关于第一点，我们常说"计划经济的藤子上结不出市场经济的瓜"。传统媒体舆论场中的大众传媒，无法在网络为主的社会传播场域中发挥其在旧场域中的作用与功能。只有从网络文化生态中诞生出来的社会化媒体，才可能在自己植根的社会场境中生根、开花、结果。关于第二点，这个网媒一定不仅仅是一个平台，而应当成为传媒文本生产的专业化主体。只有媒体介入了文本的生产和意义的生产，意识形态的话语才能植入这些语言实践。

其次是网络专业媒体社会规制功能的实现问题。传播学场理论认为，职业传播行为本身就可以内生出社会规制功能。

当一个媒体的传媒文本生产与传播进入常态化之后，这个媒体所生产出来的数量丰富的文本便不会是一盘散沙。媒体所秉持的价值体系一定会内化在每一个传播文本中，并使这些文本出现结构化的特征。无论一个媒体如何标榜"嘉宾观点不代表本台观点"，受众都能真切地感受到媒体的观点所在。专业化的传播活动从来都不是在言语与语言层面展开的，它必须借助话语和意识形态的价值取向来锚定所有文本的社会既定意义。主流意识形态和主流文化也不允许任何媒体在总体上对其进行全面否定，居于社会上位的权力机制必然顺理成章、理直气壮地设置出法律来作为保障意识形态主导性的制度约束。

网络专业媒体的话语结构一旦确定，专业传播行为就会发生如同传统媒体一样的合并情境功能和社会仪式功能。这就是我们常说的"话在说人"。人们也会像害怕传统媒体的摄像机一样，对网络媒体的专业设备及其背后的话语机制产生敬畏。通过这样的渠道，传统媒体的社会规制功能就能移植到网络专业媒体中来。这恐怕是网络内生规制力量最重要的方面。

可能有人会担心网络媒体话语结构与主流意识形态的异质性。传播学场理论认为，任何个体都是意识形态长期涵化效应与社会历史经验相互作用的结果。网络专业媒体的操作者、管理者、运作者、经营者都不是真空中的人，他们也必然受到意识形态的涵化。就是说，其主体性中已经有主流意识形态的烙印。社会场境中的传媒生产和消费实践在型构传媒文本的同时也型构媒体自身的价值理性。在主流意识形态和社会宏大场境的交互作用下，网络媒体的话语体系一定能在自身存在价值与社会价值理性之间找到媒体和社会共同认同的话语结构。这个话语结构在社会价值体系中也一定是主流的。

当然，网络专业传媒本质上是与传统媒体不同的一类新型媒体。绝不能用管控传统媒体的方法来管控网络专业媒体。一旦使用了旧有的传统媒体的管控方式，网络专业媒体也就会变质成传统媒体的网络版。主体消失，自然功能也就消失了。

4. 意识形态话语的软控制

我们区别了意识形态的两种控制方法，即硬控制和软控制。所谓硬控制就是意识形态借助国家机器，对社会话语的有形控制。所谓软控制就是意识形态经过民众参与的社会实践和社会传播将意识形态内化为自己的价值体系，从而达成的对社会话语的无形控制。

政府舆论场、传统媒体舆论场、民间舆论场和网络舆论场之间的异质性，在本质上是意识形态硬控制与居于社会权力关系下层的社会存在经验所产生的话语反差所形成的意义争夺。传统媒体舆论场中，文本的两极分化造成了灌输式的意识形态话语文本失效，也导致了奇观滥用的娱乐文本被唾弃。传媒主体性的丧失将本应该是有机文本生产者的大众传媒变成了意识形态话语的复印机。通过组织的、行业的、行政的多种手段对传媒及其文本的直接控制，使大众传媒变成了政府系统的一部分，失去了与社会民众交流的功能。主观上想使大众传媒成为组织社会认同的工具，然而实际效果并不理想。研究网络媒体舆论场规制的策略，在本质上必须思考意识形态在新的环境条件下的作用机制。否则，一切以"加强"为动词的网络舆论场规制策略不仅不会导致各种舆论场张力的弥合，反而会加剧各种话语力量的对抗。

要实现意识形态从硬控制向软控制的变化，就必须将意识形态话语化作广大民众的内生性的价值体系。在这个过程中，任何组织认同的方式都不会奏效，而是要让社会民众参与到意识形态的话语实践中来。参与的基本渠道就是职业传播场域和社会传播场域，其中更重要的是社会传播场域。社会传播场域一定要保持其开放性，使得各种不同质的文化能够发出声音，让各种话语形态在博弈和共振中释放能量、和谐共存。同时，打消一切话语垄断的冲动，不是从外部用有形的手去操控各个舆论场，而是要寻求各个舆论场中的内生性力量，来增强自我约束力，从而树立高远的社会价值理性。将传统媒体的社会规制效应移植到社会传播场境中，是极其重要的技术手段。所有这些的最终目的，是营造出社会媒介场域开放、包容、自治、繁荣的文化生态，最终让民众的心灵找到价值理性的归属，让人们得到共享的符号系统和生活方式。

参考文献

著作

[1] ［美］罗兰·巴特：《文本理论》，史忠义译，《通用大百科全书》1985 年版。

[2] 欧阳谦：《人的主体性和人的解放》，山东文艺出版社 1986 年版。

[3] 单少杰：《主客体理论批判》，中国人民大学出版社 1989 年版。

[4] 张诇：《电视符号与电视文化》，北京广播学院出版社 1994 年版。

[5] 董耀鹏：《人的主体性初探》，北京图书馆出版社 1994 年版。

[6] ［英］斯诺：《两种文化》，纪树立译，上海三联书店 1994 年版。

[7] 中共中央马克思恩格斯列宁斯大林著作编译局编：《马克思恩格斯选集》（第一卷），人民出版社 1995 年版。

[8] 刘建明：《天理民心——当代中国社会舆论问题》，今日中国出版社 1998 年版。

[9] 单万里主编：《纪录电影文献》，中国广播电视出版社 2001 年版。

[10] ［美］罗杰·费德勒：《媒介形态变化：理解新媒介》，明安香译，华夏出版社 2000 年版。

[11] ［美］保罗·莱文森：《数字麦克卢汉》，何道宽译，社会科学文献出版社 2001 年版。

[12] ［英］约翰·格里尔逊：《纪录电影的首要原则》，单万里、李恒基译，中国广播电视出版社 2001 年版。

[13] 张穗华主编：《媒介的变迁》，中国对外翻译出版公司 2002 年版。

[14] ［英］康纳：《后现代主义文化当代理论导引》，严忠志译，商务印书馆 2002 年版。

[15] 张宇丹、孙信茹：《应用电视学：理念与技能》，云南大学出版社 2003 年版。

[16] ［英］戴维·莫利：《媒体研究中的消费理论》，载罗钢、王中忱主

编《消费文化读本》，中国社会科学出版社 2003 年版。

［17］罗钢、王中忱主编：《消费文化读本》，中国社会科学出版社 2003 年版。

［18］［美］约翰·帕夫利克：《新媒体技术——文化和商业前景》，周勇等译，中国人民大学出版社 2004 年版。

［19］［英］阿雷恩·鲍尔德温等：《文化研究导论》，陶东风等译，高等教育出版社 2004 年版。

［20］［英］罗杰·西尔弗斯通：《电视与日常生活》，陶庆梅译，江苏人民出版社 2004 年版。

［21］［美］约翰·菲斯克：《电视文化》，祁阿红、张鲲译，商务印书馆 2005 年版。

［22］［英］戴维·莫利：《电视、受众与文化研究》，史安斌译，新华出版社 2005 年版。

［23］［美］埃弗里特·M. 罗杰斯：《传播学史》，殷晓蓉译，上海译文出版社 2005 年版。

［24］［美］罗兰·巴特：《罗兰·巴特随笔选》，怀宇译，百花文艺出版社 2005 年版。

［25］［英］迪金森：《受众研究读本》，单波译，华夏出版社 2006 年版。

［26］陈庆德、马翀炜：《文化经济学》，中国社会科学出版社 2007 年版。

［27］陈龙：《传媒文化研究》，中国人民大学出版社 2008 年版。

［28］董璐编：《传播学核心理论与概念》，北京大学出版社 2008 年版。

［29］高金萍：《西方电视传播理论评析》，中国传媒大学出版社 2008 年版。

［30］胡正荣、段鹏、张磊：《传播学总论》，清华大学出版社 2008 年版。

［31］史忠义等主编：《风格研究文本理论》，河南大学出版社 2009 年版。

［32］［英］尼古拉斯·阿伯克龙比：《电视与社会》，张永喜、鲍贵、陈光明译，南京大学出版社 2009 年版。

［33］车槿山：《从作品到文本——谈中外文学关系研究的一个维度》，载《跨文化的文学理论研究》第 3 辑，北京大学出版社 2010 年版。

［34］程郁儒：《民族文化传媒化》，中国社会科学出版社 2011 年版。

期刊

［1］［美］罗兰·巴尔特：《S/Z》，车槿山节译，《法国研究》1990 年第 2 期。

［2］钟大年：《纪录不是真实》，《北京广播电影学报》1992 年第 3 期。

［3］钟大年：《再论纪录不是真实》，《现代传播》1995 年第 2 期。

［4］黄旦、韩国飚：《1981—1996 年我国传播学研究的历史与现状》，《新闻大学》1997 年春季号。

［5］陈平：《罗兰·巴特的絮语》，《国外文学研究》2001 年第 1 期。

［6］潘忠党：《媒介研究的新起点——从陈力丹著〈舆论学——舆论导向研究〉谈起》，《传播与文化》2002 年第 1 期。

［7］秦海鹰：《互文性理论的缘起与流变》，《外国文学评论》2004 年第 3 期。

［8］陈庆德：《民族文化资本化论题的实质与意义》，《云南大学学报》（社会科学版）2004 年第 2 期。

［9］杭敏、［瑞典］罗伯特·皮卡特：《传媒经济学研究的历史、方法与范例》，《现代传播》2005 年第 4 期。

［10］常燕荣、蔡骐《民族志方法与传播研究》，《湖南大众传媒职业技术学院学报》2005 年第 2 期。

［11］胡翼青：《试论社会学芝加哥学派与传播学技术主义范式的建构》，《国际新闻界》2006 年第 8 期。

［12］梅琼林：《方法论：传播学批判学派与经验学派的比较分析》，《中国社会科学院研究生院学报》2007 年第 3 期。

［13］高金萍：《西方电视研究范式的价值分析》，《国际新闻界》2007 年第 10 期。

［14］胡翼青：《论传播研究范式的表层结构与深层结构》，《新闻与传播研究》2007 年第 4 期。

［15］曹晋、赵月枝：《传播政治经济学的学术脉络与人文关怀》，《南开学报》（哲学社会科学版）2008 年第 5 期。

［16］喻国明、苏林森：《中国媒介规制的发展、问题与未来方向》，《现代传播》2010 年第 1 期。

［17］程郁儒：《电视记录的"场"特性》，《浙江传媒学院学报》2010 年第 5 期。

［18］陈力丹、曹文星：《山中一夜雨　树杪百重泉——新媒体十年发展评述》，《编辑之友》2012 年第 1 期。

［19］蔡雯、翁之颢：《微信公众平台：新闻传播变革的又一个机遇》，《新闻记者》2013 年第 7 期。

［20］胡翼青：《自媒体力量的想象：基于新闻专业主义的质疑》，《新闻

记者》2013 年第 3 期。

[21] 黄升民等：《八问 OTT》，《现代传播》2013 年第 10 期。

[22] 朱春阳、彭璟：《新媒体平台打通两个舆论场》，《新闻战线》2013
年第 4 期。

[23] 曾剑秋、郭燕：《我国三网融合进程的回顾与展望》，《中国传媒科
技》2013 年第 3 期。

[24] 李良荣、张华：《从"小新闻"走向"大传播"——新闻传播学学
科建设和科研的新取向》，《现代传播》2013 年第 8 期。

[25] 邬贺铨：《大数据时代的机遇与挑战》，《求实》2013 年第 4 期。

[26] 李良荣、方师师：《互联网与国家治理：对中国互联网 20 年发展的
再思考》，《新闻记者》2014 年第 4 期。

[27] 彭兰：《从网络媒体到网络社会——中国互联网 20 年的渐进与扩
张》，《新闻记者》2014 年第 4 期。

[28] 彭兰：《推动中国网络媒体变革的七大博弈》，《编辑之友》2014 年
第 5 期。

[29] 喻国明、何睿：《重压之下中国传媒经济研究的主题：2013 年传媒
经济研究文献综述》，《国际新闻界》2014 年第 1 期。

[30] 喻国明、姚飞：《项目制公司：电视节目制播分离可行性模式探
讨——基于操作层面的运用模式设计》，《现代传播》2014 年第
3 期。

[31] 喻国明：《互联网逻辑下传媒产业转型升级的关键与发展进路》，
《新闻与写作》2014 年第 7 期。

[32] 喻国明、姚飞：《强化互联网思维推进媒介融合发展》，《前线》
2014 年第 10 期。

[33] 周启超：《罗兰·巴尔特"文本观"的核心理念与发育轨迹》，《江
苏社会科学》2013 年第 1 期。

[34]《第 34 次中国互联网络发展状况统计报告》，《互联网天地》2014 年
第 7 期。

[35]《2013 年中国新媒体传播研究综述》，《国际新闻界》2014 年第
1 期。

外文文献

[1] V. O. Key Jr. *Public Opinion and American Democracy*. New York：
Knopf，1961.

[2] Charles Horton Cooley. *Social Organization: A study of the larger mind*. New York: Charles Scribner's Sons, 1909.

[3] Roland Barthes. *Style and it's Image*, in Seymour Chatman ed. , Literrary Style: A Symposium. London: Oxford University Press, 1971.

[4] Fiske, John, and John Hartley. *Reading Television*. London: Methuen, 1978.

[5] S. Hall. *The Rediscovery of "Ideology": Return of the Repressed in Medea Studies*, In Gurevitch, M. et al. (eds) op. cit.

[6] Adler, Richard P. *Understanding Television*. New York: Praeger,1981.

[7] Gurevitch, Michael, Tony Bennett, et al. *Culture, Society and the Media*. London: Methuen, 1982.

[8] MacDonald, J. Fred. *One Nation Under Television: The Rise and Fall of Network TV*. New York: Pantheon Books, 1990.

[9] Roland Barthes. *Oeuvres completes*, Seuil, 1994.

[10] Newcomb, Horace, ed. *Encyclopedia of Television*. Chicago: Fitzroy Dearborn, 1997.

[11] Doug McAdam, John D. McCarthy & Mayer. *Perspectives on social movements: Political opportunities, mobilizing structures, and cultural frarmings*. New York: Cambridge University Press, 1996.

后　记

2015 年 8 月，书稿杀青。

旋即打电话给蔺虹和刘艳。两位女士都是中国社会科学出版社的编辑。蔺虹曾编辑了我的第一本著作《民族文化传媒化》。那时，她还是个小姑娘。我的这本书拖了太久。后来蔺虹结婚了。再后来，她调往别处任职。剩下的工作就交给了刘艳。10 月，去北京见了刘艳。她挺看好这本书。后来她帮助我申报国家社科后期项目。不承想，中了。尽管获得立项并不能说明著作的学术价值，可是我们都很高兴。遗憾的是，迄今我和蔺虹未曾谋面。

书稿打完前，我的博士导师云南大学陈国新教授发来微信："郁儒：如回昆明，可约一聚。"见面时有我的研究生万洲杰。师爷对小万说："你遇到了一个好导师。"这让我很感动。因为读博期间陈老师素来严谨、严厉，从未赞过我。

2011 年，我从云南财经大学调往陕西师范大学。新闻传播学院李震、黄玲、许加彪给予了支持，也为后来本书的研究提供了必要条件。学院环境氛围总体不错。那些关心、关注课题和研究的同事，在此一并谢过。

从 2011 年到 2016 年，《传播学场理论》的写作历经了 5 年，这期间发生了太多的事情。最重要的事是女儿结婚了，女婿及亲家一家善良厚道，相处的日子总是很快乐。

感谢研究生朱欢和万洲杰为书稿的录入、资料的查证所做的工作。感谢研究生侯晓银、魏显勇、康慧、熊亚飞、何梦飞、覃叶梅在书稿校对中所做的工作。

程郁儒

2016 年 5 月 9 日

陕西师范大学长安校区